三晋历史文化名人书系

乔忠延 —— 著

卫青霍去病

山西出版传媒集团
北岳文艺出版社
·太原

图书在版编目（CIP）数据

卫青霍去病 / 乔忠延著. — 太原：北岳文艺出版
社，2021.5
（三晋历史文化名人书系 / 古卫红主编）
ISBN 978-7-5378-6361-2

Ⅰ.①卫… Ⅱ.①乔… Ⅲ.①卫青（？-前106）-传
记②霍去病（前140-前117）-传记 Ⅳ.①K825.2

中国版本图书馆CIP数据核字（2021）第004860号

卫青霍去病

乔忠延　著

//

责任编辑
谢放

书籍设计
张永文

印装监制
郭勇

出版发行：山西出版传媒集团·北岳文艺出版社
地址：山西省太原市并州南路57号　邮编：030012
电话：0351-5628696（发行部）　0351-5628688（总编室）
传真：0351-5628680
经销商：新华书店
印刷装订：山西人民印刷有限责任公司

开本：787mm×1092mm　1/16
字数：203千字
印张：21.5
版次：2021年5月第1版
印次：2021年5月山西第1次印刷
书号：ISBN 978-7-5378-6361-2
定价：66.00元

衛青

杨苇 一 绘

霍去病

杨苇 绘

出版前言

　　习近平总书记强调："文化自信是更基础、更广泛、更深厚的自信，是更基本、更深沉、更持久的力量。"坚定中国特色社会主义道路自信、理论自信、制度自信，说到底是要坚定文化自信。奋进在建设文化强国的伟大征程中，我们要努力从中华民族世世代代形成和积累的优秀传统文化中汲取营养智慧，延续文化基因；萃取思想精华，展现精神魅力。

　　山西是中华文明的重要发祥地之一，以尧舜禹为代表的根祖文化，以长城为代表的多民族交融的边塞文化，以云冈、五台山、平遥为代表的物质遗产文化，都极大地彰显了山西传统文化的软实力。特别是从尧舜禹起，乃至晋文公、荀子、赵武灵王、卫青、霍去病、关羽、薛仁贵、王勃、王维、柳宗元、司马光、元好问、关汉卿、薛瑄、傅山、于成龙、陈廷敬、祁寯藻、杨深秀等，一大批政治家、思想家、军事家、文学家，在中华民族历史上做出过重大贡献，占据崇高地位，产生了持久的影响，是山西乃至中华文化的典型性人物，他们的文化成就，是中华文明的宝贵财富。

2020年5月11日至12日，习近平总书记再次亲临山西视察，对山西历史文化给予高度评价，对山西历史文化名人给予高度肯定，勉励山西要深入挖掘优秀传统文化，引导广大干部群众提升道德情操、树立良好风尚、增强文化自信。习近平总书记的重要讲话重要指示，给山西人民以极大鼓舞和激励，为我们传承和弘扬山西优秀传统文化，建设文化强省、文化强国，进一步指明了方向。

当前，山西正处于转型发展和建设文化强省的重要历史关头，迫切需要汇聚更强大、更深厚的精神力量，这就要求我们要更加坚定地以习近平新时代中国特色社会主义思想为指导，深入贯彻、忠实践行习近平总书记视察山西的重要讲话重要指示，乘势而为，守正创新，充分挖掘和弘扬山西历史文化名人的精神内涵，为山西高质量转型发展提供精神动力。为此，我们山西出版传媒集团主动策划了《三晋历史文化名人书系》。

该书系从众多的山西历史文化人物中遴选了荀子、卫青、霍去病、关羽、司马光、于成龙、陈廷敬7位极具代表性的名人，以传记的形式，深入浅出地讲述他们的生平事迹和重要成就，彰显了他们在中国古代政治、经济、军事、文化、教育等领域所做出的杰出贡献。尤其重在阐释荀子的"为学之道"，卫青、霍去病的"勇武之功"，关羽的"忠义之气"，司马光的"正直之德"，于成龙的"廉能之志"，陈廷敬的"清勤之能"，通过深入挖掘山西历史文化名人的精神内涵，汲取精神力量，引导全省干部群众深入了解山西历史文化名人、大力弘扬中华优秀传统文化。这是山西出版界贯彻习近平总书记殷殷嘱托的一项成果。

党的十九届五中全会吹响了建设社会主义文化强国的冲锋号，我省提出要凝心聚力建设新时代文化强省，熔铸发展软实力，增强文化晋军影响力，用璀璨文化之光照亮转型发展之路。我们相信，《三晋历史文化名人书系》的出版，一定有助于全省党员干部进一步深入贯彻落实习近平总书记视察山西重要讲话重要指示；有助于全省干部群众在新的历史起点上，加速转型发展，率先蹚出一条新路；有助于增强我们的历史责任感，重塑文化形象，坚定文化自信，为实现中华民族伟大复兴的中国梦奋勇前进。

山西出版传媒集团党委书记、董事长

贾新田

大汉双雄中华魂——卫青、霍去病

在中国历史上，乃至世界历史上，挺立着两位时光无法抹去其光采的山西英杰，他们就是辉煌于西汉时期的卫青和霍去病。

卫青（约前153—前106），字仲卿，河东平阳（今山西省临汾市）人，其故乡在今临汾市尧都区青城村。汉朝最为杰出的抗击匈奴英雄。他挥戈上阵，扭转了汉朝建立以来对匈作战无一胜例的被动局面，进而以攻为守，收复失地，拓展疆土，被历朝历代誉为开疆英雄。因战功卓著，汉武帝赏封他为长平侯，官至大司马、大将军。

卫青出身卑微，母亲是长安平阳侯府邸的婢妾，与从平阳前来侯邸做事的县吏郑季私通，生下了他。郑季供职期满返回故里，不久，年幼的卫青也被送到父亲身边。让卫青跟随父亲本是为了能接受良好的教育，但卫青只是被当作奴仆使唤，每天不得不持鞭放羊。稍能自立，他甩掉羊鞭返回长安，母亲却只能让他给平阳公主当骑奴。童年的艰苦生活、少年的颇多磨难、奴仆的卑微经历，磨炼了他顽强不屈的意志，熔铸了他宽怀大度的性格。

卫青命运的转折来自三姐卫子夫命运的转折。卫子夫因受到汉武帝的宠幸而进宫，他也幸运地进宫，在建章宫当了差。虽然卫青进宫后不久遭到陈皇后母女的绑架，但是有惊无险，事后更得汉武帝的厚爱，升他为建章宫监、侍中。不久，担任太中大夫，可以参与朝中大事的议论决策。

江山代有才人出。汉武帝是一位具有雄才大略的帝王，即位后志在改变汉朝不断遭受匈奴侵扰、边塞难以安宁的窘境。他精心组织了马邑之围，却因老将思想保守、行动滞后而错失良机。建非常之功，需非常之人。为此，年轻的卫青得以被任用，披挂上阵，奔赴抗击匈奴的疆场。卫青没有辜负汉武帝的期望，一起出征的其他各路大军相继失利，唯独他凯歌高奏。他率军直插匈奴祭祀天地的龙城，斩杀俘虏七百余人。汉朝取得对匈作战的首次胜利，时在元光六年（前129）。

元朔元年（前128）秋，卫青第二次出征匈奴。身为车骑将军，率领三万将士，兵出雁门（治今山西右玉县南），重创匈奴，斩杀俘虏数千人。这次战斗的胜利，确立了卫青作为抗击匈奴主将的地位。次年，卫青统辖两个校尉，率领四万铁骑，再度出征。本是要收复河南地，即现今黄河以南的河套地区，他却兵出云中（今内蒙古托克托东北），迂回侧击，攻占高阙（今内蒙古杭锦后旗西北），截断了盘踞河南地的白羊王、楼烦王与匈奴王庭的联系。继而飞速形成对白、楼二王的包围，精兵猛攻，正如《史记》所载，"捕首虏数千"，大获全胜，一举收复河南地，解除了匈奴逼近长安、危及京城的困局。为此，汉武帝赏封卫青为长平侯，食邑三千八百户。曾经的放羊娃、骑奴，一跃而为万人敬仰的长平侯，"王侯将相宁有种乎"！河南地的收复，标志着汉朝对匈作战由抗击阶段进入反击阶段。

元朔五年（前124）春，卫青统领六位将军，进击匈奴。卫青亲率大军，兵出高阙，奔袭上千里，连夜包围了右贤王，发动攻击。这突如其来的打击，令右贤王措手不及，仓促应战，抵挡不住，慌忙带着爱妾朝大漠深处逃命。此战俘虏了"裨王十余人，众男女万五千余人，畜数千百万"。捷报传回京都，汉武帝大喜过望，派出特使赶往军中，封卫青为大将军，增加食邑六千户，并将他的三个儿子全都封了侯。卫青推辞对儿子的封侯，为战将请功。汉武帝没有准辞，只将公孙敖、韩说、公孙贺、李蔡、李朔、赵不虞、公孙戎奴、李沮、李息、豆如意分别封侯。一战而十位将领封侯，世所罕见。

继而，在元朔六年（前123）的春天和夏天，大将军卫青率领六位将军，连续两次出兵打击匈奴，斩获匈奴部众上万人。最为人称道的是，十八岁的霍去病以剽姚校尉（《史记》写为剽姚，《汉书》写为嫖姚，也有写为票姚的）的名义领兵上阵，勇猛异常，展示出他的军事才干。

之后，作为大将军的卫青，与汉武帝部署了霍去病的两度征战陇西（今甘肃陇山以西黄河以东一带）。此二役，霍去病打得匈奴闻风丧胆，浑邪王率部投降，"凿空"了通往西域的大道。

元狩四年（前119）春天，卫青与霍去病各自率领五万大军，出征漠北。卫青自定襄（今内蒙古和林格尔西北）出兵，纵深千里，突然遭遇匈奴伊稚斜单于的主力。他临危不惧，迅速指挥将士以武刚车自环为营，摆开战阵。趁敌不备，发动猛攻，战至傍晚，暴风突起，汉军越战越勇，匈奴节节败退，伊稚斜单于吓得失魂落魄，狼狈逃窜。卫青率军迅速追击，奔波二百余里未能赶上。随即，攻陷匈奴赵信城，获取大量粮草补给。此战"捕斩首虏万余级"，打得伊稚斜单于十多天与部众失去联系。卫青大获全胜，霍去病也大获全胜，彻底摧毁了匈奴盘踞在漠南的根基。恰如《史记·匈奴列传》记载："匈奴远遁，而幕南无王庭。"自此，汉朝反击匈奴的战役，取得了决定性的胜利。

卫青凯歌还朝，汉武帝任命他为大司马，卫青成为权倾朝野的大臣。

卫青性雄毅，多大略，最宽厚。主理朝政，谦和待人，极力荐才，大度，即使无故加之也不怒。李敢因为父亲李广自杀怨恨他，拳脚相加，使之面部受伤，卫青怕汉武帝追究惩处李敢，匿讳不言，闭门养伤；大臣汲黯礼数不周，卫青也不计较，依然一如既往恭恭敬敬向他请教国事。

卫青功高而不震主，得势而不立威，敬贤而不养士，兢兢业业走完了生命历程。元封五年（前106），他患病去世。汉武帝颁旨，将他陪葬在茂陵，陵墓形状似庐山，以纪念他收复此地的功绩。谥号为"烈"，意为"以武立功，秉德尊业"。

霍去病（前140—前117），河东平阳人，故乡在今山西省临汾市尧都区高堆村。著名的开疆英雄、爱国将领。他十八岁领兵奔赴抗击匈奴的前线，以凌厉彪悍的风格，横扫千军如卷席，创造了六战六捷的战绩。官至大司马，尤以冠军侯闻名于世。

霍去病出生在平阳侯长安府邸，父亲霍仲孺是从平阳到府中服务的小吏，母亲卫少儿是府中的女奴。他出生后，姨母卫子夫入宫得宠，舅舅卫青也进宫当差，整个亲族的命运得以好转。霍去病很早就进入宫中，受到了良好的教育。舅舅卫青抗击匈奴，捷报频传，成为他效仿的榜样。他进入羽林军刻苦训练，武艺高强，深得汉武帝的赏识。

元朔六年，卫青再次北征匈奴。汉武帝命霍去病为剽姚校尉，率领八百精骑随同作战。首次上阵，霍去病即显示出卓越的军事才能。他行如迅电，战如猛虎，斩杀俘虏匈奴相国、当户及单于的大父行籍若侯产（《汉书》中写作藉若侯产）等两千零二十八人，还俘虏了单于的季父罗姑比。汉武帝欣喜异常，赏封他为冠军侯，食邑一千六百户。

元狩二年（前121）春天，汉武帝任命霍去病为骠骑将军，率军一万人，独立作战，出击陇西。二十岁挂帅统领大兵，这在汉朝史无前例，朝中大臣无不为之担心。然而，霍去病用凯歌冲散了他们的疑虑。此战斩杀、俘获八千九百六十人，并且斩杀折兰王、卢胡王，俘获浑邪王之子以及相国、都尉。最令匈奴震惊的是，缴获了休屠王祭天的金人。汉武帝颇为惊喜，为霍去病增加食邑二千二百户。

当年夏天，霍去病再次出击陇西，率军直插匈取腹地，大获全胜。恰如《史记·卫将军骠骑列传》记载："天子曰：'骠骑将军逾居延，遂过小月氏，攻祁连山，得酋涂王，以众降者二千五百人，斩首虏三万二百级，获五王，五王母，单于阏氏、王子五十九人，相国、将军、当户、都尉六十三人。'"赫赫战绩激奋了汉武帝，他加封霍去病食邑五千户，还将追随他出征有功的赵破奴、高不识、仆多等将领也一并封侯。

霍去病连续两次率兵出征陇西，重创匈奴，史称"河西大捷"。汉朝军民欢腾，匈奴唉声叹气。陇西地盘的丢失，激怒了单于伊稚斜，决意要惩处据守此地的浑邪王和休屠王。二王闻知，胆战心惊，密议投降汉朝。霍去病受命率领大军前去迎降。就在霍去病迎降途中，休屠王反悔了。为防止走漏风声，浑邪王刺杀了休屠王，镇服了他的部下。但就在霍去病大军赶到时，匈奴阵营还是有了骚动，休屠王手下的部众企图作乱。稍有迟缓，就可能发生恶战，霍去病临危不惧，飞马前去，与浑邪王联手斩杀叛军，稳定了降军人心，成功迎回了四万匈奴降军，一时传为佳话。匈奴则悲叹："失我焉支山，令我妇女无颜色。失我祁连山，使我六畜不蕃息。"

从此，汉朝控制了整个陇西地区，打通了前往西域各国的通道。昔年，张骞由此地前往大月氏遭到匈奴扣押，几经周折，虽最终返回长安，却前后历经十三年。霍去病反击匈奴获胜后，张骞二次西行前往乌孙，畅通无阻。司马迁称之"凿空"，并以为凿空者是张骞。其实，带领将士浴血奋战、凿空陇西的是霍去病。如果说张骞是丝绸之路的开拓者，那么，霍去病，以及此前收复河套地区的卫青，就是丝绸之路的奠基者。

元狩四年春天，反击匈奴的大决战打响了！霍去病与舅舅卫青各自率领五万骑兵，出征漠北。霍去病大军从代郡（今河北蔚县东北）出击，越过离侯山，渡过弓闾河，飞速挺进两千余里，直抵现今蒙古国巴托东肯特山的南面，与匈奴左贤王接战。霍去病率军勇猛冲杀，攻势凌厉，匈奴防线彻底崩溃。左贤王部众溃逃四散，全军覆灭。此战斩杀和俘虏了七万零四百四十三人，俘虏了屯头王、韩王等三人，将军、相国、当户、都尉八十三人。大战告捷，霍去病率军在狼居胥山（今蒙古国肯特山）主峰建立高坛，在姑衍山（在今蒙古肯特山以北）旁开辟广场，同时高举千万支胜利火炬，举行祭天封礼，祭奠烈士，犒劳将士！得胜还朝，汉武帝加封霍去病食邑五千八百户，任命他为大司马。霍去病成为位高权重的大臣。

自此，"匈奴远遁，而幕南无王庭"。因而，卫青和霍去病也被史学家视为改变世界格局的名将。

霍去病少年得志，英勇果敢，率军作战如霹雳闪电，无坚不摧，堪称常胜将军。少年得志的他也养成了超凡脱俗的做派，得胜归来，汉武帝要为他建造府邸，他一口回绝："匈奴未灭，无以家为也。"这体现了他不存私欲的报国志向。然而，汉武帝要他学习兵法，他则说："顾方略何如耳，不至学古兵法。"这就有点趾高气扬、目空一切。这种心态派生的负面行为是不受委屈、睚眦必报。李敢打伤卫青，卫青匿讳不言，闭门养伤。霍去病则趁与李敢陪同汉武帝前往甘泉宫狩猎之机，一箭将他射死。暴烈的性格成就了一位军事天才，或也导致了他生命的必然短暂。

元狩六年（前117），二十四岁的霍去病暴病亡故，他成为汉朝的一颗"流星"。极为悲痛的汉武帝，下令将他陪葬于茂陵，并谥封为"景桓侯"。《谥法》曰："布义行刚曰景""辟土服远曰桓"。"景桓侯"是对霍去病一生功绩的恰当评价。

霍去病下葬之日，汉武帝命河西五郡的胡人、边民，穿黑衣，披铁，列队绵延几十里护送他的灵柩前往茂陵。霍去病陵墓为祁连山形状，以纪念他生前抗击匈奴所建立的不朽功勋。

的确如此，霍去病的功绩是不朽的，卫青的功绩也是不朽的。他们连年征战，平息匈奴人的入侵，保证了边塞的安宁；他们主动出击，连续获胜，"匈奴远遁"，改变了西汉以至世界的格局；他们安定西域，才使二次奉命西行的张骞畅通无阻，开辟了举世闻名的丝绸之路。

卫青永远名垂史册！

霍去病永远名垂史册！

目 录

击鼓开篇 ……………………………………………001

第一章 胡马何其骄 …………………………………009
 本是同根生 ………………………………………010
 变乱也不同 ………………………………………013
 凶残还狡诈 ………………………………………017
 雄起的匈奴帝国 …………………………………021
 匈奴紧逼太原郡 …………………………………024
 刘邦白登遭围困 …………………………………027
 不光彩的逃脱之计 ………………………………031
 和亲以求平安 ……………………………………034
 吕后遭羞辱 ………………………………………037

第二章　刑天今何在 ································· 041

　　为英雄搭建舞台 ····························· 042

　　和亲再医眼前疮 ····························· 045

　　张骞首次出使西域 ························· 049

　　赐死韩嫣的背后 ····························· 053

　　和与战的分界线 ····························· 055

　　化为泡影的马邑之围 ····················· 059

第三章　扎根破岩中 ································· 063

　　露水夫妻的儿子 ····························· 064

　　放羊的日子 ································· 067

　　放羊娃的"领头羊" ····················· 071

　　尧都风情的熏染 ····························· 075

　　返回长安当骑奴 ····························· 080

　　不可忽略的细节 ····························· 083

　　卫子夫脱颖入宫 ····························· 085

第四章　千磨又万击 ································· 091

　　命运折磨人 ································· 092

　　刘彻退让的因由 ····························· 094

　　卫子夫复得宠爱 ····························· 098

　　生死一瞬间 ································· 102

　　霍去病出生 ································· 105

第五章　初奔疆场时 ························ 111

　　卫青率兵征匈奴 ······················ 112

　　公孙贺无功而返 ······················ 115

　　公孙敖大败而归 ······················ 120

　　李广孤身逃回 ························· 121

　　卫青重创匈奴 ························· 124

　　工于心计的汉武帝 ···················· 127

　　陈阿娇独居冷宫 ······················ 130

　　卫青受封关内侯 ······················ 134

第六章　狂飙起风雷 ························ 137

　　少年霍去病 ·························· 138

　　张骞逃出了匈奴 ······················ 141

　　大月氏不愿再打仗 ···················· 143

　　卫子夫当上了皇后 ···················· 146

　　雁门关外再传捷报 ···················· 150

　　再战，还是和亲 ······················ 155

　　收复河南地 ·························· 158

　　张骞逃回了长安 ······················ 162

　　端掉右贤王的老窝 ···················· 165

第七章　飞将追胡虏 ························ 171

　　兵源有赖募兵制 ······················ 172

发挥军阵的威力 ……………………………………… 174

一战成名冠军侯 ……………………………………… 177

千锤百炼出精兵 ……………………………………… 182

卫氏亲族显赫至极 …………………………………… 184

汲黯不拜卫青 ………………………………………… 188

霍去病率兵出陇西 …………………………………… 191

发射弩箭助虎威 ……………………………………… 194

第八章　凿空西域路 ………………………………… 197

谁来凿空西域通道 …………………………………… 198

"逾居延"的智慧 …………………………………… 203

张骞、李广吃败仗 …………………………………… 205

霍去病的家国情怀 …………………………………… 208

迎降匈奴浑邪王 ……………………………………… 210

张骞再次出使西域 …………………………………… 214

第九章　猛志固漠南 ………………………………… 219

征战的钱粮从何来 …………………………………… 220

走进史书的卜式 ……………………………………… 223

威武大军出征漠北 …………………………………… 226

临危应变打恶战 ……………………………………… 228

一代名将自杀身亡 …………………………………… 232

出征漠北大获全胜 …………………………………… 235

第十章　凯歌还朝堂 ···························· 241

　　霍去病凯歌还家乡 ························ 242

　　卫青居功不傲 ···························· 246

　　倾城倾国的李夫人 ······················ 250

　　李敢出拳打卫青 ························ 254

　　霍去病射杀李敢 ························ 259

第十一章　生前身后事 ························ 263

　　霍去病暴病身亡 ························ 264

　　汉武帝厚葬爱将 ························ 266

　　丝绸之路初生了 ························ 272

　　伴君保晚节 ···························· 275

　　鞠躬尽瘁垂后世 ························ 279

　　骨肉相残的悲剧 ························ 282

　　无法预知的未来 ························ 286

鸣金收官 ·································· 289

参考文献 ·································· 303

附录一　卫青年表 ························ 305

附录二　霍去病年表 ······················ 307

附录三　卫青霍去病传 ···················· 309

击鼓开篇

《诗经·小雅》载："钲人伐鼓,陈师鞠旅。"古代战争用"钲"和"鼓"发号施令,击鼓则进,鸣金则退。"钲"者,金也。本书传主卫青、霍去病为两员战将,故采用"击鼓开篇"与"鸣金收官"为本书的开篇与结语之题。

天崩地裂!

翻江倒海!!

摧枯拉朽!!!

这是千古名将卫青、霍去病的精神风采。这精神风采,不时就从中华历史的册页里飞跃出来,尤其在时代发生剧变的时刻,像风向标一般,像催化剂一样,总能给人以正能量,给人以鼓舞。

鼓舞?

鼓舞!

卫青、霍去病的精神风采活化在我眼前的是这样一幅气壮山河的图景:一群挎着鼓、持着锣、举着鼓槌的彪形大汉,飞快地跃上广场,转眼间双腿一弓,双臂一扬,挥手一打,立刻有如石破天惊,有如怒潮倒灌,有如地动山摇!何止彪形大汉,即使柔情似水的娇娘也是如此,只要成为鼓舞队列中的一员，就会迸发出撼天动地的气概。

这锣鼓不是风，飓风在双槌间横扫；这锣鼓不是雷，霹雳在双钹间轰鸣；这锣鼓不是电，强光在双铙间闪烁；这锣鼓不是火山，岩浆在铜锣上迸发；这锣鼓不是大海，浪涛在轰响声里汹涌澎湃。

可以无愧地说，这锣鼓比风狂，比雷凶，比电烈，比山雄，比海疯。

这是山西独有的锣鼓，一旦鼓随人舞，就会鼓舞出震惊人寰的十足威风。

威风锣鼓！

名副其实的威风锣鼓！

山西这威风锣鼓的始发地在临汾市。临汾市，古称平阳，因尧都而彪炳华夏，驰名中外。

上古时期，伊放勋带领部族定居在姑射山前、平湖北侧的开阔地带。古人以山之南、水之北为阳，始有平阳这个名称。那不是盘古开天地的时代，却应是夸父逐日的时代。火红的日头周而复始，升上天，落下山。升上天，白昼豁亮；落下山，满目黑暗。神秘，神秘！欲破解神秘的夸父，直奔日头追去，生命却终结在追逐的焦渴里。何止是日头升落神秘，风霜雨雪、霹雳闪电，同样神秘。破解神秘的是伊放勋，因为他的破解功绩，后人建庙祭祀他，尊他为五帝当中的一位，后世子孙尊称之为帝尧。

帝尧带领先民观天测时，确定历法，破译了上天的神圣密码。进而敬授民时，用上天的法则指导地上的农业耕种，将狩猎取食的先祖，带进了农耕文明时期；将中原部族，带进了文明的门槛。"日出而作，日入而息。凿井而饮，耕田而食"，《击壤歌》吟唱的正是当初的生活图景。我曾主观臆想，威风锣鼓就萌生在狩猎取食与耕田而食这个四处奔波和安居乐业的交叉点上。那是中国先祖发自骨血的宣言，发自精髓的呐喊。

那宣言和呐喊，抒发出中华儿女顶天立地的豪情。

那宣言和呐喊，屹立着尧舜传人顶天立地的志向。

让我的主观臆想不再无根无据的是襄汾县陶寺遗址的考古发掘。考古专家经过研究，确定了陶寺文化的时间，恰好对接在帝尧时期。那黄土下的墓坑里埋藏着四千多年前的乐器，有土鼓，有鼍鼓，还有能够敲击出清脆悦耳声音的石磬。可以断定，中华先祖就是用这土鼓、鼍鼓和石磬，抒发宣言，高声呐喊。呐喊，呐喊，延续几近五千年的呐喊，不断更新呐喊的乐器，终于形成寰宇罕见的威风锣鼓。

与威风锣鼓同样令寰宇震撼的是大汉名将卫青、霍去病。

《影响世界历史100事件》一书这样记述："从公元

前121年起的九年时间，卫青与其外甥霍去病等人，连续发起四次河南、漠南之战，两次河西之战，一次漠北之战，均取得重大胜利，将匈奴逐出漠南及河西地区，使其失去阴山和祁连山两块栖息之地，退居漠北荒原。"

虽然该书的时间定位不一定准确，世事评价却很到位。因而，不少学者认为，卫青、霍去病改变了世界的格局，受到他们的军事重创，匈奴分化为南匈奴和北匈奴。南匈奴继续融化，仍然生活在中华民族这个大家庭；北匈奴则向西迁徙。卫青、霍去病因而成为彪炳世界军事史的名将。

试问，古今中外名将林立，常胜将军能有几人？

无论几人，卫青都昂首挺立于前端。

试看，战争厮杀演化为体育竞技的赛场较量，最后的获胜者走上领奖台，胸前挂上光灿灿的金牌，是何等光彩！但那金牌的得主称作什么？

冠军。

冠军一词的来历是什么？什么人将它发扬光大？

秦末战争时期，楚军将领宋义胸有谋略，被各路将领推举为"卿子冠军"。可惜，这位卿子冠军名声尚未叫响，即被项羽斩于帐中。元朔六年，即公元前123年，汉武帝将"冠军"之名赏封给对匈奴作战首战即取得胜利的霍去病。

霍去病，汉武帝赏封的冠军侯，冠军之名由此而天下闻名，走向神州，走出国门，不仅走进世界军事史，而且走向当今体育界。

卫青、霍去病扬名寰宇不偶然。

临汾威风锣鼓扬名寰宇不偶然。

古人云，一方水土养一方人。一方水土养一方人，要靠水土孕育出的果实。吃着这果实长大的人们，其实也是这方水土的果实。

卫青、霍去病承载着这方水土顶天立地的志向。

临汾威风锣鼓抒发着这方水土顶天立地的豪情。

回望历史，塞外游牧部族与中原农耕部族的一次次冲突与融合，是中华文明史的一个不朽主题。如果把这冲突与融合画出一条界线，必须画在西汉时期，画在汉武帝时期。但即使画在汉武帝时期，也不是画在他初登帝位的端点——必须要待卫青登场。在卫青没有亮相之前，汉武帝空有征服匈奴的志向与豪情。本想凭借精心谋划的马邑之围一洗祖先的耻辱，终结北部狼烟屡起的局面，孰料守成持重的老将一犹豫，竟放走就要进入埋伏圈的匈奴大军。汉武帝梦寐以求的胜利，转眼化为一枕黄粱。

历史用足够的耐心等待，等待卫青挥师上阵，打胜了保卫边地的防守战，也打响了反戈一击的胜利战。千年惯于杀戮掠抢的匈奴不得不收手，不得不龟缩。卫青把民族冲突与融合的界线牢牢锁定在元光六年，即公元前129年。

尧都，这方水土孕育出顶天立地的志向与豪情，谱写出名垂青史的浩歌！

若想成为一个通览世事的明白人，有必要将民族冲突与融合的这条界线与帝尧时期的那个交叉点对比地来看一下。那个交叉点其实也画出了一条界线——塞外游牧部族与中原农耕部族的界线。狩猎取食过渡出两种截然不同的生存形态，塞外狩猎变为游牧，中原狩猎变为耕田。游牧者继续以肉食为主，农耕者则以五谷杂粮为食。游牧者身体的强壮、气质的彪悍，自是不言自明。

强壮且彪悍的匈奴，屡屡南下抢掠，千年不败。

抢掠与守卫是历朝历代战争的主题。战争是野蛮对文明的撕扯和破坏。文明与野蛮较量，根本不是对手。唯一的获胜手段就是以暴制暴，将骨血和精髓里的胆识与气概，化作飓风，化作狂飙，化作风驰电掣的骏马，化作锋利无比的长矛，只有这样才能攻无不克、战无不胜。

威风锣鼓的骨血和精髓，就是飓风，就是狂飙，就是闪电，就是霹雳。卫青、霍去病带着这种水土的"基因"跃马上阵，自然如天崩地裂，如翻江倒海，如摧枯拉朽。

一部闪耀在世界军事史上的壮丽华章，就这样击鼓开篇了。

　　一曲嘹亮在中华文明史上的高亢浩歌，就这样雄壮唱
响了。

胡马何其骄

第 一 章

○
○

本是同根生

《史记·匈奴列传》：唐虞以上有山戎、猃狁、荤粥，居于北蛮，随畜牧而转移。

愚生深有幸，降生在平阳。

平阳，虽然早在隋文帝开皇年间，改名为临汾，但是，历史无法改变，历史承载的文化也无法改变。尧都仍是尧都，尧都丰厚的文化积淀依然丰厚。或许因为尧都是戏曲的摇篮吧，家乡人祖祖辈辈喜欢说："舞台小社会，社会大舞台。"延续这话，人生犹如演员，作为多大，名声多大，不光要看自身的技艺有多高，还要看拥有的舞台有多大。用这种眼光回望名垂青史的卫青、霍去病，他们的名声博大，是因为他们拥有的舞台博大；他们的舞台博大，是因为建构舞台的时日漫长。浩瀚的沙漠和辽阔的草原，是卫青、霍去病挥戈上阵、驰骋生命的博大舞台。及至他们登场亮相，匈奴已经为拓展这舞台纵横上千年了。

司马迁在《史记·匈奴列传》中，开宗明义将匈奴的历史追溯至夏代末年。然而，笔尖再点染墨色，历史就探究到了尧舜之前。他写道：唐尧、虞舜以前就有山戎、猃狁、荤粥，居住在北方蛮荒之地，追寻水草旺盛的地方随时迁徙。他们饲养的牲畜，多是马、牛、羊，也饲养骆驼、驴、骡等等。他们没有城郭和长期栖居地，占有土地却不种植。这是游牧民族的生活常态，用如今的尺度丈量似乎并不先进，可要是还原到当初的社会却并不落后，而且，还冠领着当初的社会进步。所谓进步，就是把狩猎进化成了游牧。

司马迁继续说，荤粥没有文字书写的法律条文，只用言语来约束人们的行为。这里我们暂且以荤粥统称山戎和猃狁这些游牧部族。他们吃畜肉，穿兽皮，披毡毯，蓬岁着一身兽毛。孩童很小时尚不能骑马，却能骑着羊四处奔跑。若是看见天上的飞鸟和地上的野鼠，随即挽弓搭箭出手射猎。当然，他们用的是小弓短箭，那是父辈为他们特制的。再长大些即与父辈同弓同箭，射杀狐狸和兔子，食其肉，寝其皮。成年男子拉弓射箭自不待言，个个都能上阵作战。他们的风俗是，每天游走放牧，捎带射猎飞禽走兽；每天练习攻战本领，时刻准备侵袭征伐。祖祖辈辈如此，早已成为天性。

司马迁娓娓道来，似乎没有指责，没有评判，却已活画出了荤粥的生存状态。相比较中原初生的诸多方国（指上古时期由部族演化成的地方性国家），荤粥缺少应有的文明教化。若是司马迁在世，我想和他商榷，难道当初帝尧教化万民，垂拱而治，没有抵达那里？记得《淮南子·修务训》中写道："尧立孝慈仁爱，使民如子弟。西教沃民，东至黑齿。北抚幽都，南道交趾。"如此广袤的疆域，难道没有涵盖了荤粥游牧的草原？商榷只是笑谈，没有必要和史圣较劲，我距司马迁的时代，与司马迁距帝尧的时代同样久远。他是猜度，淮南王刘安也是猜度，既是猜度就未必准确。

能够准确认定的是，《尚书·尧典》记载，帝尧"钦若昊天，历象日月星辰"，确定了历法。我敢于说这是"准确认定"，是因为当代考古提供了物证，襄汾县陶寺遗址出土的古代观象台，不仅证实了历法的形成，而且证实了节气的出现。由此可以断定，中原地区的农耕种植在这一时期获得了长足的进步。其实，生存方式无所谓孰优孰劣，进行优劣区分的应该是帝尧所推行的"教化万民，垂拱而治"。

荤粥习俗，看见形势有利就进攻，不利就逃命，并且不以逃跑为羞耻。只要有利就谋取，不管是否有违礼义，并且以获利多而得意。他们看重青壮年，轻视老弱者。青壮年吃肥肉美食，老年人只能吃剩肉、啃骨头。父亲去世，儿子可以娶后母为妻；兄长去世，小弟可以娶嫂子为妻。

《汉书·匈奴传》记载："匈奴，其先夏后氏之苗裔，曰淳维。"《汉书》开宗明义，将北方沙漠、草原划为匈奴的领地，并且明确指出，那时的匈奴称作淳维，是夏代的后裔。夏代由大禹开创，败坏在夏桀手里。《史记·殷本纪》记载，夏桀"为虐政淫荒"。商汤联合众多部族起兵，击败夏桀将士。夏桀被流放到南巢，忧郁而亡。

我从史书里钩沉这早已沉寂的历史，是想辨识侵扰北部千年不宁的匈奴，到底有着何种基因。依照《括地谱》追索，夏桀亡故后出头露面的是他那儿子獯粥。獯粥率领部族北迁，与久居沙漠、草原的山戎、猃狁、荤粥交融在一起，取了个统一的名字，这就是：匈奴。

　　匈奴强悍的体魄、原始的风俗，对中原大地构成了最大威胁。尤其是气候恶劣的年头，风沙侵袭他们和他们的牲畜，衣食无着的匈奴，会把南国的人畜，当作他们经常射猎的飞鸟和野兽。他们一挥鞭南驱，中原边地便血色涂地、狼烟冲天，便家破人亡、大祸临头。

　　如此挥鞭南驱，逼得赵武灵王不得不胡服骑射；逼得相邻的赵国、燕国不得不修造长城。尤其是到了秦始皇时，对已有的长城修筑加固，同时沿狼山新修了高阙至榆中段。如此，从临洮至辽东，形成了一道巍峨绵延的屏障——万里长城。正如《史记·匈奴列传》所记："筑长城以拒胡。"

○
○

变乱也不同

　　《史记·匈奴列传》：自淳维以至头曼千有余岁，时大时小，别散分离，尚矣，其世传不可得而次云。

　　秦始皇在历史上是一位颇有争议的皇帝，有人褒扬他功绩崔嵬，有人咒骂他残暴无道。残暴无道的一个重要罪过就是修筑万里长城，弄得无数家庭妻离子散，家破人亡。

客观地审视历史，不怪秦始皇修筑长城，彪悍的匈奴确实不可小觑。匈奴的头领称作单于。单于的全称是："撑犁孤涂单于。""撑犁"的意思是"天"，"孤涂"的意思是"子"。"单于"意为"广大"。"撑犁孤涂单于"与中原的"天子"意思几近相同。从《史记·匈奴列传》可以看出，自淳维到头曼经历了一千多年。其间，匈奴势力时大时小，有时聚集有时分化，因为时间久远，所以他们的世系很难依次排列出来。但是，有一点可以肯定，那就是始终威胁着中原，只是程度或大或小而已。

秦朝时，匈奴的单于是头曼。头曼单于很早便立了太子冒顿。回望匈奴这段历史，与春秋时期晋国宫廷变乱的废长立幼有些相似。那时，晋献公已经立了继位的世子申生，又受宠妃骊姬的蛊惑，要废掉申生，立他和骊姬生的奚齐。为达目的，骊姬挖空心思，一而再，再而三地陷害申生。申生不傻，明白是骊姬加害自己，不杀掉骊姬自己就性命难保。然而，他宁愿引颈自刎，也不伤害骊姬。他认为父亲钟爱骊姬，害死她就等于断送了父亲的好日子。申生不害骊姬，最终骊姬却逼得他自杀身亡。

那么，匈奴宫廷的夺嫡史又是如何上演的？太子冒顿日渐长大强壮，而头曼单于宠爱的阏氏也生下一子。争夺的开场如出一辙，结果却全然不同。新得宠的阏氏与头曼单于一番床榻耳语，太子冒顿便前往邻国月氏成为人质。送去人质一般是为了加强国家之间的信任，防止两国交战。偏偏冒顿到达月氏没有多久，头曼单于便率兵前去攻打。

很明显，这是要借刀杀人，害死冒顿，让新宠阏氏的儿子如愿以偿继承单于的位置。后来的结局如何？与晋国变易世子的结局大相径庭。

先不要说结局如何，却说头曼单于大军压境，月氏王愤怒无比，立即派人捉拿人质，此时若想形容一下冒顿的处境，只能用"命悬一线"。哪知这个文绉绉的成语，并不适用于另一种环境中长大的冒顿。闻风，他跳进马厩，抢到一匹骏马，飞身跃上，扬鞭挥打，竟安全脱离险境，回归单于王廷。无论是《史记》，还是《汉书》，均没有描述冒顿出现在王廷时父亲是何表情。但从头曼后来的行为可以猜度，他应该先是大吃一惊，而后又分外欣喜。吃惊没能置儿子于死地，欣喜儿子有胆有识——非如此哪能死里逃生。随即，头曼送出上万兵马，由冒顿统领。

以普通人的认知去解读这上万兵马，头曼可能有两种心思。一是不无后悔，先前的做法几乎断送了冒顿的性命，这可是个胆识不凡的儿子呀；二是暂缓一步，以图谋新的良策剪除冒顿。从后来冒顿的行径回望，他对父亲的行为只有后一种认知，没有前一种解读。冒顿是何行径？司马迁写在《史记·匈奴列传》中记载的情节是：

> 冒顿乃作为鸣镝，习勒其骑射，令曰："鸣镝所射而不悉射者，斩之。"行猎鸟兽，有不射鸣镝所射者，辄斩之。已而冒顿以鸣镝自射其善马，左右或不敢射者，冒顿立斩不射善马者。居顷之，复以鸣镝自射其

爱妻，左右或颇恐，不敢射，冒顿又复斩之。居顷之，冒顿出猎，以鸣镝射单于善马，左右皆射之。于是冒顿知其左右皆可用。从其父单于头曼猎，以鸣镝射头曼，其左右亦皆随鸣镝而射杀单于头曼，遂尽诛其后母与弟及大臣不听从者。冒顿自立为单于。

现在让我遵照司马迁的笔墨，复原一下那令人脊背生凉的场景。

冒顿制造了一种能够发出响声的"鸣镝箭"，带领部众操练。他下令："我用此箭射东西，你们必须一起射击。违令者斩！"

命令颁发后，冒顿带领部众外出狩猎，看见鸟兽，他即射出"鸣镝箭"。没有追随他射击的，他马上将其斩首。以后打猎，他的"鸣镝箭"飞向何处，部众也万箭齐发。

可是有一天，冒顿的"鸣镝箭"竟然射向了他自己的爱马，部众有的犹豫了，没有射出弓弦上的箭，脑袋立即被砍掉了。这有点不可思议吧？不可思议的还在后头。再一天，他的"鸣镝箭"竟然射向了自己的爱妻。难道这也要追随放箭吗？又有个别部众犹豫着没有射击，一如既往，脑袋搬家。

又一日出猎，冒顿把"鸣镝箭"射向单于的骏马，这一次部众没有一个迟缓，没有一个犹豫，万箭齐发，骏马倒地惨死。冒顿满意了，他的部众训练成功了，他就要带领他们去实现他的"终极目的"。

是日，冒顿带着部众跟随父亲头曼单于狩猎。一群野狼蹿出草丛，头曼吼叫着催马追去。冒顿随声呼喊，向前追赶，部众紧跟其后。突然，他的"鸣镝箭"射向了前面吼叫着的父亲。随即，飞箭齐至，头曼单于惨叫一声，倒在草地上。

杀死父亲，冒顿还不收手，一鼓作气，杀死异母兄弟，当上了单于。至于父亲那宠爱的阏氏，他没有按照先例娶之为妻，而是手起刀落，杀死了她！

单于之位上坐着盛气凌人而又凶残的冒顿，秦始皇的担忧无可非议，秦始皇修筑长城无可非议。只是，多少人为此妻离子散，多少人为此家破人亡。孟姜女哭长城的悲愤凄婉，弥散在看不见的烽火狼烟中。

○
○

凶残还狡诈

《史记·匈奴列传》：然至冒顿而匈奴最强大，尽服从北夷，而南与中国为敌国……

凶残不可怕，最怕凶残还狡诈。

阅读《史记》和《汉书》有关匈奴的篇章，每读至冒顿杀父夺位，我后背禁不住森森发凉。毫无疑问，从冒顿夺位的过程便可以看出，他就是一个既凶残还多谋的单于。乱箭射死父亲头曼单于时，可以肯定，在场的不只是冒顿的部众，一定还有头曼单于的随从。不难想象，那些忠于头曼的部下，该当怎样震惊、怎样发怒、怎样拔剑欲要斩杀冒顿。想来冒顿纵马跃出，高声怒喝："我为太子，平日最为体恤部众，未尝有过错。单于竟然听信阏氏谗言，欲杀长立幼，我命将休。今日射杀单于实在是不得已而为之，与汝等何干？今单于已死，不可生还，你等何不拥立我继承单于之位？"

听听这话，说得多么合情合理，若是不拥戴他当单于，简直就是大逆不道。几句劝慰的话说过，想必冒顿会突然转换语气说道："顺我者赏，逆我者亡！"

话音未落，"鸣镝箭"飞上高空，随着声响已有一只盘旋的飞鹰扑闪着翅膀栽跌在地。头曼单于的随从，看看挣扎的飞鹰，谁也不愿意落个眨眼即死的下场。恰此时，冒顿部众高声疾呼：

"拥立太子即位！"

"拥立太子即位！"

结果就是这样，冒顿顺利地当上了单于。分析整个过程，真该说是足智多谋。遗憾的是，他是杀父夺位，卑劣的做法只能让后人把"足智多谋"换写成"阴谋诡计"，把"聪明"换写成"狡诈"。一个人凶残狡诈，危害的只是身边的那些人；一个单于凶残狡诈，危害的范围就大得多了。

成为单于的冒顿一如既往着他的凶残狡诈。司马迁在《史记·匈奴列传》中细致入微地刻画了他凶残狡诈的做派：

冒顿既立，是时东胡强盛，闻冒顿杀父自立，乃使使谓冒顿，欲得头曼时有千里马。冒顿问群臣，群臣皆曰："千里马，匈奴宝马也，勿与。"冒顿曰："奈何与人邻国而爱一马乎？"遂与之千里马……

冒顿当上单于后，东面那个强盛的东胡部族，闻知冒顿杀父夺位故意找碴挑衅，派出使者前往匈奴索要千里马。人家有千里马，与你有何相干？东胡不过是想通过敲诈勒索探听虚实。冒顿不仅将计就计麻痹东胡，还一箭双雕激将群臣。他问："东胡向我朝索要千里马，你们以为如何？"

回答众口一词："不给！千里马岂能随便送人！"

冒顿单于却宽怀大度地说："与人毗邻，和睦为好，岂能吝啬好马，为此而伤了和气！"

一言既出，命令即颁，将千里马送往东胡。

东胡王得到千里马，好不欣喜。得马为次，探底为主，他笑冒顿单于弱小，不敢拒绝，不敢抗争。那就得寸进尺吧！使者再次觐见冒顿单于，这一次讨要的竟然是冒顿心爱的阏氏。欺人太甚！是可忍，孰不可忍！然而，冒顿忍了，还忍得深不可测。他笑着问群臣："东胡索要我心爱的阏氏，你们以为如何？"

回答众口一词："不给！心爱的阏氏岂能随便送人！"

冒顿单于又宽怀大度地说："与人毗邻，和睦为好，岂能吝啬一个女人，为此而伤了和气！"

退朝后，回到阏氏身边，冒顿含泪赔情，出语温煦，恳求她明晓大义，此去定要麻痹东胡。次日，阏氏起程，冒顿单于洒泪相送。阏氏不负厚望，见到东胡王，便依计行事，告给他冒顿物资缺乏、兵力不足，特别害怕东胡。东胡王由此认定冒顿单于胆小怕事，便幻想，何不趁机西扩！东胡与匈奴之间有一块空地，没人居住，这地方有一千多里，双方各在这空地的两边修起哨所。东胡王派使者对冒顿说："我们之间的空地是你们到不了的地方，我们想占有它。"

冒顿问群臣："给不给土地？"

群臣中有人回答："这是两国间的空地，给也可，不给也可。"

冒顿大怒，说："土地，国家的根本，怎可放弃！"说毕，命人将同意给土地的大臣拉出去斩首。冒顿怒气未消，马上下令出兵征讨东胡，并宣布后退者杀无赦。冒顿单于率军飞速挺进，东胡轻敌，毫无防备，一触即溃，东胡王也死于乱军之中。

拿下东胡只是冒顿单于小试锋芒，他的扩张欲望自此开始喷发。一个因为仇恨而杀父夺位的人，当然要睚眦必报，冒顿剑指月氏。当初，月氏势力非常强大，盘踞在祁连山一带，吞并了乌孙，威胁着匈奴。他做人质，差点客死异地。冒顿单于不会有仇不报，他是有仇必报，还要早报、快报。月氏以为匈奴军队还在与东胡纠缠时，冒顿已率领大军铺天盖地般席卷而来。曾经不可一世的月氏，哪是他的对手，很快崩溃了。

如果那时有战地纪录片，我们会看到冒顿单于得意的微笑，他雪了心头之耻，解了胸中之恨。

真正是，凶残不可怕，最怕凶残还狡诈。

○
○

雄起的匈奴帝国

《史记·匈奴列传》：于是匈奴贵人大臣皆服，以冒顿单于为贤。

"横看成岭侧成峰，远近高低各不同。"苏轼这句饱含哲理的诗句，不仅可以用于看物，而且可以用于看人。今人眼中的冒顿单于，与当时匈奴人眼中的冒顿单于绝对不是一个形象。读过《史记》的人，大约会认同他是一个凶残狡诈的典型人物，但司马迁在《史记·匈奴列传》中记载的那些匈奴贵族大臣对冒顿的感受，却是一个字：贤。贤，是有德行，有才能。今人谁也不否认冒顿的才能，但谁敢恭维他的德行？可是，为何匈奴人会认为他贤呢？是因为立场不同，看事物的出发点不同。站在匈奴扩张的角度去看，冒顿单于确实有本领，有能力。可这扩张，对于邻国就是入侵，就是灾难。

冒顿时代，匈奴的强大达到了顶点，由此时起，匈奴单于的世系、官制等才为世人所知。《史记·匈奴列传》写道：

置左右贤王，左右谷蠡王，左右大将，左右大都尉，左右大当户，左右骨都侯。匈奴谓贤曰"屠耆"，故常以太子为左屠耆王。自如左右贤王以下至当户，大者万骑，小者数千，凡二十四长，立号曰"万骑"。诸大臣皆世官。呼衍氏、兰氏，其后有须卜氏，此三姓其贵种也。诸左方王将居东方，直上谷以往者，东接秽貉、朝鲜；右方王将居西方，直上郡以西，接月氏、氐、羌；而单于之庭直代、云中：各有分地，逐水草移徙。而左右贤王、左右谷蠡王最为大，左右骨都侯辅政。诸二十四长亦各自置千长、百长、什长、禅小王、相封、都尉、当户、且渠之属。

简而言之，匈奴根据官职大小、地位贵贱，分封地盘。这记载与《尚书·尧典》总述帝尧的功绩有点类似，其中写道："克明俊德，以亲九族。九族既睦，平章百姓。百姓昭明，协和万邦。黎民于变时雍。"区别在于，帝尧重在德行教化，匈奴重在利益分配，将权力与利益紧密挂钩，形成匈奴的尊卑有序。

再来看匈奴人的风俗和律令。《史记·匈奴列传》写道：

岁正月，诸长小会单于庭，祠。五月，大会茏城，祭其先、天地、鬼神。秋，马肥，大会蹛林，课校人畜计。其法，拔刃尺者死，坐盗者没入其家；有罪小者轧，大者死。狱久者不过十日，一国之囚不过数人。

而单于朝出营，拜日之始生，夕拜月。其坐，长左而北乡。日上戊己。其送死，有棺椁金银衣裘，而无封树丧服；近幸臣妾从死者，多至数千百人。

单于在早晨走出营地，去拜初升的太阳，傍晚拜月亮。就座时，年长的在左边，而且要面朝北方。对于日期，他们崇尚戊日和己日。他们安葬死者用棺椁，给死者佩戴金银，穿戴衣裘，但却不起坟立碑，也不穿丧服。单于死后，他所亲近和宠幸的大臣、妻妾要殉葬，多的时候有几千几百人。

匈奴单于无时无刻不在做战争准备，这固然恐怖，更为恐怖的是他们对战争的认知与态度。《史记·匈奴列传》记载：

举事而候星月，月盛壮则攻战，月亏则退兵。其攻战，斩首虏赐一卮酒，而所得卤获因以予之，得人以为奴婢。故其战，人人自为趣利，善为诱兵以冒敌。故其见敌则逐利，如鸟之集；其困败，则瓦解云散矣。战而扶舆死者，尽得死者家财。

从这段话里可以看出，战争就是利益的代名词。说穿了，他们打仗就是为了抢掠。杀死敌人，或俘虏敌人，不只赏赐一杯酒，所缴获的财物也归其所有，被俘的人则充当其奴婢。战争目的只有赤裸裸的两个字：利益。

绝无道义。

这绝无道义的战争，却用物质诱惑出很强的杀伤力，莫非这也是"重赏之下必有勇夫"？不必深究匈奴贵族的制胜法宝，血淋淋的历史，在司马迁的《史记·匈奴列传》里只留下战战栗栗的一行字：

北服浑庾、屈射、丁零、鬲昆、薪犁之国。

看看，冒顿单于率领铁骑，纵横厮杀，灭掉东胡后，征服了北方的浑庾、屈射、丁零、鬲昆、薪犁诸多部族。

有人评价，冒顿单于第一个在北方草原建立起一个统一的强大的匈奴帝国。

这话不假。

○
○

匈奴紧逼太原郡

《史记·匈奴列传》：匈奴大攻围马邑，韩王信降匈奴。

所向披靡！

用这个词语来形容冒顿单于统领的匈奴大军，没有丝毫不妥。他那三十万大军东征西杀，攻无不克，战无不胜。向东灭掉东胡后，拓地到朝鲜界；向西打破月氏，扩张到西域。焉耆、危须、薪犁等地，都有匈奴驻扎的"僮仆都尉"。设这个官职干什么？收税。来往于此地的诸国人等，必须缴纳赋税。这样的赋税，有些类似于后来草寇盗贼敲诈过客的"买路钱"。

东西扩张成功，冒顿单于把他的矛头指向南北。如前所述，向北他征服了屈射、丁零等部族，控制了西伯利亚一带；向南他夺取了当年被蒙恬收回的河南地盘，吞并了楼烦、白羊，威胁到了初生的汉朝。历史学家对当时的局势这样评判，别看冒顿单于建立的匈奴帝国统辖了辽阔的蒙古高原，人口却很少，据说充其量只能相当于汉朝一个郡的人口数量。当时汉朝的大郡，人口数量已达五六十万。与汉朝人口相比，匈奴小得不足挂齿。可就这个不足挂齿的匈奴，竟然弄得汉朝头疼脑热。

汉高祖六年（前201），冒顿率军像沙尘暴一般迫近马邑地界。守卫马邑的韩王信，惊恐不安。

需要说明的是，此韩王信，非是淮阴侯韩信。韩王信是战国时韩襄王的孙子，韩国灭亡后流落到了民间。秦朝末年，刘邦大军在韩国故地攻下阳城，张良发现了这位韩襄王的庶孙。张良祖上曾是韩国的相国，因而对他有着一种特殊的感情，就将他推荐给了刘邦。刘邦见他相貌堂堂，任命他为将军，让他跟随自己率领军队进入武关。

秦朝灭亡，项羽分封天下，刘邦得封汉王，此韩信追随刘邦进入汉中。要说他还真是个聪明人，他见刘邦士兵中东方人很多，就建议刘邦利用他们的思乡之心，出汉中，以夺天下。刘邦欣然接受。平定三秦后，刘邦拜他为韩太尉，派他带兵攻取韩地。汉高祖二年（前205），他攻下了韩国故地，刘邦便立他为韩王。之后，为区别淮阴侯韩信，便称他为韩王信。韩王信确实聪明，守卫荥阳时被项羽的军队攻破，为了活命当即缴械投降。保住了性命，又思慕韩王的那个名分，瞅个空子逃跑出来，回到刘邦身边。刘邦不计前嫌，仍让他为韩王。

楚汉相争结束，刘邦平定天下，韩王信在颍川获得封国，定都阳翟，时在汉高祖五年（前202）。一年之后，刘邦将他的封地改在太原以北，都城改在晋阳。对于韩王信封地的改变，世人多有议论，有的人认为韩王信十分勇武，刘邦担心日后他会对自己构成威胁，就让他去和匈奴厮杀，以削弱他的势力；有的人则认为，刘邦没有对他起疑心，改封地，就是要他抵御匈奴。

持后一种看法的人，未几时面露喜悦。不日，韩王信以晋阳远离边境，难以及时阻挡匈奴侵犯为由，上书汉高祖："国被边，匈奴数入，晋阳去塞远，请治马邑。"看，韩王信何等爱岗敬业，不惜担当风险，甘愿将都城迁往边塞。汉高祖更是欣喜，下诏准许。韩王信即迁都至马邑。

就在韩王信迁都马邑的当年秋天，匈奴冒顿单于率兵包围了马邑。韩王信一面坚守，一面派使者向匈奴求和。后来汉高祖派兵来救，冒顿单于害怕吃亏，带兵撤退。不过，韩王信之前的举动没逃过刘邦的耳目，刘邦怀疑他有二心，便派人斥责他。让汉高祖没料到的是，韩王信立即带领马邑守军投降了匈奴。

气势汹汹的冒顿单于，得到降将韩王信更加气势汹汹。韩王信带着气势汹汹的匈奴南下，越过句注山，紧逼太原郡。

军情火急，十万火急！

看来疆域大，不能算强国；财富多，也不能算强国。强国比拼的是综合实力。匈奴，即使不能算全民皆兵，也算是男儿皆兵，男儿皆能骑能射。以步兵为主的汉朝军队，是否能够战胜气势汹汹的匈奴骑兵？真让人提心吊胆。

○

刘邦白登遭围困

《史记·匈奴列传》：高帝自将兵往击之。

汉高祖亲自带兵前去征讨匈奴，能不能抵挡气焰嚣张的匈奴大军？据说，先是打了几个小胜仗。后来如何？《史记·匈奴列传》写道：

> 会冬大寒雨雪，卒之堕指者十二三，于是冒顿详败走，诱汉兵。汉兵逐击冒顿，冒顿匿其精兵，见其羸弱，于是汉悉兵，多步兵，三十二万，北逐之。

司马迁写得确实很好，既写出了汉高祖冒着酷寒征战的一腔热血，又写出了冒顿单于久有的狡诈，一波三折。只是过于简练，无法精细还原当时波澜壮阔的场景。好在关于这场战争，力图再现的描摹者众多，有王吉呈、梁星亮先生主编的《汉武帝全传》，有安作璋、刘德增先生撰写的《汉武帝大传》等图书，现综合要点如下：

时值寒冬，大雪纷纷，汉高祖率领的大军冻得手脚皲裂，苦不堪言。不过，因为打了几个小胜仗，情绪高涨，将士们恨不能飞速挺进，把入侵的匈奴打个落花流水。汉高祖更是求胜心切，下令乘胜追击。

纵观古代军事史，所有的胜利者不是打对方的弱点，就是打对方的错误。若是对方不犯错误，就要设法引诱对方犯错误。从这场战争的局势变易看，冒顿单于就在引诱汉高祖犯错误——要不为何说他极其狡诈呢！他没有和汉军死磕硬碰，而是故意先打败仗。当然，如此手法不算新鲜，要轻易蒙蔽身经百战的汉高祖也非易事。怪就怪汉高祖急于求胜，鲁莽进兵。虽然"知己知彼，百战不殆"，对他来说是最为浅显的道理。他派出骑兵前去侦探匈奴军情，得到的情报是，匈奴精兵强将不足，老弱士兵居多，连战马都瘦骨嶙峋。这情报很符合汉高祖当时的心态：老弱士兵，怎能经打？最宜速战速决。从后来的战况分析，此时汉高祖已经钻进了冒顿单于的圈套。自然，这个圈套不是有形的，是无形的圈套束缚了他。他已成为冒顿单于的精神俘虏，还不知不觉——匈奴隐匿了精兵，侦探看到的羸弱士兵并非实情。不过还有一次解脱束缚的机遇，汉高祖虽然已经进兵，但还是派出最为信任的奉春君刘敬去与匈奴和谈。毫无疑问，和谈是假，刺探军情是真。

汉高祖进军途中遇到的情况，和侦察提供的情报毫无差异，沿途只要碰到一个匈奴小兵，大喝一声他就会吓得抱头鼠窜，这更坚定了汉高祖取胜的信心。他哪知道冒顿单于设定的精神圈套，已牢牢将他套定，而且还在时时收紧。

这样的剖析，不是小说家在杜撰，而是出自有理有据的分析。因为汉高祖把从匈奴归来的刘敬打入监狱。为何要把派去刺探军情的刘敬打入监狱？因为刘敬的判断与他的判断大相径庭。《史记·刘敬叔孙通列传》记载刘敬还报曰："两国相击，此宜夸矜见所长。今臣往，徒见羸瘠老弱，此必欲见短，伏奇兵以争利。愚以为匈奴不可击也。"刘敬的汇报简短明了，两国大战在即，应该展示强大的一面，给对手以震慑。但他在匈奴那里看见的却是羸瘠老弱，肯定是匈奴有意显露自己的短处，而埋伏奇兵以期获得胜利。

细细思量，刘敬的情报与前面的情报没有差异，与汉高祖进军过程中看到的情况也没有差异。差异在于，汉高祖居高临下做判断，刘敬不矜不骄做分析。不怨汉高祖这样判断，他出兵灭了秦朝，又打败了不可一世的项羽，哪能把匈奴放在眼里！轻敌、麻痹不知不觉成为潜意识，这或许就是冒顿单于的圈套牢牢套死了他，他还全然不知的原委。不知也罢，刘敬的提示应该让他猛然醒悟，岂知世事总是十分诡异，此时的刘邦已非当年的刘邦。当年，征战在外的韩信上书要当个假齐王，他一看勃然大怒。怒火刚要出嘴唇，张良使个眼色，他马上稳定情绪，转怒为喜，说道："要当就当个真齐王，何必当个假的。"你看，纠正失误何等快！如今贵为天子，成功感满满，再也听不得逆耳之言了。可怜的刘敬仍然像先前那样实话实说，因而就有了牢狱之灾。

将刘敬押入广武大牢，汉高祖命令快马加鞭、日夜兼程。骑兵冲在前面，步兵紧紧追赶，赶到平城正要喘息，突然一声呼哨响起，四处雪尘弥漫——不是飞雪降下，是匈奴骑兵蜂拥合围上来了。马是骏马，将是悍将，兵是强兵，哪还有一匹嶙峋瘦马，哪还有一个羸弱老兵？上当，汉高祖大呼上当！呼喊无用，只有急令将士强行厮杀。长途奔波的疲惫之师，哪能斗得过养精蓄锐的匈奴军队。勉强抵挡，稳住阵脚，偏偏冒顿单于又赶来增援，汉军体力透支，士兵们一个个倒在血泊里。眼看着就要打败，汉高祖匆忙下令抢占东北方向的白登山。

匈奴人马发起攻击，所幸汉军居高临下，有点优势，匈奴多次进攻都被打退。冒顿单于看看一时难以攻山取胜，便命令四面陈兵，合围汉军。

这就是史书所载的"白登之围"。

危险！几十万大军被困，即使匈奴不进攻，将士要吃要喝，粮草用尽，就是末日呀！

不光彩的逃脱之计

《资治通鉴·汉纪三》：帝用陈平秘计，使使间厚遗阏氏。

所幸"白登之围"有惊无险，汉高祖带着大军安全撤退出来，掐指一算，整整七天，难熬的七天呀！

汉高祖如何带着大军撤退出来的？王吉呈、梁星亮先生主编的《汉武帝全传》叙述得非常详细，大意是：汉高祖被围，无法脱身，居高俯视山下，四面八方都是匈奴军队。西边士卒全部骑白马，东方士卒全部骑头白身黑的马，北方士卒全部骑黑马，南侧士卒则一律骑赤马，这些马毛色亮、体矫健，威武无比。面对如此强大的对手，如何能够突围？思来想去，一筹莫展。叫来随军的陈平商量，一时也无良策，汉高祖除了叹息，就是忍耐。好在陈平没有白吃饭，总算想出个点子。

什么点子？《史记》没有点明，只说"高帝乃使使间厚遗阏氏"；《汉书》鹦鹉学舌，照搬《史记》。那就继续往下看《汉武帝全传》如何叙述。

原来冒顿单于新得一个阏氏，非常宠爱，经常带在身边。陈平的主意就打在她身上，使臣带着使命悄悄溜进匈奴大营。当然，使臣不会空手而去，带着不少黄金、珠宝，最有刺激性的是一幅人物画。阏氏喜欢黄金，喜欢珠宝，最不喜欢那幅画，偏偏是那幅画起了主导性作用。你道那画绘的是何人？一个美女。美女闭月羞花、沉鱼落雁，可把阏氏吓得不轻。使臣道："陛下为让单于退兵，要献上这位绝色美女。只是美女现不在军营，需回朝带来，所以先献上她的画像，请阏氏转达。"

阏氏马上回答："那就大可不必了。"

是呀，哪个女人不吃醋，阏氏自然挣不脱女人的思维定式。使臣一听正中下怀，连忙答话："其实这是无奈之举。陛下也舍不得这个美女，且献上美女还怕单于冷落了阏氏。若是阏氏能让单于退兵，我们又何必出此下策。"

阏氏居然答应了使臣的请求。

阏氏还真有劝动冒顿单于的办法。

办法是娇滴滴的耳旁语："你熟睡时军中传说，中原要来救兵。"

冒顿单于发问："真的？"

阏氏又说："皇帝被困，汉军哪能不救。"

见单于生疑，她又说："即使灭掉皇帝，打到中原，咱们水土不服，要有个闪失，岂不断了我俩的恩爱？"

说着，阏氏居然泪流满脸。

接着哭接着劝："据说汉朝天子能通神灵，你看，围困了六天，军队安静不乱，如同神兵。若是再战，出点战祸，得不偿失，不如放他一马。"

难道阏氏真能这样轻松说服了单于？事有凑巧，和单于约定前来会战的王黄、赵利没有按时赶到，冒顿怀疑他们是假投降，深恐他们和汉军串通一气来攻打他。若是腹背受敌，那就危在旦夕了！狡诈而多疑的冒顿单于只好网开一面，放走汉军。

据说，汉高祖下令撤退时，陈平还怕有诈，命令弓箭手搭好箭，张满弓，慢慢下山。就这样，汉高祖带着大军逃出了重围。

看到《汉武帝全传》这样细致入微的描写，颇疑为杜撰，一查《资治通鉴·汉纪三》，还真是这样写的：

> 帝用陈平秘计，使使间厚遗阏氏。阏氏谓冒顿曰："两主不相困。今得汉地，而单于终非能居之也。且汉主亦有神灵，单于察之！"冒顿与王黄、赵利期，而黄、利兵不来，疑其与汉有谋，乃解围之一角。会天大雾，汉使人往来，匈奴不觉。陈平请令强弩傅两矢，外乡，从解角直出。

陈平有这么好的秘计，那为何不记载进《史记》《汉书》？司马光在《资治通鉴》中写道，"其失中国之体，故秘而不传"。

是呀，冒顿单于放走了汉高祖，没有失去威风。

是呀，汉高祖逃出白登，却并不光彩，不得不遮掩脸面。

○
○

和亲以求平安

《史记·匈奴列传》：汉亦引兵而罢，使刘敬结和亲之约。

无论光彩不光彩，汉高祖总算带着大军死里逃生，回到中原。值得记忆的是，汉高祖知错就改，放出了押在广武大牢的刘敬，而且，真诚地认错。《史记·刘敬叔孙通列传》记载，汉高祖曰："吾不用公言，以困平城。"遂加封刘敬为关内侯，食邑二千户，号为建信侯。这种做法比前朝后世很多帝王都明智，不少帝王即使做错也要文过饰非，死不认账。从这点窥视刘邦，别看出征前固执得要命，吃了苦头，栽了跟头，能够反思，还是挺可爱的。

可爱与否是后世安居斗室评价往事，当时的情形是事态紧急，刻不容缓。匈奴像高悬在头顶的一把利剑，随时都可能劈砍下来，因此要赶紧化解这强大对手造成的危机。

化解危机的办法有了，中国历史上两大对垒阵营的"和亲"开启了。"和亲"一词出现得很早，在《左传·襄公二十三年》就有"和亲"二字："中行氏以伐秦之役怨栾氏，而固与范氏和亲。"不过，此处的"和亲"与汉高祖开启的"和亲"大为不同。首先，这不是指国家之间，而是指晋国两个贵族之间修好关系；其次，没有用缔结婚姻的方式结亲示好。汉高祖进行的这次"和亲"，使"和亲"一词将以上两种未曾包括的意思都囊括进来，属于开创性举措。不过，这开创性举措的发明者不是汉高祖，而是被他关押了又放出来的刘敬。愁眉不展的汉高祖放出刘敬后，向他讨教对付匈奴的办法。刘敬提供了什么良策？《史记·刘敬叔孙通列传》记载：

> 刘敬曰："天下初定，士卒罢于兵，未可以武服也。冒顿杀父代立，妻群母，以力为威，未可以仁义说也。独可以计久远子孙为臣耳，然恐陛下不能为。"上曰："诚可，何为不能！顾为奈何？"刘敬对曰："陛下诚能以适长公主妻之，厚奉遗之，彼知汉适女送厚，蛮夷必慕以为阏氏，生子必为太子，代单于。何者？贪汉重币。陛下以岁时汉所余彼所鲜数问遗，因使辩士风谕以礼节。冒顿在，固为子婿；死，则外孙为单于。岂尝闻外孙敢与大父抗礼者哉？兵可无战以渐臣也……"

还原汉高祖问策刘敬的情形，大致应是以下这样。刘敬说道："天下刚刚安定，将士们甚是疲劳，不能再发兵讨伐。况且，匈奴冒顿单于敢于杀父夺位，娶他的很多继母为妻子，性情暴烈，与他根本不能谈什么仁义道德。唯一的办法是使他的子孙臣服，但恐怕陛下不肯这样做。"

刘敬说到此停顿下来。汉高祖说："只要能使他子孙后代都臣服，我怎么能不肯做呢？"

刘敬这才说出和亲的办法："如果陛下能把长公主嫁给单于，他一定感激，一定会把公主立为阏氏。将来公主的儿子一定会被立为太子。陛下每年再赐予他一些咱们用不了的金银财宝，经常来往，教他中原礼节。如今冒顿在位，是中原的女婿。冒顿死去，太子继位，是中原的外孙，更应畏惧陛下。试想，哪有外孙与外祖父对抗的？这是不战而胜的最好办法。"

司马迁笔墨简练到了再不能简练的程度，用一个"善"字作为汉高祖的回答。

可是，就这个"善"字弄得吕后寝食不安、哭哭啼啼。她哭着对汉高祖诉苦："我就这一儿一女，为何要把女儿远嫁到匈奴那里！"

司马迁在《史记》中记录了当时吕后的反应：

高帝曰："善。"欲遣长公主。吕后日夜泣，曰："妾唯太子、一女，奈何弃之匈奴！"上竟不能遣长公主，而取家人子名为长公主，妻单于。使刘敬往结和亲约。

汉高祖一犹豫，吕后赶紧命太史选择吉日，把女儿嫁给了赵王张敖。那和亲的事如何进行？汉高祖挑选了个平民家的女儿，诈称是嫡长公主，派刘敬前去匈奴，促成了这次开创性的和亲。《中国古代和亲史》综合各种典籍史料，找出了和亲的五项协定。一是汉朝将公主嫁给匈奴。

二是汉朝与匈奴划疆立界。《汉书·匈奴传》记载："长城以北引弓之国受令单于，长城以内冠带之室朕亦制之，使万民耕织，射猎衣食，父子毋离，臣主相安，俱无暴虐。"三是如《史记》所载，"汉与匈奴约为兄弟"，双方享有平等地位。四亦见诸《史记》，"岁奉匈奴絮缯酒米食物各有数"，匈奴不再侵扰汉朝。五是两方进行一些"通关市"活动，这也可以从《史记》中看到。

这和亲协定颇值得回味，把公主嫁给单于，居然和单于是兄弟关系；双方享有平等地位，汉朝要"岁奉匈奴絮缯酒米食物各有数"。可见，和亲是何等屈辱。

屈辱的汉朝能够不再屈辱吗？

○
○

吕后遭羞辱

《史记·匈奴列传》：高祖崩，孝惠、吕太后时，汉初定，故匈奴以骄。

"故匈奴以骄"，如何骄横？司马迁写得有点简单："冒顿乃为书遗高后，妄言。""妄言"，如何言？没有细说。好在班固有《汉书》存世，将"妄言"记载下来，真实再现了匈奴冒顿单于的骄横。

《汉书·匈奴传》写道：

孝惠、高后时，冒顿浸骄，乃为书，使使遗高后曰："孤偾之君，生于沮泽之中，长于平野牛马之域，数至边境，愿游中国。陛下独立，孤偾独居。两主不乐，无以自虞，愿以所有，易其所无。"

看了这信是何感想？"高后大怒"。能不怒吗？这高后可不是一般的女人。高后，即吕后，汉高祖的皇后。汉高祖驾崩，吕后的儿子刘盈继位，史称汉惠帝。刘盈仁慈和善，当太子时，汉高祖觉得他的性格不像自己，就想废掉他，让戚姬的儿子赵王刘如意取而代之。吕后闻知赶紧鼓动大臣进谏，这才保住太子的地位。汉高祖去世，吕后必然要进行报复，召赵王进京，图谋加害。汉惠帝猜到太后居心不良，与赵王饮食起居相偕一起，吕后无法得手。一天，汉惠帝出去打猎，赵王年小没能早起随同出去，结果被吕后强饮毒酒害死。害死赵王，吕后还不解气，还要害死戚姬。害死也罢，不，死了便没了痛苦。她砍掉戚姬的手脚，挖掉她的眼睛，熏聋她的耳朵，毒哑她的嗓子，将她扔进猪圈，称为"人彘"。多么心狠手辣的一个女人。冒顿单于公然侮辱她，话虽说得婉转，"愿以所有，易其所无"，谁还不知道那是要和她行床笫之欢。吕后大怒并不过火。

大怒的吕后准备怎么办？她召来陈平、樊哙和季布等大臣商量，要斩掉匈奴使者，马上发兵击之。率先发言的是樊哙，他是吕后的妹夫——妻姐遭此羞辱，实在恼火；不只是恼火，还要冲锋陷阵，杀奔匈奴，给他们点颜色看看。《汉书》记载他的原话是："臣愿得十万众，横行匈奴中。"

有妹夫挺身而出，愿进攻匈奴，吕后应该有了底气，她转脸问季布。岂料季布给她泼了一头凉水。《汉书》记载：

> 布曰："哙可斩也！前陈豨反于代，汉兵三十二万，哙为上将军，时匈奴围高帝于平城，哙不能解围。天下歌之曰：'平城之下亦诚苦，七日不食，不能彀弩。'今歌吟之声未绝，伤痍者甫起，而哙欲摇动天下，妄言以十万众横行，是面谩也。且夷狄譬如禽兽，得其善言不足喜，恶言不足怒也。"

看过《汉书》的记载，令人啼笑皆非。季布也真是，不同意出兵也罢，何必要发雷霆之怒，竟然要斩樊哙。难道你不知道樊哙与吕后的关系？若是吕后发怒岂不危及性命？然而慷慨陈词的季布并无性命之忧，当然，首要原因是他的话确有道理。当初汉高祖被匈奴包围在白登，你樊哙干啥去了，作为上将军不能解除围困，难道你忘了此事？致使朝野流传这样的歌谣："平城之下亦诚苦，七日不食，不能彀弩。"遭受围困，七天没吃的，无法逃脱，可真丢人败兴。如今歌谣还在耳边萦绕，怎么能伤疤刚好就忘了疼呀！是呀，三十二万大军险些全军覆没，你十万大军就想横扫匈奴，的确有痴人说梦的嫌疑。当然，季布的聪明显示在他最后说的那几句话上：匈奴犹如禽兽，禽兽不说人话理所当然，何必要和他们计较呢？

或许，吕后听见季布说得有理，不再有什么火气，便用一个"善"字结束了这场朝议。朝议结束了，事情没有结束，如何回复冒顿单于？所幸有个"大谒者张泽"，写下了这样一段收录在《汉书》中的回信：

单于不忘弊邑，赐之以书，弊邑恐惧。退日自图，年老气衰，发齿堕落，行步失度，单于过听，不足以自污。弊邑无罪，宜在见赦。窃有御车二乘，马二驷，以奉常驾。

话说得十分可怜，"年老气衰，发齿堕落"，连走路都摇摇晃晃，就差说，哪能再和你寻欢作乐。

冒顿单于也识时务，给个台阶即退步，带点检讨意味地回复："未尝闻中国礼义，陛下幸而赦之。"

心狠手辣的吕后，掂量、沉思，确实惹不起匈奴，只能低三下四地讨好人家。于是，给冒顿单于献上皇帝的御车和驾车的骏马，继续和亲。

一场闹剧落下了帷幕。

闹剧演完了，闹剧在人心上留下的羞耻却没有完结。

第二章

刑天今何在

为英雄搭建舞台

《史记·曹相国世家》：以高祖六年赐爵列侯……食邑平阳万六百三十户，号曰平阳侯……

陶渊明在《读山海经》诗中，写下了这样的句子："刑天舞干戚，猛志固常在。"在中国神话里，刑天是一位失败者，但是尧舜传人一直把他当作英雄看待，称之为战神。是呀，刑天是位不屈不挠的英雄。他与天帝争夺神位，天帝兵多将广，砍掉了他的脑袋，并埋在了常羊山下。但是，掉了脑袋的刑天没有倒下，他把双乳作为眼睛，把肚脐作为嘴，挥舞干戚继续战斗。中华先祖的想象力是多么丰富，竟塑造出这样一位英勇无畏、宁死不屈的英雄——

刑天！

眼见匈奴铁骑的凶残，谁心中不呼唤刑天呢！呼唤刑天跳将出来，挥舞干戚，冲杀在抗击匈奴的前线，洗刷掉汉朝的屈辱。历史在等待，在为汉朝的刑天——卫青、霍去病，悄无声息地进行着出场的铺垫。

铺垫工作的重要环节竟是由一个人奋力拓展的，这个人就是曹参。本章开篇引用了《史记·曹相国世家》中的话，就是为请曹参登场亮相。

汉高祖六年，曹参被封为平阳侯。所以被封为平阳侯，首先是因为他随同韩信打败了盘踞平阳的魏豹。曹参是一位猛将，又极有谋略。韩信率曹参、灌婴领兵到了临晋渡口，看见对岸防备森严，就命令他们二人分别带兵伐木、买罂。灌婴不解其意，就问曹参。曹参明白这是秘密，不好直言，就推说道，大将军命我们置办，自有用处，我们尽快准备就是。

由此可以看出，曹参对于用兵的谋略机密十分通达，又能巧妙理事，分寸得当。

按照韩信的运筹，灌婴在临晋渡口击鼓呐喊迷惑敌人，韩信和曹参乘坐他们自制的木罂漂渡到阳夏对岸，突然上岸，向西魏兵发动攻击，为首的大将当然就是曹参。魏豹在此所陈之兵本来就很少，所以根本抵挡不住曹参。曹参一路突进，势如破竹，很快将王襄擒拿住。西魏兵见主将被俘，不敢再战，有的投降了，有的逃跑了，安邑城被曹参攻破占领。继而，韩信和曹参大举进攻，生擒魏豹，攻取了西魏都城平阳。接着，曹参和灌婴分头行动，将魏地五十二城一一收取归汉。刘邦为了表彰曹参的功绩，就将平阳赐给他作食邑。

曹参在历史上名声颇好。他战功赫赫，却不居功自傲，一旦需要出征，立即上马攻杀。占据平阳后，他又追随韩信攻占了邹东，攻克了齐地。

如果说，这些战斗的胜利都与韩信指挥有关，那么进攻胶东却是曹参独立作战。史书记载，曹参兵进胶东，勇猛无比，攻下城池，杀了守将田既，又立下一功。当然，这些战绩与抗击匈奴毫无瓜葛，但正是由于这些战绩，食邑平阳的曹参才能被封为平阳侯。有了平阳侯，自然会有平阳侯府邸。这座府邸，似乎就是给卫青、霍去病孕育、成长而建造的舞台。

《汉书·萧何曹参传》中还写到了曹参封侯后的作为。汉朝初定天下，大臣一致推举曹参出任丞相，认为他"身被七十创，攻城略地，功最多，宜第一"。汉高祖刘邦却更宠信萧何，任用他为丞相。曹参毫无怨言，干脆辞去左丞相，专意给刘邦的长子齐王做相国。公元前193年，萧何去世，曹参顺理成章当了丞相。朝野上下都认为曹参会有大的举措，会废除萧何时的规矩礼法，实施新政。然而，曹参整日饮酒，几乎不理政事。有人前来劝说，曹参则连连敬酒，直到灌醉对方为止。

汉惠帝埋怨曹参不理政事，曹参谢罪后问，请陛下自己仔细考虑一下，您和高帝相比谁强？惠帝答，我怎么敢跟先帝相比呢！曹参又问，陛下看我和萧何谁更贤能？惠帝答，您好像不如萧何。曹参说，陛下说得对，高帝与萧何平定了天下，法令已经明确，如今陛下垂衣拱手，我等谨守遵循不就很好吗？惠帝笑而曰：善。曹参为相，正如司马迁在《史记》中评价的那样，"举事无所变更，一遵萧何约束"，使百姓安居乐业。

这便有了成语"萧规曹随"。

引出"萧规曹随",绝不是画蛇添足,而是因为这个成语能够帮助读者理解汉惠帝时期的大政方针。曹参让汉惠帝与汉高祖相比,汉惠帝当然不敢相比,不敢擅越雷池。因而,"萧规曹随",也可以说是汉高祖之规,汉惠帝追随不二。

汉高祖屈辱和亲,汉惠帝时期也按图索骥。即使冒顿单于侮辱到了吕后头上,也只好忍气吞声。

○
○

和亲再医眼前疮

《史记·匈奴列传》:至孝文帝初立,复修和亲之事。

汉惠帝跟着母亲忍气吞声,汉文帝还是紧步后尘,忍气吞声。和亲成为汉朝保证人民得到休养生息的权宜之计。打仗不只是比拼战斗力,还比拼综合国力。汉朝初年的综合国力确实很弱,敢于南征北战、争夺天下的汉高祖,却不敢再轻易发兵反击匈奴,这也是一个重要原因。《汉书·食货志》记载:

> 汉兴,接秦之敝,诸侯并起,民失作业而大饥馑。凡米石五千,人相食,死者过半。高祖乃令民得卖子,就食蜀、汉。天下既定,民亡盖臧,自天子不能具醇驷,而将相或乘牛车。

这可真是一穷二白，穷得可怕！请注意两点："人相食，死者过半"，打仗要有人上阵，没有兵源，如何组成军队？"自天子不能具醇驷，而将相或乘牛车"，天子乘车挑选不出四匹毛色统一的骏马，将相乘坐牛车，可见马匹何等缺少。要兵没有兵，要马没有马，如何敢于与兵强马壮的匈奴决战！何况兵马未动，粮草先行，后勤保障极为重要，可汉朝缺少粮食，早已因缺粮而"死者过半"，即使"插起招兵旗，就有吃粮人"，但拿什么供给军队吃？兵无粮自散呀！如此看来，在国力低微的汉朝初期，和亲是没有办法的办法，是忍辱负重的办法。

一提对匈和亲，总会令人想起讨好一词。然而，讨好的效果如何？还真不敢恭维。《史记·匈奴列传》载："孝文帝初立，复修和亲之事。其三年五月，匈奴右贤王入居河南地，侵盗上郡葆塞蛮夷，杀略人民。"看看，不足三年，匈奴就翻脸不认人，右贤王率领大军侵入河南地一带。若不抗击，就要逼近长安城了，汉文帝不得不派出丞相灌婴迎敌。匈奴看看无利可图，匆匆撤退回去。匈奴居然玩开了游击战，打得赢就打，打不赢就走。

右贤王玩得不错，可还有比他善玩的高手。高手是冒顿单于。可能是对先前奉送的和亲公主厌倦了，单于又致信汉文帝。《史记·匈奴列传》记载信文如下：

天所立匈奴大单于敬问皇帝无恙。前时皇帝言和亲事，称书意，合欢。汉边吏侵侮右贤王，右贤王不请，听后义卢侯难氏等计，与汉吏相距，绝二主之约，离兄弟之亲。皇帝让书再至，发使以书报，不来，汉使不至，汉以其故不和，邻国不附。今以小吏之败约故，罚右贤王，使之西求月氏击之。以天之福，吏卒良，马强力，以夷灭月氏，尽斩杀降下之。定楼兰、乌孙、呼揭及其旁二十六国，皆以为匈奴。诸引弓之民，并为一家。北州已定，原寝兵休士卒养马，除前事，复故约，以安边民，以应始古，使少者得成其长，老者安其处，世世平乐。未得皇帝之志也，故使郎中系雩浅奉书请，献橐他一匹，骑马二匹，驾二驷。皇帝即不欲匈奴近塞，则且诏吏民远舍。使者至，即遣之。

冒顿单于的狡诈，这封信便是一个佐证。起笔即把自己称为"天所立匈奴大单于"，接着说出他对和亲的态度，"称书意，合欢"。那为何还要大兵压境，侵扰汉地？原因有两点：一是"汉边吏侵侮右贤王"，二是"右贤王不请"。右贤王不请示就发难固然有错，可是你汉朝边吏若是不欺辱右贤王，哪会有这兵戈之争？说到底，是汉朝的过错。尽管如此，我还是要惩罚右贤王，让他带兵出征月氏等国。战况如何？冒顿单于接着说明战况——未必不是威胁汉朝——托上天之福，"吏卒良，马强力，以夷灭月氏"，杀尽那些不愿投降的人，把"楼兰、乌孙、呼揭及其旁二十六国……并为一家"，都成为匈奴之民了。就差写上一句，现在就看看你汉朝是和是战。威胁完了，再示好一下——为了表示和好我送些东西给你，你汉朝天子可不要敬酒不吃吃罚酒呀！

汉文帝对匈奴是惹不起，打不起，只能和亲。《中国古代和亲史》一书写道：前元六年（前174），汉文帝赠给匈奴单于以绣为表、以绮为里的绣夹绮衣、绣夹长襦、锦夹袍各一件，金制梳篦一把，金饰腰中大带一条，黄金头带一条，绣十匹，锦三十匹，红缯、绿缯各四十匹。精美的礼品刚送去不久，冒顿单于死了，他的儿子稽粥当了单于，叫作老上单于。汉文帝也不敢怠慢，挑选个诸侯王的女儿送给老上单于当阏氏。

和亲，汉文帝与老上单于和亲，老上单于死了，又与新继位的军臣单于和亲。然而，结果总是刚刚和亲没多长时间，匈奴就又背弃盟约，派出骑兵蜂拥南下。《汉书·匈奴传》记载："军臣单于立岁余，匈奴复绝和亲，大入上郡、云中各三万骑，所杀略甚众。"

看来和亲只能医治眼前疮，无法保太平；可是，道理归道理，汉景帝继位后还在和亲。《玉台新咏》记载有远嫁乌孙的细君公主的《悲愁歌》，借助此诗来探究一下这些特别牺牲者的心情吧：

吾家嫁我兮天一方，远托异国兮乌孙王。

穹庐为室兮旃为墙，以肉为食兮酪为浆。

居常土思兮心内伤，愿为黄鹄兮归故乡。

痛苦，锥心刺骨的痛苦！

○
○

张骞首次出使西域

《汉书·张骞李广利传》：骞以郎应募，使月氏，与堂邑氏奴甘父俱出陇西。

历史更迭，当汉武帝刘彻坐上龙椅时，汉朝开国已经近七十年了。近七十年来的苦心经营，汉朝已由开国时的一穷二白变得日渐富裕。《史记·平准书》记载：

汉兴七十余年之间，国家无事，非遇水旱之灾，民则人给家足，都鄙廪庾皆满，而府库余货财。京师之钱累巨万，贯朽而不可校。太仓之粟陈陈相因，充溢露积于外，至腐败不可食。众庶街巷有马，阡陌之间成群，而乘字牝者傧而不得聚会。守闾阎者食粱肉，为吏者长子孙，居官者以为姓号。

此时的汉朝经过七十年的休养生息，国富民也富。国家富裕，钱多、粮多。钱多，"府库余货财。京师之钱累巨万，贯朽而不可校"；粮多，"太仓之粟陈陈相因，充溢露积于外，至腐败不可食"。民间富裕，"民则人给家足""众庶街巷有马，阡陌之间成群，而乘字牝者傧而不得聚会"。富到了显富、夸富，以富为荣的程度，以致骑母马的人都不许参加体面人的聚会。看看此时，想想开国之初，"人相食，死者过半""自天子不能具醇驷，而将相或乘牛车"，真是今非昔比、变化巨大。

也有不变的世事，边地摩擦持续不断，实际是匈奴欺凌汉朝，不断侵扰。

少年刘彻坐在了龙椅上，也坐在了这个火山口上。而且，这座火山还是个活的，不时迸发的岩浆会伤害汉朝边民。刘彻会像他的先祖那样忍气吞声吗？不会！从《史记·太史公自序》对他的评价"外攘夷狄，内修法度"，就可以看出这是一个奋发有为的帝王。暂且不论"内修法度"，仅说"外攘夷狄"，该从何入手？

这就必须请出一个大家非常熟悉的英杰——张骞。张骞，以出使西域而名扬千秋。他的名字与"丝绸之路"紧紧连在一起，放射着璀璨的光芒。张骞为何出使西域？跋涉千里是进行物贸交流吗？不是，他西行践行的是汉武帝为平息边患的经韬纬略。

汉朝初年，现今的甘肃西部一带，居住着一个名为月氏的部族。老上单于派兵攻击，杀死头领和无数平民，一直把他们驱逐出祁连山下水草肥沃的住地。月氏分化为大、小两部分，大月氏向西逃遁，流落到现今新疆伊犁一带。小月氏留了下来，苟且偷生。老上单于杀死月氏王，还把人家的头颅做酒具，斟酒豪饮。毫无疑问，月氏对匈奴的仇恨比汉朝更深，或说，有过之而无不及。

这过往的世事早已沉睡，汉武帝未必能从典籍的夹缝里将之钩沉出来。极为偶然的是，一次边地又遭抢掠，汉军迅速出兵，俘虏了几个来不及逃走的匈奴抢掠者。俘虏的口供，提及了这沉睡的往事。月氏与匈奴的深仇大恨，触及了政治家的敏感神经，汉武帝很快勾画出了抗击匈奴的大计。若是月氏从西部出兵，汉军从东部攻击，匈奴腹背受敌，岂有不败之理！

计谋很好，需要有人实施，需要有人穿越荒凉的沙漠、无垠的草原，出使月氏，说服他们和汉朝联手打击匈奴。这是一项艰巨的任务：路途遥远，还要经过匈奴盘踞的地带，吉凶难测，属于冒险行动呀！汉武帝在朝堂上与众臣商议，谁可出使？事关重大，性命攸关，久久不见有人张嘴。汉武帝再次发问，有一个人站了出来，他就是将在史书和当代频频露脸的张骞。《汉书·张骞李广利传》记载："骞为人强力，宽大信人。"强力，是指坚强而有毅力。这样的人一般都严于律己，也高标准要求他人。张骞不同，他严于律己，却宽以待人，这就是"宽大信人"。如此看来，张骞志向高远、胸怀宽广，真堪大用。

建元二年（前139），张骞领命西行，向导是一位匈奴人，名叫甘父，是堂邑氏的奴隶，《史记》《汉书》均以堂邑父称之。与堂邑父偕行，显然因为他是匈奴人，熟悉路径。当然，奉命西行的不止他俩，他们带着百余人的使团，精神抖擞地踏上了西行之路。在汉朝大地上，自然畅行无阻，还有人热情接待皇家使团。出了陇西，大漠孤烟，满目空旷，别有一番滋味在心头。从安作璋、刘德增所著的《汉武帝大传》可以看出，没过多久张骞一行便进入匈奴人的势力范围。当时，驻牧于河西走廊的是匈奴浑邪、休屠二王。张骞使团的每个人都提心吊胆，害怕被发现，更怕被抓住。

偏偏害怕什么，什么就不期而至。进入河西走廊不久，张骞和他的使团就被匈奴骑兵包围了，匈奴人抓住了他们。听说他们是汉朝使团，更是严加看守，绝不放走。摆不脱，走不掉，只能听之任之。军臣单于亲自讯问他们意欲何为。张骞回答，出使大月氏。不用再问，军臣单于立即明白了他们的意图。他说："月氏在吾北，汉何以得往使？吾欲往越，汉肯听我乎？"

话未挑明，意思却很明确：月氏在我们的北面，你们怎么能随便经过我们的地盘。假如我们要前往越南，路经你们那里，大汉会放任不管吗？说完，扣押了张骞一行。还算不错，张骞举止大方、言语磊落，军臣单于对他颇有好感，没有加害于他。

性命暂时无忧，却无法完成汉朝天子托付的使命，张骞滞留大漠深处，每当夜晚怅望繁星闪烁的天空，当作何感？

○
○

赐死韩嫣的背后

《史记·佞幸列传》：上即位，欲事伐匈奴，而嫣先习
胡兵，以故益尊贵……

司马迁将韩嫣写进的是《佞幸列传》。佞幸一词是个贬
义词。不过，熟悉汉朝历史的人，可以对韩嫣做点考量。
《史记》的记载为后人展示出这样一个故事。刘彻还是胶东
王时，韩嫣陪他一同学习，非常亲近。刘彻当了太子，越
发亲近韩嫣——或许韩嫣认为刘彻是潜力股，早早便投其
所好。韩嫣善于骑马，善于射箭，对太子刘彻百依百顺，
哪能不招人喜欢。刘彻喜欢韩嫣，必然无话不说。从当时
的记载看，韩嫣常常和刘彻同睡同起。最为接近刘彻的是
韩嫣，最为了解刘彻心思的是韩嫣。

"上即位，欲事伐匈奴，而嫣先习胡兵，以故益尊贵"。
《史记·佞幸列传》的记载告诉世人，刘彻即位当上皇帝，
志在讨伐匈奴，韩嫣就练习匈奴的兵器。因为这个原因，
他屡屡受提拔，官至上大夫。想来韩嫣不是在刘彻当上皇
帝后才知道他的心思，而是先前就知道；也不是刘彻当上
皇帝后才更加赏识韩嫣，而是先前就赏识，只是那时手中
还没有赏识人的"权力"。刘彻登基，大权在握，赏识他就
可以提拔他，韩嫣很快"官至上大夫"。

官至上大夫不久，韩嫣就终结了他的生命。从现象看，

韩嫣有点太狂妄。一次，江都王刘非进京，汉武帝令他同去上林苑打猎。皇帝车驾后行，韩嫣乘坐副车前行开路。韩嫣的副车跟随着上百个骑兵，一路飞奔，气势不凡。江都王远远望见，以为是皇帝前来，便让随从回避，自己伏地叩拜。韩嫣驱车急驰而过，不知是真没看见还是故意不理不睬。受此羞辱，江都王十分气愤，事后哭诉与太后。太后大怒，后来终究寻了个过错派使者赐死韩嫣。

剖析韩嫣被赐死的原因，有恃无恐、目中无人当然是主因；但他的"习胡兵"以顺应汉武帝抗击匈奴意志的举动，想来早就让恪守和亲对匈政策的太后心怀不满了。

就当时的情形看，主战派的势力，远远小于和亲派。建元六年（前135），汉武帝曾将战与和的大事交由大臣讨论。"数为边吏"、熟悉匈奴的王恢认为，与匈奴和亲，过不了几年匈奴就会背约侵扰，不如举兵讨伐，以绝后患。御史大夫韩安国第一个站出来反对。韩安国处事持重，主张清静无为，当然反对攻击匈奴。他认为，匈奴迁徙无常，难以制御；得其地不足为广，有其众不足为强；千里征战，人疲马乏，难以取胜。韩安国这一定调，一帮老臣立即随声附和。朝堂之上，和亲之声不绝于耳。

此时，汉武帝如何决断？张骞一去无消息，朝中多是和亲声，不说孤家寡人，也是孤掌难鸣。

汉武帝没有逆势而上，而是顺水推舟。可是，搁置再议，并没有冷却他反击匈奴的心。从史书里可以看见他在悄悄移动棋子，长期与匈奴作战的两员大将，先后回到宫廷。李广调任未央卫尉，程不识调任长乐卫尉。表面看是主和的举措，实质未必不是便于面授机宜。时隔不久，汉武帝任命卫尉李广驻守云中，任命卫尉程不识驻守雁门。将有经验的大将再度派往前沿阵地，其用意不言而喻。

汉武帝能够咬定青山不放松吗？

○
○

和与战的分界线

《资治通鉴·汉纪十》：**匈奴初和亲，亲信边，可诱以利致之，伏兵袭击，必破之道也。**

《资治通鉴》记载的这话，出自王恢之口，不过他只是转达聂壹的意思。聂壹是一位豪富，经常往来于汉、匈两地做生意。他认为，匈奴刚刚与汉和亲结好，亲近信任边境吏民，可用财利引诱他们前来。汉军预设伏兵袭击，肯定能打败匈奴。王恢听到聂壹的计谋如获至宝，汉武帝听到王恢的奏请同样如获至宝。汉武帝立即召集公卿商议此事，大臣到齐，他没有像以往那样先听众臣发言，而是先声夺人，表明心志。《汉书·窦田灌韩传》记载了他的原话：

朕饰子女以配单于，币帛文锦，赂之甚厚。单于
待命加嫚，侵盗无已，边竟数惊，朕甚闵之。今欲举
兵攻之，何如？

说是"何如"，其实是决心已定。汉武帝敢于如此果断，是
因为主和的太后、他的祖母去世了，这等于卸掉了勒在他
头上的紧箍咒。他的话音刚落，王恢即发言赞同。按说皇
帝已经定下基调，遵照弹拨即可，孰料韩安国又马上站起
反对。两人各抒己见，激烈辩论，你来我往，互不相让。
《汉书·窦田灌韩传》对此有所记载：

大行恢对曰："陛下虽未言，臣固愿效之。臣闻全
代之时，北有强胡之敌，内连中国之兵，然尚得养老
长幼，种树以时，仓廪常实，匈奴不轻侵也。今以陛
下之威，海内为一，天下同任，又遣子弟乘边守塞，
转粟挽输，以为之备，然匈奴侵盗不已者，无它，以
不恐之故耳。臣窃以为击之便。"

御史大夫安国曰："不然。臣闻高皇帝尝围于平
城，匈奴至者投鞍高如城者数所。平城之饥，七日不
食，天下歌之，及解围反位，而无忿怒之心。夫圣人
以天下为度者也，不以己私怒伤天下之功，故乃遣刘
敬奉金千斤，以结和亲，至今为五世利。孝文皇帝又
尝壹拥天下之精兵聚之广武常溪，然终无尺寸之功，
而天下黔首无不忧者。孝文寤于兵之不可宿，故复合

和亲之约。此二圣之迹，足以为效矣。臣窃以为勿击便。"

恢曰："不然。臣闻五帝不相袭礼，三王不相复乐，非故相反也，各因世宜也。且高帝身被坚执锐，蒙雾露，沐霜雪，行几十年，所以不报平城之怨者，非力不能，所以休天下之心也。今边竟数惊，士卒伤死，中国槽车相望，此仁人之所隐也。臣故曰'击之便'。"

安国曰："不然。臣闻利不十者不易业，功不百者不变常，是以古之人君谋事必就祖，发政占古语，重作事也。且自三代之盛，夷狄不与正朔服色，非威不能制，强弗能服也，以为远方绝地不牧之民，不足烦中国也。且匈奴，轻疾悍亟之兵也，至如猋风，去如收电，畜牧为业，弧弓射猎，逐兽随草，居处无常，难得而制。今使边郡久废耕织，以支胡之常事，其势不相权也。臣故曰'勿击便'。"

恢曰："不然。臣闻凤鸟乘于风，圣人因于时。昔秦穆公都雍，地方三百里，知时宜之变，攻取西戎，辟地千里，并国十四，陇西、北地是也。及后蒙恬为秦侵胡，辟数千里，以河为竟，累石为城，树榆为塞，匈奴不敢饮马于河，置烽燧然后敢牧马。夫匈奴独可以威服，不可以仁畜也。今以中国之盛，万倍之资，遣百分之一以攻匈奴，譬犹以强弩射且溃之痈也，必不留行矣。若是，则北发月氏可得而臣也。臣故曰

'击之便'。"

安国曰:"不然。臣闻用兵者以饱待饥,正治以待其乱,定舍以待其劳。故接兵覆众,伐国堕城,常坐而役敌国,此圣人之兵也。且臣闻之,冲风之衰,不能起毛羽;强弩之末,力不能入鲁缟。夫盛之有衰,犹朝之必莫也。今将卷甲轻举,深入长驱,难以为功;从行则迫胁,衡行则中绝,疾则粮乏,徐则后利,不至千里,人马乏食。兵法曰:'遗人获也。'意者有它缪巧可以禽之,则臣不知也;不然,则未见深入之利也。臣故曰'勿击便'。"

恢曰:"不然。夫草木遭霜者,不可以风过;清水明镜,不可以形逃;通方之士,不可以文乱。今臣言击之者,固非发而深入也,将顺因单于之欲,诱而致之边,吾选枭骑壮士阴伏而处以为之备,审遮险阻以为其戒。吾势已定,或营其左,或营其右,或当其前,或绝其后,单于可禽,百全必取。"

两位大臣出言犀利,各陈利害,汉武帝洗耳恭听,不做决断。但是,当王恢说到使用诱敌入境、合围歼灭的计谋时,他以一个"善"字果断决策。

一场抗击匈奴的大战就要打响了!

化为泡影的马邑之围

《史记·匈奴列传》：汉伏兵三十余万马邑旁，御史大夫韩安国为护军，护四将军以伏单于。

坚定无畏、英勇果断，汉武帝为反击匈奴所展现出的超人胆识和决断能力确实令人对他刮目相看。

是呀，张骞一去无消息，无法与月氏同时出兵夹击匈奴，那就设置口袋，请君入瓮，一举歼灭，以绝后患。机不可失，失不再来。汉武帝马上做出大战部署。这次行动，概括起来有点像是现代战争"集中优势兵力打歼灭战"。发兵三十万，命令五员大将统领。卫尉李广为骁骑将军、太仆公孙贺为轻车将军、太中大夫李息为材官将军，埋伏于马邑城附近的山谷；大行王恢为将屯将军，带兵一支，等匈奴南下后，兵出代郡，从背后袭击匈奴，拦截辎重。御史大夫韩安国为护军将军，以接应四位将军。看看这阵营，诚可谓兵多将强，稳操胜券。

大军开赴前线，聂壹依计行事，前往匈奴，引诱军臣单于发兵。据《汉书·窦田灌韩传》载，他悄悄告诉军臣单于："吾能斩马邑令丞，以城降，财物可尽得。"

王吉星、梁星亮所著的《汉武帝全传》，丰满了这个说法。聂壹的话不再直白，有了滋味。

当聂壹告诉军臣单于要献上马邑城时，单于当然不会轻信，问他："你是个商人，如何能将马邑献给我？"聂壹回答："我收买了马邑令丞身边的一些人，约他们杀掉令丞和主要的官员，就可以得到马邑。只要你发兵前去，马邑唾手可得。大功告成，你分给我们一些财物即可。"

天下竟有这样的好事？只要你利欲熏心，就别怕高风险。军臣单于果然被聂壹描画的好事打动了，当即议定，他发大兵，聂壹带几个他的心腹前去行动。之所以要聂壹带几个自己的心腹，自然是要他们随时了解情况，防止上当受骗。军臣单于要防止上当受骗，偏偏就上了当、受了骗。那几个心腹人生地不熟，聂壹和韩安国一合计，从监狱里提出几个死囚犯，割下头，悬挂在城门上。心腹一看，以为果真杀死了马邑令丞，当即回去报告。军臣单于大喜过望，马上亲率大军前来收获。

十万大军从容出动，骑着骏马的军臣单于肯定也很从容。往常侵入汉地，飞速抢掠，飞速撤退，唯恐正面遭遇汉军而导致伤亡；今日，马邑城群龙无首，取那些金银珠宝如探囊取物，没有必要那样急迫、那样火速。

或许就是太过从容，有了看风景的时间，才引起了军臣单于的警觉。

抬头远望，四野空旷无边际，风吹草低见牛羊。见牛羊，正常。不正常的是只见牛羊，不见牧人。侧脸一瞧，前方有个亭子，军臣单于一挥手，早有士兵冲过去，抓到一个守边的小头目。一皮鞭抽下去，小头目咬牙不讲；两皮鞭抽下去，小头目抱头不讲；尖利的屠刀，架在他的脖子上，小头目瘫软在地，竹筒倒豆子，天大的军事秘密都倒给了军臣单于。

军臣单于大惊失色，急令大军先锋变后队，火速撤退。

三路埋伏的汉军，焦急等待着匈奴大军，急切盼望惯于烧杀抢掠的暴徒钻进口袋，把他们一网打尽。虽然没有摩拳擦掌，可个个急于报仇雪恨。可是，等呀，等呀，不见匈奴大军的影子。韩安国派兵前去侦察，才知道匈奴撤退回逃了。事不宜迟，韩安国立即下令追赶，紧追慢追，追到边界，却早已不见了匈奴的影子。韩安国不敢再追，只能勒马叹息，徒手空回。

兵出代郡、远道迂回的王恢，按时到位，埋伏在了匈奴的背后。可是，当他看到匈奴浩浩荡荡的十万大军，人多势众，虽然是撤退，仍旧气势汹汹，自己仅带领三万人马，若是发起攻击，岂不是以卵击石？沉思、犹豫，犹豫、沉思。一沉思，一犹豫，紧着逃命的匈奴大军早跑没了踪影。

马邑之围，各路将士意气风发出兵。

马邑之围，各路将士垂头丧气返回。

汉武帝运筹帷幄的大计化为泡影，怒气冲冲追究责任。监军韩安国本来就不主张出兵，无责可问；李广、公孙贺、李息受人调遣，无责可追。追来追去，责任落在了王恢头上，一是轻信聂壹，急功近利、劳师远征；二是匈奴撤退时，畏惧不战，放跑敌人。两罪合一，军法当斩。

王恢掉了脑袋。

掉了脑袋也于事无补，兴师动众的马邑之围不仅徒劳无益，而且劳民伤财。这些姑且不论，最要命的是，汉朝打碎了与匈奴和亲的面具，再要"续前缘"恐怕难上加难。倘要是站在汉武帝的位置去想，倘要是汉武帝熟悉中国神话，定会呼喊：战神刑天今何在？

战神刑天今何在？就在汉武帝身边，只是需要一双慧眼，去辨才，去识才，最终用才。

一代战神卫青，顺应时代潮流，已是呼之欲出。

第三章

扎根破岩中

露水夫妻的儿子

《史记·卫将军骠骑列传》：大将军卫青者，平阳人也。其父郑季，为吏，给事平阳侯家，与侯妾卫媪通，生青。

马邑之围发生在元光二年（前133）六月，此时卫青已经入宫，而且由初时的"给事建章"，升任建章监、侍中。侍中是汉武帝的贴身侍从，由此可看出，此时卫青已和汉武帝如影随形。

不过，卫青这一路走来却历经坎坷艰辛，借用诗句"千磨万击还坚劲"形容，一点也不过分。"却顾所来径"，要把目光聚焦在平阳侯曹参身上。

平阳侯曹参的功绩在前文已经做过叙述，那是正面素描，若是描摹侧面更有意趣。俗话说，无心插柳柳成荫。曹参就是那个无心插柳柳成荫的人，不过，他不是给自家插柳成荫，而是为汉朝插柳成荫。这"成荫"的还不是一个，而是两个。

第一个是汉文帝。当初楚汉相争，曹参与韩信从阳夏东渡黄河，挥戈厮杀，打败了曾经投靠汉王，后来又另立门户的西魏王魏豹。司马迁在《史记·外戚世家》中活灵活现地讲述了这件往事，从他笔下的故事可以看出，魏豹之所以反叛汉王刘邦，是因为后宫的薄姬算了一卦，"当生天子"。就是这个"当生天子"的卦辞激奋了魏豹——要是不自立为王、称雄一方，薄姬即使怀了龙种，生出娇儿，哪能成为天子？于是，他背叛了刘邦。可惜的是，薄姬还没有身怀六甲，魏豹就已沦为俘虏。薄姬因为有几分姿色，被汉王纳入后宫。后宫嫔妃太多，花里看花，看得眼花，汉王真不知该宠幸哪朵鲜花为好，进入后宫的薄姬犹如进入冷宫。所幸，一起被纳入后宫的管夫人、赵子儿与薄姬是闺蜜，曾经一起约定"先贵无相忘"。这俩闺蜜先后得到了汉王的宠幸，想起旧日约定，便当笑话般说给汉王听。汉王觉得薄姬可怜因而宠幸了她，可就是这一次宠幸，薄姬收获了刘恒。汉王当上皇帝后，薄姬的儿子刘恒，先是被封为代王，后因远离权力之争的旋涡，竟然鹬蚌相争，渔翁得利，被皇帝的桂冠砸中，成为汉文帝。这正应了薄姬"当生天子"的卦辞。

此是曹参第一次无心插柳。第二次无心插柳还是缘于他攻陷平阳。他因战功显赫而受封，封号就是平阳侯。平阳侯食邑平阳，平阳有他的府第，京都长安有他的府邸。府第也好，府邸也好，都要有人服侍，平阳侯府就成为当地人进入京都的一条通道。直接说吧，平阳侯府邸成为卫青、霍去病降生的暖床。只是，等到卫青落地呱呱啼哭的时候，物是人非，平阳侯府邸还在，平阳侯还有，却不是曹参，而是他的曾孙曹寿。他去了，他那继承侯位的儿子曹窋也去了，曾孙曹寿世袭了他的侯位。

《史记·卫将军骠骑列传》载："大将军卫青者，平阳人也。其父郑季，为吏，给事平阳侯家，与侯妾卫媪通，生青。"这记载过于简练，好在王吉星、梁星亮合著的《汉武帝全传》复原了那段世事，大致摘编如下。

卫青的母亲是平阳侯的一名婢女，叫什么没有载入史书，可见婢女有多么轻贱。按说，后来她的儿女个个显贵，她的名字该是在坊间广为流传，可是坊间流传不等于写史书的司马迁知道，或者司马迁也不愿为一个轻贱的婢女费心查访，故而史书只留下"卫媪"二字。媪者，老妇人也。若那时这位娇俏的婢女就是老妇人，如何讨得男人的欢心？卫媪和丈夫生下一男三女。一家六口日子虽然清贫，倒也过得其乐融融。如果这其乐融融，天天延续，年年延续，恐怕这世上就不会有卫青这个人了。

天有不测风云，人有旦夕祸福。不知何因，卫氏四兄妹的父亲暴病身亡，眨眼间可怜的婢女成为寡妇。中年丧夫，失去依靠，四个儿女嗷嗷待哺，可想而知，卫家的日子更是捉襟见肘。设想一下那时的境况，卫婢女应该愁锁双眉，很难开心。时日不长，卫婢女的双眉不再紧皱，逐渐舒展开来。那是一个从平阳来的小吏郑季，进入了她的眼帘。准确地说，不是他进入她的视野，而是她进入他的视野。一个再风流的女人，也不会在丈夫刚刚亡故时就另觅新欢。此时应该是小吏郑季看中了她，向她暗送秋波，甚至秋波频递。想到此，更觉司马迁用"卫媪"二字来定位她的终生不妥，她年轻时肯定不是老态龙钟，而是娇艳妩媚，不乏西施姿色。只有如此，郑季看见她才会一见钟情。

不必过多猜度两个有情人如何享受爱情，司马迁已简洁明快地宣布："其父郑季，为吏，给事平阳侯家，与侯妾卫媪通，生青。"卫青就这样降生在平阳侯长安的府邸了。

叙述至此，出现了漏洞，为何郑季的儿子不姓郑而姓卫。揭秘姓氏将揭开其背后隐藏着的令人心酸的故事。

时隔不久，郑季在平阳侯府邸当差期满，应该返回故里了。遥想当时，卫婢女一定会含情脉脉地恳求他：留下来，别离开，就在长安共度时光。这个时候，郑季为难了。为难的郑季，在卫婢女一次次恳求下，不得不倒出心里的苦水。原来，他在家乡早已娶妻生子，在长安欢悦之余，也会牵肠挂肚，想起千里之外的家人。不少人对这段世事的评价是，郑季薄情寡义。言外之意，卫婢女深明事理，擦干眼泪送走这露水丈夫。

如此推算，卫青从小就生活在缺少父爱的家庭，和哥哥、姐姐一起承受着岁月的磨砺。

○
○

放羊的日子

《史记·卫将军骠骑列传》：少时归其父，其父使牧羊。先母之子皆奴畜之，不以为兄弟数。

《史记》与《汉书》都记载着一个相同的情节，少年卫青曾被送回了他的父亲郑季那里。为什么送他回去？显然，他的母亲是为了改变卫青清苦的生存状况——试想一个寡母，养育五个儿女何等不易。再者，能够从平阳进入平阳侯府当差的必不是普通人，该是有学识、有教养的——正缘于此，郑季才能令她心动。将儿子送到父亲身边，读书识字，自然是改变奴仆身份的最好途径。

然而，她大大失算了！她如何失算，卫青遭遇了什么，从史书上查考不到。好在卫青名声显赫，家乡一带流传着不少关于他的民间故事。民间传说，卫青回到郑家，没能读书识字，只接过了一支羊鞭。这事要怪郑季，接受卫青回家前并没有做通妻子的思想工作。妻子不能容忍他同卫婢女私通，更不能容忍他们私通的"成果"："你个郑季竟然异想天开，要私生子和我的孩子朝夕相处，岂有此理！"大吵大闹，引起一场家庭风波。风波很快平息，是郑季妥协了。读过书的他，一定明白春秋时期鲁国闵子骞的故事。继母虐待闵子骞，父亲气得要写休书。闵子骞劝导父亲：母在一子寒，母去三子单。想想这事，郑季有再大的火气，也只能作罢。

当然，这位继母在甩给卫青羊鞭时，一定不会想到这个私生子要比她那一群孩子都有出息得多。她那一群孩子一定也没有想到，这个卑贱的小兄弟日后要誉冠华夏。若是有这样的预见，郑季之妻定会对他另眼相待、倍加关爱；那几个兄弟也决不会对他百般歧视、拳脚相加。事情的有趣之处就在于，人无法预知后事，而后事又只能是前事的结果。

不过，这种错误恰恰成为历练卫青成才的关键条件。孟子曰："天将降大任于斯人也，必先苦其心志，劳其筋骨，饿其体肤，空乏其身，行拂乱其所为，所以动心忍性，曾益其所不能。"苦难，无法摆脱的苦难，磨砺着这个年幼的生命。据推算，卫青回到家乡平阳时也就是七八岁年纪。

清晨，太阳还没有从东方升起，卫青就被唤起来了。他揉着眼睛走出屋，赶快跑去打开羊圈，一群羊拥到跟前，顺着他手中长鞭的指点，走出村寨，走向山野。他这一串熟悉而连贯的动作还时常伴随着"音韵"，这就是"母亲"的斥骂。这位"母亲"随便斥骂不是因为卫青做错了什么，而是因为他的父亲酿成了生他的大错。继母用尽情斥骂消解她心头的怨愤，卫青默不作声，代替父亲承受着。卫青埋头赶羊上路，践行在"无故加之而不怒"的境界。不是卫青生来就是神童，就有过人的肚量，而是，任何小小的反驳都会换来更为猛烈的斥骂，甚至殴打。吃过几次苦后，卫青聪明了，懂得了沉默就是保护自己的最好铠甲。

田野里空荡荡的，还没有羊群出来，孤独的卫青就领着孤独的羊群上路了。苍天似乎不愿让他这般寂寞，常常把一团一团的云絮展示出来，那姿态，也像羊群一般，或奔跃，或欢跳。卫青常常呆呆地看着天空，那千变万化的云团给了他不少慰藉。草，水灵灵铺现出来，但是羊现在不能去吃——只要叶尖上还有露珠，羊吃了就会拉肚子。卫青为此挨过骂，也挨过打。羊儿拉稀的时候，继母的眼睛是红的，手指头戳得他额头生疼。兄弟们更是出手不凡，把他摔倒在地，用脚踩踏。他们说他有意加害羊群，糟蹋光景。卫青无法说清他的无辜，还是放羊的伙伴告诉他，羊拉肚子是因为吃了"露水草"。这话，卫青听了心头豁亮，他感谢伙伴对他的指教；这话，继母听了却勃然大怒，斥骂他不愿早起，寻找借口。

卫青只能早起，赶着羊慢慢走着，或者也可以说，卫青跟着羊慢慢走着。因为，那一群羊简直如同一支训练有素的队伍。卫青和羊群的这般默契，不是他拿起羊鞭时就有的。起初，这群羊似乎有意欺负他这卑贱而倔强的孩子，有的快、有的慢，有的左、有的右，有的上高、有的爬低，弄得他手脚忙乱，浑身是汗，也还赶不顺溜。还是那些伙伴告诉了他赶羊的秘密：羊群不能乱赶，要认准头羊、掌握头羊，头羊顺溜了，羊群才顺溜。道理他明白了，可是，头羊却难以轻易驯服顺溜，它全不把他当回事。他发过怒，打过它，不过最终征服头羊的不是拳脚，而是他赐予的实惠使它温顺了。他选茂盛的草滩给它，选清亮的泉水给它，那鞭子下蹦跳乱撞的野鬼，眼里闪动出了和善的光。头羊驯服了，带着羊群乖乖行进。每日清晨，它昂首前行，行至那个阳光暖照的坡弯，停住步，让羊群围成一圈，静待草叶上的露水化为晨雾，轻轻飘逝。这时候，卫青会挤在羊群中再来一段难得的回笼觉，而头羊忠实地守在坡弯的口上，哪一个敢越雷池一步，它都会双角顶去，迫使那厮退回原地。

卫青赶着羊前进，俨然一位指挥自如的将军。若干年后，放羊娃真成了将军，而且成了赫赫有名的大将军，不知和那时的放羊有没有关系？

○○

放羊娃的"领头羊"

《史记·卫将军骠骑列传》：青为车骑将军击匈奴……至茏城，斩首虏数百。骑将军敖亡七千骑；卫尉李广为虏所得，得脱归……贺亦无功。

安作璋、刘德增所著《汉武帝大传》中有句话，是对卫青首次出征匈奴的评价："四路大军唯卫青一路立功。卫青从此脱颖而出。"卫青不仅由此脱颖而出，而且之后的屡次出征无一败绩，堪称常胜将军。他无愧为中华名将，无愧为山西英才。我作为临汾人，甚为从家乡的土地上走出去这样一位名将、英才感到自豪。

很小的时候，我读历史人物小丛书，就知道了卫青，却不知道他就是我的老乡。书上记载卫青是平阳人，我一出生却是临汾人。那时我并不清楚临汾古代就称平阳，是隋文帝开皇年间改为临汾的。改名的原因是"阳"与"杨"同音，平阳有"平掉杨家天下"之嫌。我明白卫青是家乡人，和小时候的一次进城有关。

我们村离城里有二十里路，那一天，我是坐在爸爸的自行车上出发的。道路坑坑洼洼，自行车拐来拐去，摇摇晃晃，摇晃得我昏昏欲睡。爸爸怕我睡着了从前梁上掉下去，就叫我："快看，快看，前面那是什么？"

我瞅一眼，迷迷糊糊地说："大土堆。"

爸爸告诉我，那不是大土堆，那是卫青的衣冠冢。听见卫青的名字，我清醒了，却不懂啥是衣冠冢，就问爸爸。爸爸说是坟墓。我很奇怪，卫青的坟墓怎么会在这里？我在历史人物丛书里读到过卫青的故事，他早就活跃在我的头脑里，骑着骏马，挥动戈矛，直向敌人杀去——身后万马奔腾、烟尘滚滚，而他像旋风一样扑向敌阵。眨眼工夫，敌阵就乱成一团，匈奴小兵一个个丢盔弃甲、抱头鼠窜。是爸爸告给了我临汾名称的变易，让我知道大英雄卫青原来就来自我的家乡。

长大后，我明晓了不少世理，总想探究卫青为何能够

卫青故里——青城村的南门楼，地处山西临汾近郊

所向披靡、战无不胜。我一次次走进青城村，也就是那个有着卫青衣冠冢的村子探访，据说，这是卫青出名后平阳府衙在他生活过的村庄专门修建的封城，因而名青城。不过那时，卫青的那个衣冠冢早不见了。据说，1970年左右大搞平田整地，那个衣冠冢有碍耕种，生产队长一声令下，挖掉，摊开，多余的土撒进周边的土地。我追逐卫青的往事时，村里人为此唏嘘不已，无不认为可惜。多次寻访，听村人讲故事，我记忆里印象最为深刻的是卫青领放羊娃掏狼窝的故事。

卫青和一起放羊的小伙伴结成了同盟。那年头，小孩子读书的少，拾柴的多，能放羊的都是家庭比较富裕的；若不富裕，根本买不起羊。自从伙伴们告给卫青如何驯服头羊，自从卫青驯服了头羊轻松放羊后，他就和这些放羊娃成为亲密无间的铁哥儿们了。时常，他们留下一个人看守羊群，其余的要么上树摘果子，要么下河去摸鱼。摘到果子分着吃，摸到鱼就打堆火烤着吃。枯燥的日子，被他们作务出了滋味。

那是个秋日，红艳艳的山楂挂满树，卫青在上头摘，伙伴们在下面捡。突然，卫青停住手大叫不好，他看见一只狼正向羊群蹿去。他出溜下树，领着伙伴们飞跑，紧着赶去还是慢了，狼叼着一只羊早跑远了。看守羊群的春生吓呆了，抹着眼泪说不出话来，狼叼走的偏偏就是他自家的羊。丢一只羊家里要承受很大的损失，春生害怕躲不过一顿毒打。那一日，卫青安排春生最后回家，他和伙伴们把羊各自赶回家后又连忙聚在一起送春生回家。果然，春生爸看到羊少了，马上怒气冲冲，扬手要打春生。多亏伙伴们人多，你拉他拽，春生爸才没打上。卫青说明是狼叼走的羊，春生爸渐渐消了火气，伙伴们才各回各家。

从那天起，放羊的伙伴们不敢再像先前那样消闲，不敢再去摸鱼、摘果子，死死看守着羊群。或许，狼捡到一次便宜，还想欺负孩童再捡个便宜。果然没有几天，狼又凶狠狠出现在放羊娃面前。幸亏，伙伴们人多势众，一阵吼喊，乱石飞掷，才赶跑那厮。

狼若是不断来骚扰，如何是好？伙伴们个个忧心忡忡。

狼没有再来。

狼没有再来，是因为卫青领着伙伴们掏了狼窝。他们放羊的草场在姑射山前，那里地势起伏不平，无法耕种，野草丛生，是天然的牧场。放牧的羊群多了，带刺的枝条上少不了挂上羊毛，风吹羊毛飞，人称这里羊毛滩。卫青很不甘心受狼的欺辱，他让伙伴们看着羊，自己扛一把放羊铲去寻找。一趟又一趟，他总算找到了狼窝。那是一个石洞，每天都能看到狼进进出出。每次狼进洞嘴里总叼着吃的，或是兔，或是獾，由此他断定窝里有小狼。于是，趁一个晴日，他将看羊的人数留够，让其余的人和他一起去掏狼窝。

他们匍匐在狼窝不远处，眼看着一只狼走出窝来，待它跑远了他们才一拥而上。到了洞口，有人想往窝里钻，卫青拦住——窝里若是再有大狼，明摆着会吃亏呀！卫青出了个主意，不进山洞，点火熏烟。他告诉伙伴，大狼出来也不要惊慌，烟熏得那厮睁不开眼睛，一阵猛喊就会吓跑它。果真如此。点起火来，滚滚浓烟被他们扇进洞里，最先跑出来的就是一只大狼。大狼被大伙儿喊闹着赶走了，随后，两只小狼摇摇晃晃出来了。不用说，小狼成了俘虏。

他们抱着小狼凯旋了，刚刚返回羊群站定，大狼便尾随追来了。这大狼没有朝羊群冲击，而是站在高高的山坡上连声叫唤。那声音并不尖利，并不凶狠，听听就像是无可奈何的悲吟。大狼叫，小狼应，狼叫声回荡在羊毛滩。不多时，另一只大狼也跑来了。两只狼并排站着，叫声更加凄凉响亮。看到这情景，卫青示意伙伴把小狼放走。小狼一落地，摇摇晃晃朝大狼跑去。两只大狼从山坡上飞扑下来，和小狼欢聚在一起。亲昵片刻，相随登上山坡，四只狼没有跑走，而是朝着他们和羊群低下了头，之后，缓缓离去。

从此，狼没有再来。

因为掏狼窝的成功，卫青成为放羊娃里的"领头羊"。

○
○

尧都风情的熏染

《晏子使楚·内篇杂下》：所以然者何？水土异也。

将《晏子使楚》的文字摆放在这里，似乎有乔太守乱点鸳鸯谱的嫌疑。不要多虑，在此，借助"橘生淮南则为橘，生于淮北则为枳"这个观点，只为更好表述家乡文化对卫青的熏染。

"所以然者何？水土异也"为齐国大臣晏子使楚时所说的话。说此话的背景是，楚国蓄意羞辱他。他正在面见楚王，有人居然绑束上来个盗贼，而这盗贼不是别国人，恰恰是齐国人。这不就是要抹黑晏子，抹黑齐国吗？机警的晏子用"橘生淮南则为橘，生于淮北则为枳"的典故维护了自己和齐国的尊严。水土养育万物，水土成就万物。当然也可以说，万物都是水土的果实，万物携带着水土的"基因"。

卫青少年时期生活在故乡平阳，平阳水土的"基因"深深浸润着他的身魂、精髓。

平阳是帝尧古都。昔日尧王带领他的部族定居在平湖的北面，古人以山之南、水之北为阳，始有平阳这个地名。在平阳，尧王把他的部族带进了文明的门槛，也把炎黄子孙带进了文明的门槛。他的举措记载在《尚书·尧典》里面："钦若昊天，历象日月星辰，敬授民时。"简短的一句话，写出了他打开上天秘密的功绩。他分命羲氏、和氏，观天测时，钦定历法，指导农耕，改变了先祖的饮食结构——由过去狩猎取食为主，变作以食五谷杂粮为主。这是由狩猎文明向农耕文明的跨越，这个跨越划分了游牧和农耕的界线，区别了中原与草原的不同，似乎也注定了异质文明间必然的侵扰与融合。如此观点，不是本书研究的命题，点出来只是要给下文设定一块起跳的踏板。

踩着这块踏板，我的思维轻而易举跳跃到了夸父身上。我始终认为，"夸父逐日"反映的是中华儿女向往太阳，急于打开太阳密码的渴望。夸父带着一腔豪情追逐太阳、揭秘太阳，没能如愿，轰然倒下。倒下的是夸父的肢体，他的精神非但没有倒下，还在奔跑。带着他的精神奔跑的就是尧王，他揭示了太阳的密码，并把这密码排列为年、月、日和四季、节气，从此，世人按照节气井然有序地进行播种和收获，这才出现了"日出而作，日入而息"的太平盛世。因而，后人把尧王悬挂在太阳上铭记，至今临汾人称太阳都是"尧王（王读窝音）"。孔子和司马迁吸取了民间营养，大化于他们的笔墨。《论语》称颂"大哉尧之为君也！巍巍乎，唯天为大，唯尧则之"。《史记》赞扬"其仁如天，其知如神。就之如日，望之如云"。而且，随着"三皇五帝"说的日渐形成，尧王成为五帝当中的一位，世世代代以帝尧相称。领悟了帝尧追逐太阳、揭秘太阳的行为，就可以这样认为，他携带着夸父的进取豪情，但缩略了夸父的盲目冲动，他用理智冲刺到了上古文明的高端。

卫青具备的正是这种精神品格。

少年岁月，卫青何止是放羊，他是在没有围墙的学校里历练和熏染。关于历练，前文涉及了，这里该写写熏染了。

熏染卫青风骨的是一脉相承的传统文化。不过，文化往往不是书本典籍，而是隐藏在民间的生活习俗。这里只谈及节日及渲染节日气氛的锣鼓。

锣鼓在华夏大地随处可见，每逢节日庆典更是举目可观。但是，纵横观览，没有一处的锣鼓像尧都锣鼓这样声震九天、响彻云霄。正如本书开篇所讲，这锣鼓不是风，飓风在双槌间横扫；这锣鼓不是雷，霹雳在双钹间轰鸣；这锣鼓不是电，强光在双铙间闪烁；这锣鼓不是火山，岩浆在铜锣上迸发；这锣鼓不是大海，浪涛在轰响声里汹涌澎湃。

可以无愧地说，这锣鼓比风狂，比雷凶，比电烈，比山雄，比海疯。这锣鼓具有天崩地裂、翻江倒海、摧枯拉朽的效应。

这锣鼓，祖祖辈辈称之为：威风锣鼓。

简言之，威风锣鼓携有夸父追逐太阳的豪情，携有帝尧钦定历法的神采。

少年卫青，肯定第一次听到这威风锣鼓就受到了震撼。

我无从得知卫青当初受到震撼的心情，只能小心揣测、猜度他的感受。小时候，每逢锣鼓声远远传来，我的心跳便不再按照自己的规律跳动，马上紧随了锣鼓的节拍。坐在炕上的我会呼啦一声蹦下炕，双脚趿拉着鞋就往外跑。跑出门了，鞋还只挑在脚尖，边跑边穿，常常跑出大门，到了村巷里，还在一瘸一拐地蹬穿。紧跑慢跑，我还是落在那些小伙伴的后边。落在后边就只能站在后排，站在后排就只能从人缝里瞧热闹。只见一个个头上捂条羊肚子白毛巾的叔叔、伯伯，你挎鼓，他举锣，迎着西北风敲打得头上直冒汗。咚咚咚，脚下像地动；嚓嚓嚓，头上像闪电。可是，晴空万里，并无一丝云彩。哈呀！这锣鼓竟能震天动地，好激动，好激动！

激动得几个小伙伴居然看不下去了，不知是谁拉谁，一个个退到后面，凑成一个圆圈，也和着锣鼓的节奏敲打开来。敲打什么？你要看见那场景肯定会发笑，笑这伙猴崽瞎折腾，纯粹瞎折腾。打的鼓是弓起的肚子，敲的钹是高举的手掌。我们正敲打得得意，锣鼓声戛然而止，大院里突然寂静得毫无声息，随之又爆发出爽朗的哄堂大笑——不是嘲笑，而是舒心的欢笑。那笑声是冲着我们来的，伙伴们一个个仰头呆望，很不好意思。叔叔、伯伯们一伸手就打破了我们的窘境，领头的那位把钹塞在我的手里，朝锣鼓手说：咱抽袋烟，让娃儿们敲打会儿。于是，伙伴们一哄而上，你抢鼓，他夺锣，转眼间都成了锣鼓手。敲打起来了，磕磕碰碰、叮叮咣咣，乱七八糟，不成格调。

有人呵斥，磕碰得像是鬼吵阵。

就有人与他抬杠，你见过鬼？

那人不服，换个词嚷，乱弹琴！

又有人堵他的嘴，你没有乱弹过琴？在你娘肚子里就会打鼓？

众人齐声大笑。我们就在哄笑声里，磕碰，磕碰，居然磕碰到了一个频道，有了调，合了拍。听起来，那声响渐渐拧成了一股劲。一旁抽烟的大人便有喊好的。一人喊好，众人跟随，夸赞、拍手，激发得猴崽们使劲地猛敲、猛打。

这是我童年的经历，也是无数家乡孩童的经历。上初中时，我由农村进入城市，听来自四面八方的同学说各自家乡打鼓的情形，竟然如出一辙。所以我猜度卫青在平阳时，或许年年都要受到这般陶冶。只是他敲打锣鼓时不会像我们童年那样放纵，还必须兼顾他的羊群。从民间故事让他成为放羊的娃娃头推测，每逢节日他们不会游离于热闹以外，而会妥善安排守羊工作，以便让每个伙伴都有机会跻身于敲打威风锣鼓的行列。

一次又一次，卫青的血脉随着威风锣鼓的节奏跳动。

一年又一年，卫青的肢体随着威风锣鼓的声威成长。

○
○

返回长安当骑奴

《史记·卫将军骠骑列传》：青壮，为侯家骑，从平阳主。

威风锣鼓由四样乐器组成：锣、鼓、钹、铙。鼓声如雷吼，钹响似霹雳。锣和铙叠加发声，强化了雷吼与霹雳，一听见这声音谁都会精神亢奋。至今，与青城村的父老乡亲攀谈起卫青，都说是威风锣鼓成全了卫青。问他们有没有依据，回答没有——世世代代都这样说。这虽然不能作为史料，但是，在史料稀缺的状况下，传说不失为瞭望当年的一个窗口。

遥想当初放羊的日子，卫青是何等艰辛。放羊的不只是他一人，可别的放羊娃回到家里，享受的是家庭的温馨，他走进院门面对的却是横眉冷对的继母和兄弟。夜里，不能在正屋安寝，常常睡在羊圈。父亲对他还算温和，偏又常年忙碌在平阳的侯府难以回家。他只有在赶着羊群走出家门时，心情才能像蓝天那样开阔。一个身心孤独的孩子，难免时常忧郁。

青城村的父老们多说，是锣鼓声激奋了卫青，他直起腰身，抖掉萎靡，扬鞭赶羊也来了劲头。他特别喜欢锣鼓，羊埋头吃草时，他便悄悄钻进敲打锣鼓的人群里手舞足蹈，学习几招。不多时，这个放羊娃就熟悉了各样乐器，能打鼓，能敲锣，还能拍钹，至于铙嘛，顺手拿起随着节拍就能拍打自如。

小小年纪，卫青已经跻身成人行列，成为锣鼓高手。若是哪个大人临时有事，就会喊叫卫青代替他来敲击。

有一天，卫青不见了，村里、家里、羊毛滩都寻不见他。晚霞升起的时候，卫青的羊群回来了，是伙伴们帮着赶进家门的。卫青跑了，留给伙伴们的话是："请告诉家人，我去长安了。"

或许是威风锣鼓惊醒了卫青，即使那时他还缺少大有作为的志向，却也明白待在家乡就只能终生放羊。放羊绝不是长久之计，他要另觅出路，要去京都寻找母亲。

因而，我们在《史记·卫将军骠骑列传》中看到了这样一行字："青壮，为侯家骑，从平阳主。"

卫青回到母亲身边，肯定涕泪横流，泪水肯定也打湿了母亲的脸。抹掉泪水，母亲要为孩子谋出路，只能带着他去见平阳公主，请她把可怜的放羊娃收留在府中。此时的卫青绝不是七八岁离开时矮小柔弱的样子，时过六七年，可能已长得高大魁梧，虽是少年，已露出青春的风采。平阳公主是不是一眼就喜欢上了这个苦命的孩子，不得而知，知道的是平阳公主留下了他。

放羊娃成为牵马拽镫的骑奴。

骑奴，地位未必比放羊娃高多少，只是每到夜晚一家人聚集一起，卫青追寻到了多年来少有的温馨。

二十多年前，我就曾对卫青当时的境况做过这样的畅想：卫青没有辜负平阳公主的厚望，马匹调教得一定很驯顺，马鞍搁置得一定很端正，马鞭指挥得一定很得当。当时的平阳公主一定在获取她想获取的荣耀和骄傲，不然，卫青不会在府中接触到更多的上层人物。他从出入的宾客中、来往的礼仪中、优雅的谈吐中，开始领悟人世的许多道理。每一次领悟，眼前便闪耀出一隙亮堂，这一隙一隙的亮堂久而久之累积为丰厚的见识。

王吉呈、梁星亮所著的《汉武帝全传》似乎还嫌我这想象不够完善，他们写道："卫青在平阳公主家中守本分，讲义气，结交了不少朋友。空闲时间，他常常请人教他认字、读书，不到两年时间，已能粗通文字了。"这完善非常重要，"结交了不少朋友"，至少结交了公孙敖，若不是如此，后来在他性命危急的关头，谁来冒着掉脑袋的风险救他不死？"请人教他认字、读书"更为重要，这是他升华人生气质的根本举措，不然，"守本分"可能沦为窝囊气，

"讲义气"可能只是草莽气。正是认字、读书，让他守本分而不谨小慎微，讲义气而不鲁莽行事。

进入长安，进入平阳侯府邸，卫青的生命在逐渐攀升……

○
○

不可忽略的细节

《史记·卫将军骠骑列传》：青尝从入至甘泉居室，有一钳徒相青曰："贵人也，官至封侯。"

《史记》和《汉书》都有一相同记载，卫青去甘泉宫时，遇到了一位钳徒。钳徒看见他相貌不凡，即说他是贵人，以后会被封侯。钳徒，是指受钳刑的犯人。古代将铁圈束住脖颈的刑罚叫作钳刑。卫青苦笑着说："人奴之生，得毋笞骂即足矣，安得封侯事乎！"意思是，天生的奴仆命，不挨打讨骂就不错了，哪会有封侯这样的大好事。

对于这事，我所看到的有关卫青的文章都给予认可，只是对接的时间点有所不同。有的把这事定位于卫青在平阳家乡放羊的年头，有的没有明确的时间对位，含糊其词。甄别资料，思考再三，我把卫青前往甘泉宫，对接在他在平阳侯府邸中当骑奴的时候。如此对接的关键点在于，甘泉居室的地理位置。

甘泉居室，即甘泉宫。王志杰所著的《茂陵珍闻》记载："甘泉宫，秦始皇时始建，一名林光宫。汉代甘泉宫在云阳（今陕西省淳化县西北）。汉武帝建元年间增修，周围十九里。"这样看来，甘泉宫距平阳府将近四百公里，卫青放羊时断然无法前往，何况中间还有一条滔滔奔流的大河阻隔。甘泉宫距长安不过八十多公里，相对要方便得多，何况当时卫青已成为平阳公主的骑奴。若是伴随平阳公主去拜见汉武帝，两人骑马前行，不是指日可待，而是指日可到。若是这个推断没有问题的话，我以为，那时的卫青即使出入侯门、广交朋友，也没有摆脱奴仆下人的卑微心态，更没有胸怀大志、面向未来。我对许多评价成功人士的文章不敢苟同，因为那些文章多以为英杰一出生就与众不同、志存高远。其实不然，人生是在一步步追逐和提升中找到终极目标的，卫青就是最有说服力的典型例子。

卫青的卑微心态和他的家庭处境有关，从他进入平阳侯长安府邸当骑奴来看，他的哥哥、姐姐，未必不在府邸谋生。我没有找到他的哥哥卫长君和大姐卫君孺在府邸谋生的依据，但是，二姐卫少儿、三姐卫子夫都在里面。由此可知，说他们是地道的奴仆家庭并不过分。这或许就是卫青卑微心态的根源。

如果还想让后来三姐卫子夫的入宫合乎情理的话，还需要我继续推断。推断不是最好的办法，却是对史料缺憾的有益弥补。卫青成为平阳公主的骑奴，绝不是一般的骑奴。后来世事的发展提醒我们，在平阳公主面前卫青俯首帖耳，在卫青面前骏马俯首帖耳。卫青和骏马的俯首帖耳，博得的是平阳公主的称心。称心的骑奴无意间改变了骑奴的地位，不再像以往那样拘谨。或许，平阳公主观赏歌舞时，也给了他相伴的机会。就是这机会让他一展风采、崭露头角。平阳侯府邸，自然不乏平阳府最为震撼人心的锣鼓乐器。锣、鼓、钹、铙，样样俱全，只是惯于京城轻歌曼舞的艺伎们冷落了它们。平阳公主可能陶醉于轻歌曼舞，一曲终了自会报以掌声，而一旁的卫青却无动于衷。这无动于衷或许没逃过平阳公主的眼睛，她一问，卫青一答，激活了这些被冷落的乐器。卫青一个人不能锣鼓齐鸣，但仅仅抢槌击鼓就打出了罕见的声威。随着平阳公主的叫好，卫青又转身成为威风锣鼓的业余教练。

平阳公主是不是组建了个锣鼓小队无法考证，三姐卫子夫成为卫青最得意的弟子却在情理之中。她心领神会，双臂挥动，时而鼓如雷吼，时而钹如霹雳。柔弱的娇娘，挥舞出了巾帼女杰的英姿。

这一无法稽查的小小细节，给卫子夫的生命注入新的活力，将使她的命运超拔任何一个歌女。

○
○

卫子夫脱颖入宫

《史记·外戚世家》：武帝初即位，数岁无子。平阳主求诸良家子女十余人，饰置家。

以上引文中的“平阳主”，即平阳公主。前面她已出头露面，却还不是主要人物。从现在开始，她不仅要成为主要人物，往后还要频频露面，缺少了她，汉朝历史绝不会是现在从史书中看到的样子。

平阳公主本来是封为阳信公主的，后来她嫁给了平阳侯，便改称平阳公主了。如前所述，此时的平阳侯已不是前面所写的曹参，而是曹参的曾孙曹寿。因为曾祖曹参是汉高祖的开国功臣，曹寿才贵为平阳侯，才有幸娶到金枝玉叶的阳信公主。

翻阅中国历史，公主干预朝政的很少，说来成为平阳公主的阳信公主，也没有跳到前台参政议政，只是在后场略略施展心计。偏偏就是这不显山不露水的小手法，却令历史绕进了她编排的轨道。平阳公主地位高，心气也高，她下嫁给曹寿，却丝毫没有减少高人一头的欲望，朝思暮想着维护她尊贵的地位。不错，她的弟弟是皇帝，可是贵为公主的并非她一人，她还有两个妹妹：南宫公主和隆虑公主（《史记》写作林虑公主）。如果她显摆姐姐的架子，很可能被弟弟唾弃，为两个妹妹所不屑。这位平阳公主确实很有心计，她全神贯注于当上皇帝的弟弟刘彻，似乎是在窥视什么。刘彻即位数年都还没有儿子，贵为天子，若是没人传宗接代，这可是天大的问题呀！普通人家尚不能中断香火，何况九五之尊的帝王家呢？

察觉到这个天大的问题，平阳公主便试图解决这个问题。她立即在府邸组织了一支美女队，精心挑选了十多位娇艳如花的女子，教她们礼仪，教她们书画，教她们歌舞。日日训练，天天不辍，美女们琴棋书画，各种技艺无不精通。平阳公主暗自欢欣，单等皇帝小弟前来选美。柏杨先生在谈及这个美女队时，一语戳穿了其实质，说是"捕帝队"。是呀，平阳公主就是用这种方式捕获皇帝的感情，以确保自己的尊贵地位。但对于身处底层的美女来说，无疑，这是一个改换门庭的极好机会。遗憾的是，身为歌女的卫子夫居然没入平阳公主的法眼，没能跻身美女"捕帝队"。

建元二年（前139）初春"上巳节"，是平阳公主如愿以偿的日子。"上巳节"是祭奠鬼神、祈求除祸降福的节日。这天，据说众生都去河边给上苍磕头，还要跳进河中洗刷整整捂了一冬天的霉气、晦气。农历三月，长安的渭水还寒意透凉，有几个人敢于下河洗礼不得而知。至少，汉武帝是没有这个雅兴的。

汉武帝御驾亲临渭水边，主持"上巳节"，似乎醉翁之意不在酒——这可能就是平阳公主预设的伏笔。当然，谁也不会料到，这是平阳人走上汉朝政治舞台并大显身手的开端。这个结果，即使是精心勾画宏图的平阳公主也始料不及。回宫途中，汉武帝顺路来到了平阳公主府邸。久久盼望的机会来临了，平阳公主岂能轻易放过？她大献殷勤，准备了丰盛的酒宴。这边上菜斟酒，那边乐声响起，平阳公主亮出了她那美女队的王牌。训练有素的美女围绕着汉武帝弹唱跳舞、敬酒夹菜，想来早该把他弄得如入云雾了。偏偏汉武帝后宫美女如云、佳丽成群，对这些柔情似水、秋波频递的美女毫不动心。平阳公主急呀，暗递眼色，为美女鼓劲：快把风流全都抖搂出来。然而，再使眼色，再鼓劲，也无济于事，轻风吹不皱汉武帝心底的那一池春水。

平阳公主殚精竭虑的勾画，眼看就要化为一场毫无意义的徒劳，岂能甘心。突然，她灵机一动，把"编外队员"卫子夫唤了出来。

下面的情节在《汉书·外戚传》中是如此记载的：

> 帝祓霸上，还过平阳主。主见所侍美人，帝不说。
> 既饮，讴者进，帝独说子夫。帝起更衣，子夫侍尚衣
> 轩中，得幸。

太简单了，隐匿了多少精彩的细节呀！古往今来，不知多少文人雅士都在还原当时的情状，在下也不妨一试。

卫子夫一亮相就吸引了汉武帝的目光。不，这种写法不客观，客观的再现或该是：一直吃菜的汉武帝不吃了，手中酒杯举在口边，迟迟送不进嘴唇。在他的眼里，这位歌女千娇百媚、神采超群。不觉间，汉武帝心迷神往、如痴如醉。这写法更不客观。何以摸得准汉武帝的心思？将汉武帝心思透露出来的是他的一双眼睛。刚刚美女队轻歌曼舞，他的目光只是一扫，又一扫；此刻，眼光不是扫，而是盯，盯着卫子夫不放，把她缠成个解不开的情结。

汉武帝醉了！

不是醉酒，酒不醉人人自醉。不妥，酒不醉人人醉人，卫子夫醉了汉武帝。

卫子夫为何会使汉武帝迷醉？貌美？是也。歌美？是

也。舞美？是也！不过，这都不是勾住汉武帝心魂的主要原因。历览前朝后代家国事，才会明察汉武帝需要轻歌曼舞，但不会沉迷于轻歌曼舞，他要从轻歌曼舞中自拔，需要柔中带刚的姿色和音韵。卫子夫的美貌、歌舞恰合他的心意，似乎众里寻"她"千百度，蓦然回首，矫娘竟在平阳侯府邸中。请注意，这里写的是矫娘，而不是娇娘。若问卫子夫为何能超越"捕帝队"的诸多美女，理由很简单，是她的歌舞承载着尧都威风锣鼓的雄风。何止是歌舞，她的言行举止，未必不携带着威风锣鼓的特色。那模样莫非是，羞怯不掩饰泼辣，娇柔不失却炽烈，妩媚不缺少劲韧。宫廷歌舞的典雅，尧都锣鼓的刚烈，在卫子夫这里融为一身、化为一体，另塑出一个超拔脱俗的时代矫娘！

汉武帝醉了，而平阳公主却是清醒的。她笑嘻嘻上前，指着卫子夫说："陛下，你看那个歌女如何？"

汉武帝如梦初醒，笑着连连点头。

平阳公主又说："这歌女是平阳人氏，她色艺双全，刚柔有度，还熟谙宫廷礼仪。"

此时，汉武帝早有几分迷离恍惚，借口天热更衣，起身向尚衣轩走去。平阳公主对此心领神会，使了个眼色，卫子夫就紧随而去。这一去，她的命运立即有了转机。从尚衣轩出来，汉武帝虽有倦意，却兴致更浓。卫子夫则云鬓散乱、双颊飞红。平阳公主见此情形，暗自得意，一片苦心总算没有付之东流。果然，汉武帝传诏，平阳公主选美有功，赏赐黄金千斤。后世人家得女称为千金，不知与此有无关系？反正，卫子夫的身价是足够千金了。

华灯初上，酒阑人醉，汉武帝起驾回宫。卫子夫妆洗打扮一番，拜别公主，奔向新的前程。平阳公主喜不自禁，扶起她，叮嘱说："此去望善自珍重，一旦荣宠尊贵，且莫忘了我呀！"

卫子夫毕恭毕敬地说："奴婢哪里敢忘记公主的大恩大德！"

平阳公主送皇帝登程，也送自己的心计进宫，去为她，也为自己铺就尊贵显荣。

在那个灯红酒绿的春夜，平阳公主、卫子夫似乎都有些迷醉，就连汉武帝刘彻也兴致盎然、忘乎所以了。接下来的事情正应了中国的一句古训：好事多磨。这磨合的过程就是曲折，就是坎坷。如果平阳公主和卫子夫没有料到的话，那么汉武帝是应该有所预料的，只因为醉意主导了世事，世事便变得迷迷离离。不过，当时情景留在《史记·卫将军骠骑列传》的记载只是："建元二年春，青姊子夫得入宫幸上。"

第四章

千磨又万击

○
○

命运折磨人

《汉书·外戚传》：入宫岁余，不复幸。

这一章的开头，焦距还是无法直接对准卫青，仍然要聚焦卫子夫。因为没有卫子夫的引领，卫青无法入宫，更无法施展才能。

"入宫岁余，不复幸"，是对卫子夫入宫后遭遇的简要叙述。那遭遇在世人眼里，犹如高空坠石，落差太大了。这是后话，只说上巳节这一天对于卫子夫来说，可真是瞬息间暑寒变易——满含热望的娇娘，突然间掉在了寒彻身心的冰窟。

汉武帝携卫子夫返回皇宫，准备同新得到的娇娘继续尚衣轩的欢悦。卫子夫也一定飘飘然了，正憧憬着如花似锦的美好未来。孰料，事不遂愿，一进宫门却撞到一位凶煞的恶神。皇后陈阿娇带着一班宫女、太监，气呼呼等在门口。皇后阿娇的嫉妒在后宫闻名，每个美人都惧怕她三分，不敢轻易和皇帝接近。她嫁给了皇帝，似乎不知道皇帝有皇后，有嫔妃，还有众多的才人、美女。她既要享受皇后的尊贵，还要享受凡俗女人对丈夫的垄断权。

这日，汉武帝一早出宫，天黑好久了还不回来，陈皇后不免心烦意乱。似乎是某种预感，令她坐立难安，于是带了宫人前来迎候。哪知害怕啥偏来啥，皇帝归来竟带着一个艳丽过人的美女。陈皇后脑门冒火，当场发作。据小说家描摹，她竖起柳眉，圆睁杏眼，早忘了应该向汉武帝行礼，只气冲冲地质问：

"这是何处来的贱货?"

这当头一棒，确实把飘忽在祥云当中的卫子夫打蒙了。她当时没有跌倒，一定是把希望寄托在和她寻欢作乐的皇帝身上，实指望至高无上的天子庇护她这弱小的身躯。岂知，事情不像她指望的那样，汉武帝竟说：

"她是平阳公主家的女奴。"

汉武帝一是想用女奴二字为自己开脱，二是想熄灭陈皇后对卫子夫的嫉妒之火。岂料听到女奴二字，陈皇后更加恼火，得寸进尺地嚷道：

"好啊！宫里美女成千上万，还玩不够，把个下贱的女奴也当成宝贝。"

汉武帝近前来，拉住陈皇后，好言搪塞："朕带她进宫不是做姬妾，还是做女奴。"

陈皇后出言利落，当即下了禁令："既然做女奴，那陛下不准挨近她!"

言毕，陈皇后拉着汉武帝匆匆离去，卫子夫被晾在了一边。

世事难料，瞬息多变，多变。

○
○

刘彻退让的因由

《史记·外戚世家》：长公主日誉王夫人男之美，景帝亦贤之。

堂堂皇帝为何不敢挺直腰杆说话，任由陈阿娇皇后摆布？原来刘彻能登上帝位，全赖陈阿娇母亲对他的再造之恩。

理清这事要从汉景帝写起。安作璋、刘德增所著的《汉武帝大传》综合各种史料，梳理了这件事情的整个脉络。在此根据该书大意，叙述如下。

在刘彻被立为太子之前，汉景帝已经立了太子刘荣。汉景帝的姐姐馆陶公主刘嫖，下嫁给堂邑侯陈婴之孙陈午，生有一女，即是阿娇。刘荣立为太子，馆陶公主便想让爱女做刘荣的妃子，将来太子承嗣皇帝大位，自然，爱女就是皇后，就能母仪天下。思来想去，这是两全其美的好事，她便亲自前去向刘荣的生母栗姬求婚。万没料到，这番好意却碰了栗姬的钉子。其实，馆陶公主碰钉子是必然的，也属于自作自受。皇帝那时最宠爱栗姬，栗姬不无得意，一心要独享恩荣。馆陶公主为讨好皇帝，不时引荐个美女佳丽供他消受。汉景帝贪欢新人，自然会冷落栗姬。栗姬无法对汉景帝发火，只能怨恨馆陶公主。试想，馆陶公主能在她那里讨个好脸吗？当然不能。被拒绝的馆陶公主悻悻而归。栗姬事后若要反思，定会万分悔恨这一时的气恼。

是时，汉景帝废掉了薄皇后，作为太子的母亲，栗姬本来与皇后也就是一步之遥了。可就因为这一泄愤，她失去了册封皇后的机会，儿子丢掉了太子的位置。小不忍则乱大谋呀！

碰了栗姬的钉子，馆陶公主并不死心。水路不通走旱路，她立即为爱女另觅郎君。她将皇帝的另外十三个儿子一一比对，最能看上眼的是刘彘。彘，猪也，这刘猪娃不是别个，就是后来的汉武帝刘彻。她怎么看，这猪娃都比别的皇子惹眼。于是，她便前往刘彘的母亲王夫人那里提亲。王夫人心眼没有栗姬那样小，也知道馆陶公主常耍小手腕，给皇帝奉送新欢，但她却丝毫没有计较。一听这事，满脸欢欣，爽口答应。一门亲事，就在两个孩童年幼无知时谈定。本来两个孩童就常在宫中玩耍，定亲以后大人们走动得更为频繁，这便有了班固笔下"金屋藏娇"的故事。

有一次，馆陶公主把侄儿刘彻抱在膝上，边哄逗边问："侄儿，要不要娶媳妇呀？"

改名为刘彻的小猪娃说："要。"

刘嫖指着走过来的宫女说："娶她吧？"

小刘彻竟摇摇头说："不要！"

然后，刘嫖指着自己的女儿说："娶阿娇好不好？"

小刘彻经常和阿娇一起玩耍，自然高兴，马上说："好！要是阿娇给我做媳妇，我就给她盖座黄金屋。"

后来，这个故事传播久远，"金屋藏娇"成为成语。但在长期的演变中，金屋藏娇一语已改变了原意，不过，这与我们要叙述的情节关系不大。关系大的是，陈阿娇真的嫁给了刘彻，而且名正言顺当上了皇后，而且汉武帝还小心翼翼，唯恐得罪陈阿娇皇后。

汉武帝害怕得罪陈皇后，既有他们两小无猜的情分，更重要的是，姑母馆陶公主对他当太子，继承皇位，出过大力。馆陶公主将女儿与王夫人的猪娃联姻，目的却仍是要让女儿母仪天下。要实现这一梦想，那就必须打压栗姬，动摇太子；何况，遭受栗姬的冷遇，这口恶气也非出不可。《史记·外戚世家》写道：

> 长公主怒，而日谗栗姬短于景帝曰："栗姬与诸贵夫人幸姬会，常使侍者祝唾其背，挟邪媚道。"

长公主，即馆陶公主。如果只是馆陶公主一人抹黑栗姬，并不要紧；问题是栗姬心眼小，嫉妒汉景帝宠幸其他嫔妃、美女，所以那些嫔妃、美女有机会就诽谤她。三人成虎，栗姬处境不容乐观。恰在此时，汉景帝生病了，栗姬床前伺候。生病的人容易情绪波动，汉景帝很可能把得病与死亡缠在一起，他嘱咐栗姬："朕百年以后，你要善待诸位皇子。"

栗姬很是烦恼那些背后抹黑她的嫔妃——凭什么要善待她们的儿子，当即怒冲冲回绝了。关于回绝的具体情况，司马迁写下的是"言不逊"，具体说的什么，没有写明。按说，汉景帝嘱咐栗姬这话，是对栗姬仍然寄予厚望，她仍有当皇后的可能。然而，她这一发怒就彻底断送了她的前程，也断送了儿子的前程。何止是断送她母子的前程，她母子的性命都断送了。耳听为虚，眼见为实，汉景帝看看栗姬的做派，相信了馆陶公主和诸位嫔妃对她的非议。

工于心计的王夫人看看时机成熟，趁汉景帝烦心，暗中唆使大行上疏汉景帝："'子以母贵，母以子贵'，今太子母无号，宜立为皇后。"

汉景帝正对栗姬失望，看见奏疏大怒，大行不明不白丢掉了性命。汉景帝还怒气未消，前元七年（前150）正月，下诏废掉太子刘荣，贬为临江王。

几经周折，汉景帝诏立王夫人为皇后，立刘彻为太子。时在前元七年夏四月。

栗姬的皇后梦不仅破碎了，而且连累了儿子，她郁郁寡欢，恚恨死去。两年后，刘荣看看翻身无望，遂自杀身亡。

成为太子，刘彻才有登上皇位的可能，试想，汉武帝怎敢冷遇皇后，慢待姑母馆陶公主？

○
○

卫子夫复得宠爱

《史记·外戚世家》：武帝择宫人不中用者，斥出归之。卫子夫得见，涕泣请出。上怜之，复幸……

我不妨将上面引用的这段话做次情景还原。

在那个色彩斑斓的夜晚，陈皇后拉着刘彻匆匆而去，卫子夫被晾在了一边。心灰意冷的卫子夫被带进后宫，安置在一间偏僻的宫室。她没有任何头衔，连宫中位分最低的少使也不是，不能穿宫装，一个人冷清寂寞地打发着漫长而枯燥的日子。只怪那个春夜，幸运来得太突然了！难道突然而至的幸运也容易突然消逝？最初的几日，卫子夫不可能不盼望汉武帝回心转意，悄悄来看她，那她就会柳暗花明。只要能柳暗花明，山重水复又算得了什么。可是，日出日落，日落日出，白昼黑夜不断交替，就是等不来她渴望的皇帝。

春花谢了，秋实熟了，冬天的北风扫掉了大地的繁荣，还是不见皇帝的身影。卫子夫的希望变为失望，连连失望的她渐渐醒了，她清醒地思考着自己的前途。她不再梦想花好月圆，打算出宫去，回到平阳公主府邸，回到母亲兄弟姐姐身边，继续先前的日子。那样的日子虽然清苦，却不会遭受冷落，还有家人的温馨。若是能找个良家夫婿，那么此生就算有了着落。

卫子夫常常垂泪，泪水中有失望，也有期待。

卫子夫流了多少泪，只有她一人知道。

而有一滴泪却让众人知道了，因为那滴泪先浇湿了汉武帝的心。

那一日，汉武帝坐在龙椅上，旁边的侍臣手里捧着一本宫女的名册。这是建元三年，刘彻在办一件极为少见的事，要释放一批宫女。史书常说，后宫美女如云。如云自然是多。多到什么程度？汉武帝时，后宫的编制扩大到了十一级，从最高的皇后，到最低的少使，人数多达一万。其繁乱程度，可想而知。或许刘彻是为了整治后宫的繁乱，才有了这不同凡响的举措。这举措也许对于被放逐的宫女是难得的幸运，然而，真正幸运的竟是遭受冷落的卫子夫。

一个宫女进来，下跪，山呼万岁。刘彻撑起眼皮，一挥手，宫女退下，放走了。

又一个宫女进来，下跪，山呼万岁。刘彻撑起眼皮，再挥手，宫女退下，又放走了。

最后进来的才是卫子夫。卫子夫连最低的少使也不是，只能排在最后进来。也有史书记载，放逐的名册上没有卫子夫的名字，卫子夫是自己找来请求出宫的。不论是哪种情况，卫子夫定是含着眼泪进来的。因为她有委屈，有失望，而这委屈、这失望，皆是那个给她幸运的皇帝所带来的。她却没有机会向皇帝诉说这委屈和失望。今天这日子该是她和委屈、失望告别的日子；她要辞别这里，辞别给了她幸运和委屈的皇帝。即使面对汉武帝，她也无法尽情诉说自己的悲苦。或许，那一滴眼泪包含着她所有的语言。

汉武帝是从卫子夫那滴泪水中读出了她的心意？还是她那轻移的莲步、粉白的面容、暗含的怨嗔，又一次打动了他，勾起了他对那个春夜的回忆？反正，他的手没有挥动，他离开龙椅，将跪地呼喊"吾皇万岁万万岁"的卫子夫亲手扶起，温和地说："留下吧，以后朕不会薄待你！"

卫子夫抬起泪眼，看着皇帝说："谢陛下。"

莫非一双泪眼恰似梨花一枝春带雨，更多妩媚，更使人怜爱，令汉武帝真真动了心？

谁也不会料到，放逐宫女的行动，带给了卫子夫出头的机遇，失望中的卫子夫绝处逢生了。难道命运就是一个放荡不羁的游魂，最喜欢这么大起大落地戏弄世人？

汉武帝没有食言。傍晚，小黄门奉命宣召卫子夫，果真是汉武帝召见。这夜，在一座僻静的宫院，汉武帝和卫子夫重续旧梦，恩爱缠绵。卫子夫到底有何魅力？到底使出了何种手段？没有人知道，众人知道的是，此后汉武帝频繁宠幸卫子夫，热火得如胶似漆；而陈皇后那里，借口朝中事多，再也不去了。

卫子夫得宠了，她的泪水没有白流。现在流泪的应该是陈皇后了，可陈皇后不是流泪的人。她在优裕的环境里长大，从小就没有受过委屈，哪里咽得下这口气？

陈皇后怒气冲冲地去找刘彻。

汉武帝刘彻却不是过去的刘彻了。那一回领着卫子夫回宫，他自知理屈，立即退缩，不敢再沾卫子夫的边。这一回，他有了思想准备，不慌不忙地应答：

"御妻多年不曾生育，朕百年之后，帝祚由谁来继承？朕另幸卫氏，只是求育麟儿。"

汉武帝这话掷地有声。

汉武帝这话击中了皇后陈阿娇的软肋。是呀，她和刘彻共枕多年，居然肚腹平平，从未凸起。她慌，老娘刘嫖也慌，千方百计寻找仙药，单在医生身上就花了九千万钱。若依当时的生活水平计算，五口普通人家的生活，一个月一千钱满不错了，一年不过一万二千钱。这九千万钱就可以过上七千五百年了。为了有个子女，这母女俩可真是费尽了心机。费尽心机有效果也好，偏偏没有效果，汉武帝渐渐厌倦了这种无效劳动。

陈皇后应该明白自身的弱点，体谅皇帝的心情。然而，她却把自己当作普通女人，要把皇帝锁定为她专一的男人。她错误估计了处境，她以为刘彻还是以前的那个刘彻。于是，她又以皇后的气势摆出一副盛气凌人的姿态，冷笑一声，回敬汉武帝：

"卫氏乃一市井歌女，岂有如此福分！"

民间有句俗话："宁吃过头饭，不说过头话。"陈皇后的金口玉言正好冲撞了这俗话。她没有想到汉武帝听了，轻声一笑，告给她：

"卫子夫已有了身孕!"

说罢,汉武帝撇下曾经要为之盖座黄金屋居住的阿娇扬长而去。陈皇后如同当初卫子夫被冷落在宫门口一样,被冷落在汉武帝身后。

○
○

生死一瞬间

《史记·外戚世家》:遂有身,尊宠日隆。召其兄卫长君、弟青为侍中。

上面引用的这段话没有主语,主语承接前面,是卫子夫。卫子夫得到汉武帝的再次宠幸,很快有了身孕。毫无疑问,卫子夫受到的宠爱日益增多,这便有了兄长和弟弟进宫的条件。是她开口请求,还是汉武帝主动安排,无法考证。但有一点可以肯定,卫子夫兄长卫长君和弟弟卫青就是在这时进入宫廷的。过于简练的《史记·外戚世家》省略了很多细节,直接将卫青兄弟写作侍中,其实,初入宫廷的他俩,与侍中还有一段距离。侍中,是加官的名称,即在本官之外再加的官号。加官侍中,享受特殊服饰,头戴武弁大冠,冠上加金珰、附蝉纹、貂尾装饰,十分威武。据说,这起始于赵武灵王,是由胡服头冠改制而成。卫青兄弟初进宫廷,享受侍中待遇还为时过早,否则,下面的情节就无法展开了。

话说那日,陈皇后遭受冷遇,从头到脚冰凉冰凉的。

皇帝丈夫冷落她也罢了，卫子夫这下贱的歌女竟然怀孕了，岂不令她百般恼怒？如此下去，她岂不是要孤独度日。陈皇后该怎么办？陈皇后却没有一点主意。

没有主意的陈皇后只能找母亲讨个分晓。小太监请来了母亲，母亲听了女儿的哭诉，也觉得问题严重。思来想去，要对付皇帝无论怎样都是个棘手的难题。唯一可行的办法，就是去找皇帝的母亲王娡，当年的王夫人，如今的皇太后。还好，王娡当了皇太后，仍然不忘旧情，将公主先前的恩惠经常挂在嘴上，这让阿娇母女稍微宽心。但是，她到底能否左右了皇帝，谁能说得定呢？

是日，皇帝进宫请安，太后责问："皇后并无过失，为何疏远？"

接着，太后可能痛说母子往事，训教皇帝不要忘记姑母当年的辅立大恩。

皇帝称是，却又解释说："为育麟儿，只得另幸别氏，但皇后生性嫉妒，屡屡阻拦。此事有关国祚延续，皇后阻拦没有道理。"

这么一说，太后也不好再说什么，只嘱咐汉武帝不要贪恋美色，冷淡皇后。

皇帝称是，应诺退出。应诺是应诺了，背后却仍然我行我素，卫子夫成了他的掌上明珠，恩爱愈深，尊重愈隆。

宫人们都感到，卫子夫的地位在宫中就要胜过陈皇后了。

陈皇后当然不甘失落，同母亲苦思冥想，要设法陷害卫子夫。但是，每次刚刚开头，就被汉武帝护住。好不恼怒，恼怒了还得掩饰恼怒。

恼怒的母女终于有了个点子：惹不起卫子夫，还惹不起你那个小弟?! 进入宫廷，命运刚刚有了些转机的卫青，马上要大祸临头，真令人提心吊胆。

这一天，突然来了一队兵卒，不容分说，就把卫青捆绑结实。继而，押解着他去见大长公主，也就是陈阿娇皇后他妈、昔日的馆陶公主。也许是大长公主没有交代清楚——抓住卫青杀就杀了，还押解来做什么；也许大长公主还要施展一下威风，数落一下他的罪过，总之，卫青暂时还没有死。没有死，死却近在眉睫。死了也罢，死去元知万事空，再没有痛苦；唯有这眼看要死，而又没死，却要等死的时间最为难熬。卫青肯定在煎熬着分分秒秒，他不是没听到过宫廷斗争的凶险残酷，可未必会想到这凶险残酷，顷刻间会降临在自个儿头上。我们无法感知卫青当时的心情，却能通过这惊险的遭遇窥视到，世事又一次锤炼着苦命的卫青。似乎不把他锤炼到呆若木鸡的程度，就还要历练，还要淬火，非把他百炼成钢不可。

世事就是这么有趣，马上杀，也就杀了，稍一懈慢，想要卫青死就不那么容易了。大长公主不仅再也杀不了他，他还要去征杀入侵的匈奴。

卫青遭受"历练"的时候，一队人马飞速奔来，为首的是卫青的好朋友公孙敖。公孙敖是在平阳公主府上结识卫青的。那时，卫青虽然还是个骑奴，但比起放羊娃要体面多了。况且，当骑奴少不了要驯马，有时候可以骑着马趁机转悠，转悠到府外去，四处走动，腾起黄尘，走向阔野也是正常的。这时候，公孙敖出现了，两人谈天说地，意气相投，结为金兰之交。公孙敖善交朋友，身边也常有一帮兄弟。是日，卫青遭到绑架，一位朋友听到了风声，把这消息密报了公孙敖。公孙敖闻言，心急火燎，带着兄弟们立即赶来。看见被缚的卫青，不由分说，冲上前去，撞开兵卒，夺下朋友，解开绳索，飞奔而逃。

瞬间，死在眉睫。

瞬间，死里逃生。

生死剧变，生死易位，不是战场，胜似战场，没有烽火狼烟的战场，也在锻造卫青。

○
○

霍去病出生

《汉书·霍光金日磾传》：父中孺，河东平阳人也，以县吏给事平阳侯家，与侍者卫少儿私通而生去病。

平阳侯府邸几乎成了平阳英杰孕育、诞生的温室。

卫子夫入宫不能说是汉朝划时代的一个新起点，但至少是带给了卫家一个翻天覆地的变化。汉朝宫廷将打破刘彻继位后的沉寂，将在磕磕碰碰中闪烁出新的火花。若是想想当初，卫家每一个人都会为卫子夫高兴，并巴望她能给全家带来好运。

把各种史料集中阅读、对接一下会发现，或许就在卫家陶醉于卫子夫入宫之时，卫青的二姐卫少儿比任何人还要兴奋。她不仅兴奋着妹妹入宫的兴奋，还兴奋着自己突如其来的爱情。作为比妹妹卫子夫要大的姐姐，她已不是情窦初开的年龄，花容月貌却无处寄托。在门第高大的平阳侯邸中，熙来攘往的宾客无数，英俊男儿你来我往，留意顾盼她的却很少。每逢夜阑人静，想起白昼见到的那些魁梧潇洒的男子，难道能不春心泛热潮？她明白，自己低贱的侍女身份是她慕鸿鹄而高翔的羁绊。为此，她应该不止一次暗暗垂泪。垂泪也无济于事，人前还需强打精神浮现欢颜。

强作欢颜消解不了内心深处那泛凉的白霜，对应卫少儿的心思，我想借用一句唱词：何一日才度过寂寥的时光。

哪料到这寂寥的时光一闪而过。是日，一位身材伟岸、举止文雅的男子，用温情的目光定定瞅住了她。按照无数女子初恋的情状推测，卫少儿应感到从来未有的热浪冲击着全身，如同被携裹进小旋风中那样，使尽力气也无法摆脱那温情的目光，前所未有的温煦感俘获了卫少儿的芳心。

这个男儿就是"以县吏给事平阳侯家"的霍中孺，多数史书写作霍仲孺，这里就少数服从多数吧！

恋人的脸色与眼睛，总会春光乍泄，把内心的私密外化出去。母亲卫媪稍一留意就发现卫少儿已和霍仲孺走得很近。时光催人长，时光也催人老。卫家兄弟姐妹长大了，含辛茹苦操持家务的母亲明显变老了，这时称她卫媪应该才符合实情。因为和郑季有过那段感情纠葛，她不会不提醒女儿：小心霍仲孺返回家乡平阳把你甩掉。相信卫少儿定会把这个疑问原原本本地抛给霍仲孺。霍仲孺的回答肯定是：平阳没有妻室，只要你不变心，白头到老在一起。此话掷地有声，或许卫少儿仰头一望这结实的躯干，依紧他犹如凭靠着一座大山。

接下来的事情就简单了，恰如《汉书·霍光金日磾传》所写：霍仲孺"与侍者卫少儿私通而生去病"。每读至此，我对"私通"这两个字颇有微词。当初卫青出生，司马迁仅用"与侯妾卫媪通，生青"来说明，为何此处班固要用"私通"？况且，郑季与卫媪"通"，那是因为郑季在家乡有原配妻子，而霍仲孺乃一孤身男子，与卫少儿两情相悦，却怎么能说是"私通"？思来想去，恐怕是二人的结合没有"父母之命，媒妁之言"，触犯了封建的礼教。也罢，无论如何，一颗即将闪耀在世界军事史上的流星就这样来到世上。

霍去病第一声啼哭是不是分外响亮不得而知，只能在史料里找见，他响亮的哭声为他讨得了一个异于常人的名字：霍去病。

要讲清这名字的由来，先得从那日卫青得救说起。公孙敖救出卫青，卫青先是欣喜，转念又忧愁。既然有人捕杀自己，肯定事出有因，他们没能达成目的，自己恐怕仍处在生死边缘，弄不好还会把好友公孙敖的性命也搭进去。事情紧急，他连忙来见姐姐卫子夫。卫子夫听闻先是吃惊，暗暗思忖，想来敢于使这手段的恐怕非皇后、大长公主母女莫属，如果不禀报皇上，此事必然无法平息。

汉武帝一听，立即猜到了这是陈皇后嫉妒所致，无非是想杀死卫青，打击卫子夫，进而向他示威。如果不理不睬，那真会宫无宁日。找你陈阿娇算账吧，一来未成事实，二来还得费周折调查。不如干脆来个绵里藏针，你加害，我重用，让你有苦难言。汉武帝一定是冷笑两声才降旨的：召见卫青，破格提升他为建章监，加官侍中。这官升得不小，建章监是管理建章宫的官，卫青由宫中小职员一步登天，成为宫中的头领。更为要紧的是，司马迁笔下所记的那个侍中，是皇帝的贴身侍从，堪称心腹。如此信任重用卫青，你陈阿娇还能怎么的？再要加害卫青，那可就是犯上作乱了！俗话说，因祸得福。的确如此。卫青一场虚惊，大难不死，加官晋爵，也不虚此惊。当然，如果细心阅读，还可以从《史记》看到，获此厚爱的不是卫青一人，还有他那同母异父的兄长卫长君。

汉武帝提拔卫青是为了保护他，也是用来警示争风吃醋的陈皇后，这也不失为一个对付非常之事的非常办法。然而，世事往往会歪打正着，汉武帝决不会想到他庇护的是战神刑天，是将要保卫万里江山的英勇战将。

这件事的处理结果明确告诉世人，卫子夫不仅自己博得了汉武帝的厚爱，在宫廷站稳了脚跟，而且还可以庇护家人。在阅读《汉茂陵志》时，我们看到霍去病也出现在宫中了。不过，那时他还没有名字，母亲卫少儿抱着他来看望姨母。

这日宫中寂静，汉武帝感冒发烧，喝过药正在酣睡。卫了夫嘱咐姐姐说话小声些，不要打扰汉武帝静养。姐妹俩说话低声低语，还告诉孩子也不要出声。或许是这气氛太寂静、太压抑，孩子不适应，突然大声哭起来。姐妹俩大惊失色，害怕惊醒汉武帝，卫少儿抱着孩子赶紧哄逗。可是，汉武帝已经醒来。不意受此惊吓，汉武帝浑身出汗，身上轻松了好多。他张嘴即问："那是何人的孩子？"

卫少儿战战兢兢上前跪拜，请罪。汉武帝非但没有生气发怒，还请她平身就座。问她："孩子叫啥名字？"

卫少儿回答："还没名字。"

汉武帝笑着说："寡人近日身体违和，孩子大哭几声，惊出一身冷汗，病体痊愈。朕与孩子赐名'去病'，你看如何？"

这是求之不得的大好事，卫少儿赶紧再拜："谢主恩宠！"

显然，这是个传说故事，信也可，不信也可；只是细想，"去病"这名字确实少见，所以即使是后人附会编撰，也不乏合理的成分在内。再从往后霍去病深得汉武帝厚爱的情形推测，这未必不是实情。

霍去病得名只是个小插曲，重要的是，自从卫青升任建章宫监并加官侍中后，与年轻气盛的汉武帝出入相随，受其影响，目光渐趋远大，胸怀日趋博大。他和汉武帝志趣更加相投，每逢谈论国事，无不意气风发，试图率兵驰骋、建功立业。岁月在为汉武帝积攒反击匈奴的资本，不觉然，已是藏龙卧虎。

第五章

初奔疆场时

○
○

卫青率兵征匈奴

《史记·卫将军骠骑列传》：青为车骑将军，击匈奴，出上谷……

元光六年，卫青奔赴疆场，打响了他对匈作战的第一战。这也是马邑之围后汉朝大规模反击匈奴的开端。

马邑之围打草惊蛇，不仅没有打掉匈奴的疯狂气焰，还撩逗得匈奴急了眼。尽管汉朝又频频向匈奴示好，但匈奴军臣单于对引诱他深入汉地、试图合围这事一直耿耿于怀，不断发兵报复，肆意烧杀抢掠。白羊王、楼烦王多次攻击渔阳、右北平和上谷一带。凡到之处，掳走边民，放火焚烧。元光六年，卫青开赴疆场，就是要打击匈奴犯边的嚣张气焰。卫青不是孤军作战，一同开赴前线的还有三位将军，公孙贺出云中，公孙敖出代郡，李广出雁门。汉军即使称不上是威武之师，但看上去也是浩浩荡荡。

阅读《史记》和《汉书》会有这样的感觉，刚刚还在朝堂的卫青，转眼就出现在旌旗猎猎的军旅中，总觉得有些突然。用史料填满历史的缝隙就会发现，此事不仅不突然，还是一种必然。建元三年，卫青遭遇绑架，被解救后升任建章宫监、侍中，成天待在宫中，待在汉武帝身边。他的作用如何？不必刻意描述，只要看看他的职务就可以明白。仅仅过了一年，他就升任太中大夫。太中大夫这官职，初设于秦朝，负责议论政事，我看类似于当下政策研究人员。史料透露，这属于闲官，没有具体事宜可管。但在我看来，卫青担任太中大夫可不清闲，要随时为国事献计献策。汉武帝继位后，一直在三公九卿制度的笼罩下，自己的方略难以施展。他起用卫青，就是为了摆脱"紧身衣"的一个不引人注目的举措。自然，不是起用卫青一人，还有常侍郎中东方朔、中大夫庄助和朱买臣、博士董仲舒和公孙弘等。一个朝气蓬勃的智囊团渐趋组成。

　　阅读《汉茂陵志》民间传说中的《汉武帝猎熊》，就能看出在这个新兴智囊团里，卫青最受器重。他属于文武兼备的复合型人才。故事讲，有一日汉武帝微服出宫，在平阳公主府邸借了马，领着卫青等人前去打猎。横亘的秦岭山脉中有段被称作清凉山，山上峰峦叠嶂、沟壑纵横，东有高冠峪，西有紫阁岭，林木森森，遮天蔽日。森林中百鸟啼鸣，走兽众多，还活跃着猿猴、野狼和狗熊。汉武帝打猎，不打飞禽，不打猿猴，专打猛兽，这次捕猎他就是奔狗熊而来的。如此看来，他打猎也是在检验体力，锤炼心志。若要再扩大一个动机，未必不是拉练他的队伍。

　　这日，还算时运不错，汉武帝想和狗熊搏斗，一试身手，偏偏就有一只狗熊大摇大摆而来。也许狗熊大摇大摆是久居清凉山的一贯行径——蛮力无比大，山中无敌手，天天有弱小的禽兽作美餐，大摇大摆是山大王的长期做派，以致碰到了汉武帝一行，狗熊还一如既往着山大王的常态。汉武帝一声大吼，手持利刃冲将上去，狗熊这才发现还有人敢于冒犯它王者的尊严。它怒气冲冲狂扑而来，却被汉武帝躲闪过去。狗熊扑跌在地，还没回身爬起，汉武帝已飞快上前，一脚踩住那厮。那厮拼命挣扎，汉武帝发力猛踩，这时卫青等勇士一拥而上，七手八脚把狗熊捆了个结实。可以猜想，清凉山间响起了胜利的欢笑声。

接下来的故事改变了味道，不是威武的打猎场景，而是对贪官的讽刺，不必再详细讲述，只概要做个介绍。归途，天色已晚，他们看见两个形迹可疑的人抬着一个大柜子行走，正要问话，那两人吓得丢下大柜子逃走了。打开大柜子，里面装满了衣物，倒腾开去，正好把狗熊装了进去。抬着大柜子前行，居然遇到官府的人员盘查，不留下大柜子不放他们走。微服捕猎的汉武帝，甚爱亲自猎到的狗熊，不肯放下。转念一想，同意留下，扬长而去。后来的事情可想而知，以为搜刮到财宝的衙役，欢天喜地地打开大柜子，未料狗熊龇牙咧嘴朝他们怪叫，吓得他们一个个抱头鼠窜。

查考班固所著的汉武故事，没有看见汉武帝带着卫青微服出猎，倒是看到了他带着霍去病微服私访。或许，带着卫青微服外出在前，带着霍去病在后。从年龄推算，卫青帮汉武帝捕猎狗熊时，霍去病还在蹒跚学步。

从以上这个民间故事可看出，卫青虽然因姐姐卫子夫得宠而入宫，入宫后却是凭借自己的才干得到了汉武帝的赏识。试想，同步人前显贵的还有他的兄长卫长君，可是，不久卫青就晋升为太中大夫，而卫长君却原地踏步。多扯这些闲话是要说明，卫青已经凭着自己的才干成为汉武帝的得力帮手。

马邑之围后，边塞局势风云变幻，危机重重，汉武帝和卫青自然会常常就这个事关重大的话题交谈。应该不仅仅是交谈，是汉武帝已将打击匈奴的人选锁定在卫青身上，带他猎熊就是为考验他的胆略和勇气。看见他力大过人、英勇无畏，便要他练兵、带兵。太中大夫不再清谈建言，他在练兵场上大显身手，擒拿格斗、飞骑射箭，一支威武雄师在他的手上渐渐锤炼而成。

"青为车骑将军，击匈奴，出上谷"，不是应急之举，而是有备而来。

有备而来的卫青，能不能一战成名？我们拭目以待。

○
○

公孙贺无功而返

《史记·匈奴列传》：公孙贺出云中，无所得。

真让人为卫青捏一把汗，因为那同时出征的其他三路大军的战绩，实在不堪入目。先看一下无功而返的公孙贺。

公孙贺资格要比卫青老，在马邑之围的领兵大将中，我们已经看到过他的身影。那场汉武帝精心谋划、寄予厚望，却化为过眼烟云的大战，让我们看清了参战的各位将领有一个共同的特点：稳重自保。公孙贺参与其中，自然也不乏这种做派。此次抗击匈奴，他仍然率兵出征，可见汉武帝即使想重用卫青，也不敢孤注一掷。

马邑之围中无功而返的公孙贺，能再次领兵征战，是因他曾经从军有功。他的祖上是胡人，祖父浑邪是汉景帝时期的名将，而且文武兼备，著有十余部图书，曾被封为平曲侯。虽然后来因为犯法被剥夺了侯位，可是家道不错，公孙贺属于将门之后。据说，少年时期他曾当过骑士，而且就是在那时冲锋杀敌，立下了军功。马邑之围后，汉朝和匈奴一度缓和的局面被打破，边塞摩擦不断，烽烟再起，这时公孙贺受命担任轻车将军，前去驻守。由此能够看出，汉武帝对他依旧很为信赖。缘此，再度发兵抗击匈奴，汉武帝才会让他带兵上阵。

公孙贺领兵前行，直出云中，很快进入匈奴领地，派出士兵侦探，前方不见匈奴人马，左右两方也不见匈奴人马。再往前行，依然如此，只好暂时驻扎，以待捕捉到匈奴军情再做打算。可就在这时，传来了公孙敖大军惨败的消息，这肯定令他始料不及，禁不住犹豫：是继续前行，还是领兵返回？

公孙贺正犹豫不定，又一不利消息传来，大名鼎鼎的李广将军也全军溃败——这肯定令他胆战心惊。李广是何许人也，是声威远扬的将军。李广，力大无比，军中盛传着他射虎的故事。据说有一次，李广带着几个随从出游打猎，渐行渐远，进入深谷幽壑。谷壑间树高林密，阴森可怖。随从都有些胆怯，行进的速度在减慢，李广大笑他们胆小如鼠，依然大步流星，甚至干脆率先前行。突然，他停下脚步，且回首示意大家不要说话。随从往前看去，只见前面大树下的草丛间卧着一只老虎。他们正要后退，却见李广挽弓搭箭，猛然射出，正中那厮。可是，受伤的猛虎居然纹丝未动。难道一箭恰中要害，当即毙命？毙命也不至于纹丝不动呀！奇怪。随从捉刀拿棒，小心翼翼包抄上去，不由得齐声大笑。哈哈，哪儿是老虎呀，是一块形似老虎的大石头。不过，大家马上又收敛了笑容，更加奇怪地瞅着那支箭，原来箭镞深深射进石头，用力拔也拔不出来。李广到底有多大力气，可想而知。从此，李广声名远播，成为赫赫有名的神射手。

李广射虎的传奇故事，不只公孙贺知道，当时的将士无人不知，即使今天也仍在传颂。唐朝诗人卢纶曾经为此写下《塞下曲》：

林暗草惊风，将军夜引弓。
平明寻白羽，没在石棱中。

诗中采用了另一种故事版本：李广射虎是在夜晚，看清箭头射进石头里是在次日早晨。无论何种说法，李广射虎名不虚传。

李广不仅力大无比，而且胆量过人。汉景帝时，匈奴进攻上郡一带，李广被派往前线御敌，同时赶往前线的还有一位宦官，《史记》说他是"中贵人"。一天，这位"中贵人"带领几十名骑兵，向北巡视，碰到了三个匈奴小兵。"中贵人"自以为身边人多，根本没有将三个小兵放在眼中，呼喊随从策马杀去。匈奴小兵毫不畏惧，搭弓射箭，就有随从掉下马去。一箭一个，随从纷纷倒下，"中贵人"连叫不好，勒马回返，也被射伤。可怜他那几十个随从，逃回大营时已所剩无几。

　　几十名骑兵被三个匈奴小兵打得落花流水，实在是丢脸。李广听罢带着箭伤的"中贵人"的陈情，马上断定这三个匈奴小兵不是等闲之辈。《史记》记载，广曰："是必射雕者也。"射雕者，应该属于特种兵。试想，雕乃善飞的鸷鸟，挽弓搭箭就能命中它的人，岂能是等闲之辈？倘要是以现代战争作比，此类人当属狙击手之列。李广立即翻身上马，带着百名骑兵沿路追击。快马加鞭，飞速前行，追过几十里路程，远远望见了那三个从容不迫行走着的小兵。李广命令身边的骑兵分两路从左右两边包抄过去，自己则盘马挽弓，射出两箭。箭到处两个小兵已倒地身亡，另一个则被飞身冲过去的骑兵活捉了。一问俘虏，此三人果然都是射雕者。

　　将射雕者捆绑在马上，李广率兵正要回返，突然见前方尘飞灰扬，匈奴几千骑兵迎面奔来。区区百余名士兵，如何敌得过几千匈奴骑兵？危在旦夕！眨眼工夫就可能成为匈奴人刀剑下的亡魂。士兵个个惶恐不安，只见李广扫视敌军一眼，沉着地告诉部下：敌众我寡，不能死拼，更不能胆怯逃跑。死拼与逃跑，都是死路一条。要从容应对，迷惑敌人。他命令士兵下马、卸鞍，在草地上放马吃草。士兵不解：若是匈奴人马杀来，那就只有束手就擒了。李广言道："咱们这样从容不迫，匈奴不知虚实，是不敢轻举妄动的。"

从后来的情况看，李广的分析非常正确。别看匈奴人多势众、气焰嚣张，他们却始终远远观望着李广部众，不敢前行一步。开阔的草原，此时气氛紧张，双方将士屏息敛气，虎视眈眈瞅着对方。

此时，匈奴一位骑着白马的头目可能怕士卒妄动，赶到阵前监督。李广立刻翻身上马，带着几个士兵飞奔过去，放箭射死了那个头目；然后，不慌不忙返回原地，依然下马、卸鞍，横七竖八躺倒休息。

这一出击，更令匈奴摸不清汉军的底细，以为汉军设好埋伏，故意激怒他们，引他们上钩。对垒，静待，匈奴始终不敢贸然前进一步。在疑惑观望中，日头落了下去，黑暗笼罩了大地。午夜时分，无所适从的匈奴人居然趁着夜色撤退了。次日凌晨，李广瞭望远方，不见一个匈奴人，这才从容不迫返回大营。

李广如此勇猛，如此胆大，还败在了匈奴手下，足见匈奴大军的厉害——公孙贺是不是这样盘算，无法考证；但是，从他撤兵后退的行动判断，他有这样的想法也是可能的。

公孙敖大败而归

《史记·匈奴列传》：公孙敖出代郡，为胡所败七千余人。

即便是一厢情愿，我也这样认为，公孙敖能领兵出征，可能是因为汉武帝对他也寄予了厚望。卫青遭到大长公主绑架，生死关头不顾个人安危飞骑营救的是公孙敖。卫青大难不死，汉武帝提拔他，只是打压大长公主、警示陈皇后的一种策略。后来卫青再升迁，成为太中大夫，那肯定是汉武帝对他非常信任。古人云，爱屋及乌。公孙敖是拯救卫青的大恩人，汉武帝对他自然也另眼相看。从史料看，公孙敖比卫青年龄要大，但既然讨得了汉武帝的厚爱，那说不定汉武帝出猎时，他和卫青都在伴随之列；那说不定备战训练，他和卫青都忙碌在练武场上。

这次出征，公孙敖预备要大显身手，击败匈奴，获得军功。

公孙敖与公孙贺正好打了一个颠倒。公孙贺找不见匈奴军队，无敌可杀，徒劳无益。公孙敖却恰恰相反，兵出代郡，行未多远，就见前方烟尘翻滚。按定兵马观望，判定是匈奴大军。敌兵奔驰如飞，还没等自己列阵编队完毕，敌军已杀了过来。不容迟疑，公孙敖赶紧下令迎敌。毕竟仓促上阵，一时有些慌乱。还算士兵训练有素，不畏强敌，奋力拼杀。一时间刀戈相碰，金光闪耀，叮咣作响，受伤倒地的士兵发出的惨叫声不绝于耳。厮杀，奋不顾身；厮杀，前赴后继。闭目想象一下当时那酷烈场景，只能用浴血奋战来形容。

天昏地暗，血流漂杵。

奋力厮杀的公孙敖看见士兵一个个倒下，一排排倒下，眼看取胜无望——再要搏杀，拼光血本也无法扭转局面，只好鸣金收兵，带着残兵败将逃离战场。

此战，七千将士战死疆场。

此战，几乎等于全军覆没。

意在建功立业的公孙敖只能偃旗息鼓、垂头丧气返回。

○
○

李广孤身逃回

《史记·匈奴列传》：李广出雁门，为胡所败，而匈奴生得广，广后得亡归。

《史记》短短一行字，记载了一场惨烈战斗和一次离奇逃遁。这惨烈战斗的主帅与离奇逃遁的主角都是李广。

李广率兵出雁门，进草原，一路万马奔腾，风驰电掣。可谓意气风发，旨在破敌。就在李广飞速行进的时候，匈奴军臣单于已经得到汉朝分兵四路杀奔而来的情报。把带领各路大军的四位将领一比较，军臣单于觉得此番战役最强的对手是李广。俗话说，人怕出名猪怕壮。李广名声赫赫，大军未到，匈奴人已高度警惕。如果此时李广也能警觉，那结果可能还会好些。知己知彼，百战不殆。忽视敌情，急于立功，可能是李广此战失利的主要原因。

古往今来，还原李广当日作战情形的大有人在，集中多种推测，大致可以这样概括：

李广也派人去刺探匈奴军情，得到的情报是，匈奴大军不过万余人。经常和匈奴作战的李广，虽然没有打过大胜仗，可是匈奴想打败他也不容易。时日一久，万余侵敌他根本不放在眼里。是日，急速行军，人困马乏。天色已晚，李广下令将士们就地宿营，来日五更造饭，继续进兵。次日一早，将士们精神饱满向西开进，试图一鼓作气，打掉匈奴的嚣张气焰。太阳刚刚升起，李广披挂上马，抬头一望，猛然察觉到鸟雀在噪鸣，从北面、西面和南面啼叫着飞过头顶。如果不是受惊吓，鸟雀何至于惊慌失措地乱叫乱飞？大事不好！若是匈奴军队从一面而来，那说明是正常行军；这三面鸟雀噪闹，分明是匈奴早有安排，合围包抄杀来。李广勒住马，告诉手下将领："胡兵发觉我军，三面围来，不要惊慌，准备迎敌。"

话音刚落，就见三股浓尘腾空而起，匈奴大军气势汹汹逼近。霎时，喊杀声震天，两支大军绞缠在一处。李广带着将士杀来杀去，却难以抵挡匈奴猛烈的攻势。眼看着身边一个个士兵倒地身亡，他明白敌众我寡，一时难以扭转战局，便赶紧下令：边战边往东撤退。不撤尸横遍野，目不忍睹；一撤军心动摇，更难抵挡匈奴凶猛的厮杀。李广杀开一条血路，策马东行，后边的骑兵紧随其后。行不多远，但见两座山包间有条通道。李广甚觉不妙——害怕是匈奴早就部署好的围杀之计。可是，后面追兵气势高涨，不进不行，哪怕是死亡口袋，也只能冒死一钻。他高声喊道："我军被围，唯有此路可过。前面必有埋伏，杀过去才有活路！"说罢，扬鞭策马，奔进山包间的路径。行不多远，果然号角齐鸣，杀声四起，两面山头的伏兵蜂拥而下。李广挥戈左右冲杀，和士兵一起突围。杀来杀去，身边的汉兵越来越少，自己已陷入孤立无援的境地。此时，匈奴军中有人高喊："汉将李广无路可走，单于有令，不准杀死，生俘者重赏。"

喊声未落，匈奴人马团团围定体力早已透支的李广。李广前行不能，后退无路，被撞下马来生擒了去。

生擒了李广，匈奴士卒高兴至极。按照惯常的方式，他们将一个大网拴在并行的两匹马中间，把李广放在网上，策马缓缓前行。李广不言不语，躺在网中一下也不动，看那样子已经陷入昏迷。战马缓慢向北行走，匈奴士卒得意扬扬地谈笑着。李广心里实在不是滋味，全军覆没，自己还沦为俘虏，真是羞愧难当。这已够羞愧了，难道再去单于面前受辱？不能，即使死也不能。他眯缝着眼睛朝上一看，只见身边有个胡兵骑着一匹高大的骏马，顿时有了主意。再往前行了一阵儿，李广体力逐渐恢复，趁着得意的匈奴士兵狂笑乱叫之际，他双脚一蹬，挣扎跃起，翻身跳上那匹他看中的骏马。同时，他伸臂夹住胡兵的脖颈，那厮惨叫一声跌下马去，当即毙命。就在那厮栽跌下地的当口，李广顺势将他的弓箭抢夺在手；接着，双腿夹马，调转马头，一拍马臀，立即向南飞奔。

待到得意狂笑的匈奴士兵反应过来，李广早已驱马跑出百步之外。匈奴士兵回马追赶，李广飞箭一射，就有人栽落在地。别的士兵吓得躲躲闪闪，李广趁机越跑越远。李广抢夺到的那马，可真是匹彪悍的骏马，跑起来非寻常马可比，不多时，李广已跑没了踪影。匈奴士兵追赶不上，只能垂头丧气地返回。

战斗失利以致被俘的李广，居然还能创造生还的奇迹。

○
○

卫青重创匈奴

《史记·匈奴列传》：将军卫青出上谷，至茏城，得胡首虏七百人。

四路大军出击匈奴，两路大军惨败，一路寸功未建，卫青这路如何？

所幸，卫青获得胜利。

研究汉朝历史和军事史的有些专家认为，卫青得胜有侥幸成分。侥幸匈奴大军把进攻重点放在李广和公孙敖身上，卫青没有遭遇到匈奴主力，自然也就没有恶仗可打。这分析不无道理。然而，卫青取得胜利也不纯粹就是因为侥幸。分析史料可得出结论，卫青不是鲁莽出战，而是合理用兵。

卫青兵出上谷，进入陌生草原，没有催马快进，而是扎营部署。他告诉身边将士，向前进入胡地，人地生疏，我军在明处，敌军在暗处；我不知敌情，敌人却知我。如此只能被动挨打。要变被动为主动，打败匈奴，必须探知敌情。于是，卫青先后派出多名探马四处侦察匈奴的行踪。

再往前行，发现山间有烟雾袅袅升起。卫青马上下令，停止前进，前去侦察。探马很快回报，是小股匈奴士兵生火烤肉。卫青当即下令，活捉匈奴。不多时，士兵们就把那拨匈奴人全带了过来。卫青对匈奴人说："匈奴与汉朝本是邻邦，世代和亲，理应和睦相处。谁知单于无道，屡屡侵犯我们边境，每年都有上万边民被掳走为奴。大汉天子万般无奈，才派我军征战。你们不是罪魁祸首，即使参战也是出于无奈，我们不会伤害你们。如果归顺汉朝，还能领赏。"

俘虏当中就有被掳去的汉人，在匈奴贵族那里深受其害，吃尽苦头，当即表示，要回归汉朝，立功赎罪。卫青继而问及匈奴军情，得知了军臣单于率领精兵六七万，分头攻击李广和公孙敖大军的消息。再问，龙城驻军多少？都说不会太多。这里需要说明，司马迁笔下的"茏城"，后人多写作"龙城"，本书就按龙城叙述吧！

俘虏提供的情况，与探马带回来的情报基本一致。卫青当即确定了打击匈奴的方案。他说，《孙子兵法》言，"出其所不趋，趋其所不意。行千里而不劳者，行于无人之地也"，"攻而必取者，攻其所不守也"，"进而不可御者，冲其虚也"。现在，匈奴主力在东边，兵精将强，不能与敌硬拼。匈奴大军前去出击，后方龙城势必守军不足。我军不如乘其不备，避实击虚，直捣龙城，打他个措手不及。单于得知要是回兵，还可以减轻东面汉军的压力。

卫青部署毕，将士们无不赞成，都认为犹如"围魏救赵"，是个妙计。因而，立即实施。卫青特别强调，偃旗息鼓、轻装速进。路遇小股敌人，不必恋战，不要妨碍攻击龙城的大局。

有了匈奴俘虏带路，行进不怕迷失方向，大军飞快推进，不几日就已逼近龙城。卫青下令远远扎营，让汉军探马换成匈奴服装，与俘虏相随混进龙城再次打探情况。回报的情况和前面的情报没有出入，卫青当即决定五更时分，趁城里人熟睡未醒发动攻击。

战斗部署得当，往往能以最小损失夺取最大胜利。次日一早，天色仍暗，汉军已经吃过早饭，精神饱满地等待战斗打响。有本书上写，卫青鞭哨一响，千军万马呼啸着直捣龙城，这倒有点像是古代指挥骑兵作战的样子。闻声，潜伏在龙城的汉兵，打开城门，放进大军。守城的匈奴部队不过几千人，早被汉军山呼海啸般的气势吓倒。匈奴久有吃亏就跑的习惯，拿起武器抵挡的是少数，多数人只顾逃命。汉军越战越勇，打得匈奴士兵只有招架之势，没有还手之力。仅仅一个时辰，即大获全胜。卫青走进龙城，让将士归拢缴获的战利物资。除了两千匹战马是匈奴的，其余物品多是汉朝之物——要么是汉朝和亲时所赠，要么就是抢掠来的。

战斗结束，汉军将士无不欢欣，他们提出，住在龙城休整几日再班师回朝。卫青当即指出，这次取得胜利靠的是出其不意、攻其不备。若是遭遇匈奴主力，我们未必是他们的对手。因此，必须快速撤兵，即使匈奴大军闻讯赶回，也只能让他们扑个空。将士们遵命，携带着战利品，赶着匈奴的战马火速回返。

进兵神速，撤兵神速，匈奴军臣单于得知龙城老窝被摧毁时，卫青率领大军早已进入关内。军臣单于回到龙城，看着满目断垣残壁，不知道该哭还是该笑。本来这场大战，匈奴两路大军打得汉军惨败，他和手下无不得意；哪料，自家的龙城竟然受到前所未有的破坏，真是让人火冒三丈而又无处发泄。

○
○

工于心计的汉武帝

《汉书·外戚传》：主寡居，私近董偃。

送走出征的四路大军，汉武帝不知有何感想。两千年后，回望那段历史，我都想为他长出一口气。不易，实在不易，能运筹到这种程度，他的确花费了不少心思，称之为工于心计，大抵并不过分。

汉武帝的心计不止花在维护卫子夫的地位上，而且也花在组织这四路大军上。明眼人一定早就看出，这四路大军可以说是老中青三结合的团队，李广是老将，公孙贺正当壮年，他们已是汉朝军事棋盘上的重要将领，不用多费心思。需要多费心思的是卫青和公孙敖。汉武帝喜欢上了刚柔有度的卫青，也喜欢上了敢于担当风险的公孙敖，想要他们承担起抗击匈奴的大任。可是，这二人都在风口浪尖上。尽管汉武帝提拔了卫青，悄悄打压了皇后陈阿娇的气焰，也打压了在她身后撑腰的大长公主，一时间卫青不会再有什么危险；不过，来日方长，谁知道这娘儿俩会不会再生出个坏点子来。从后来发生的事情看，汉武帝对皇后和大长公主采用的对策是恩威并重。这应该是非常得力的一招。试想，大长公主是姑妈，是岳母，是在他登基过程中的有功之人，冷淡和打压不符合道义，还是施恩为上。

施什么恩？物质上的关爱，对于出身于这样高贵门第的人即使给得再多，也不会有啥感觉。怎么能让姑妈感觉到？汉武帝很快找到了最佳办法。这办法是不是最佳，不是从事前预测，而是从事后结果判断。这最佳办法就是拆团——打破皇后母女俩的统一战线。汉武帝清楚，娇生惯养长大的陈阿娇，除了会撒娇发泼，没有别的能耐，收编了姑妈，也就瓦解了对手。那该从何处入手？

汉武帝从姑妈兼岳母的需求入手。大长公主需要什么？不可明言。正值壮硕年华，丈夫陈午却一命呜呼，大长公主真是痛苦，痛苦还无法说与人听。其实说出来也无法解除痛苦，解除痛苦要靠行动。大长公主一行动，社会上就传出绯闻——大长公主私通小白脸董偃。别人听来这是负面消息，汉武帝听来却是他负负得正的最好时机。绯闻传出，董偃也听到了，若是皇帝问罪，那就性命难保。经高人指点，他让大长公主把窦太主园献给皇家，汉武帝非常高兴，将之更名为长门宫。

一天，汉武帝突然来到大长公主家里。大长公主再是姑妈和岳母，此时也不敢摆架子，慌忙更换下厨做饭的衣服拜见皇帝。施礼落座后，汉武帝见老人家这身打扮，便明白了她的意思，不再委婉，直奔主题。他笑着对大长公主说："请主人翁出来谒见。"

大长公主满脸羞红，叩头请罪。汉武帝宽宏大量地说："公主不必多礼，快请主人翁出来。"

羞愧而无奈，大长公主连忙跪地谢罪："我有负圣恩，举止失当，请皇上宽恕。"言毕，只好硬着头皮把董偃叫出来见驾，两个人双双下跪请罪。

这正是汉武帝需要的效果，事情至此，见好而收，他不仅不怪罪，还好言好语安慰他们好好过日子。此时，大长公主肯定感激涕零，连忙设宴款待。汉武帝也不推辞，宴席上还要她和董偃分坐左右两边，共同举箸把盏，亲热欢乐。正如《汉书·东方朔传》所载：

> 后数日，上临山林，主自执宰敝膝，道入登阶就坐。坐未定，上曰："愿谒主人翁。"主乃下殿，去簪珥，徒跣顿首谢曰："妾无状，负陛下，身当伏诛。陛

下不致之法，顿首死罪。"有诏谢。主簪履起，之东厢自引董君。董君绿帻傅鞲，随主前，伏殿下。主乃赞："馆陶公主胞人臣偃昧死再拜谒。"因叩头谢，上为之起。有诏赐衣冠上。偃起，走就衣冠。主自奉食进觞。当是时，董君见尊不名，称为"主人翁"，饮大欢乐。

汉武帝宴罢离去，大长公主是何想法，无法猜测。其实也不需要猜测，能够看到的是，从此她不再插手女儿阿娇的事情。

○
○

陈阿娇独居冷宫

《汉书·外戚传》：女子楚服等坐为皇后巫蛊祠祭祝诅，大逆无道……

汉武帝这一招果真见效，大长公主母女的阵线顷刻瓦解。剩下陈皇后孤掌难鸣，但难鸣也要鸣，她就是这种心胸。如何鸣？她的确没有招数。《汉书》记载她"擅宠娇贵"。娇贵的人，最大的本事就是一不顺心，就头脑冒火，肆意发泄。陈皇后确实具备这样的本事，缺少了母亲的"智能"援助，她只能施展自个儿的低能本事。她施展的是什么本事？《汉书·外戚传》这样记载，"女子楚服等坐为皇后巫蛊祠祭祝诅"。

女巫如何"坐为皇后巫蛊祠祭祝诅"？有人曾经做过还

原。女巫处于密室，使用上等桃木刻画四具木偶，分别标上名字——皇帝刘彻、贱人卫子夫以及卫青和卫长君。刻毕，将木偶放置于神龛当中；放毕，用姜黄研磨朱砂，涂画神符；涂毕，摆放神位，敬献酒菜；摆毕，焚香叩首，点燃画符。画符升天，随即仰天祈祷，念念有词。哪是念什么词，分明是口吐咒语，要老天睁眼，让那四个人遭天谴，丧无常。最后，女巫披发仗剑，呼号作法。

一天又一天，要持续七七四十九天。

这"巫蛊祠祭祝诅"有没有效果？史料没有记载，不敢妄加评说。忽然想起一事，是卫青那位同母异父的兄长卫长君死了。死因是什么？我费尽心思没有查考到。但是，卫长君的死亡时间，大致就在这个时段。卫青遭到绑架，卫长君和弟弟同样加官侍中，成为汉武帝的贴身随从。即便有人想谋害他，恐怕也很难得手。那他可能是暴病身亡，那暴病和巫蛊有没有关系……不要再做推论，有时真就是巧合。

卫长君身亡没有引起汉武帝的注意，此事也就如秋风落叶，一扫而过。引起汉武帝注意的是，这日他在宫中走动，突然刮来一阵狂风。刚刚还天清气爽，为何眨眼间狂风骤起，刮得汉武帝头发蓬乱？汉武帝心底起疑，命人大搜宫院。这一搜，巫蛊败露，作法的楚服等女巫全被抓获。汉武帝马上把女巫和狂风联系在一起，堂堂宫廷竟有人作法生乱，蛊惑人心，这还了得？当即下令，将作法的女巫全部斩首。杀了她们还不解恨，后宫和中宫凡是知情不报的太监、宫女，一律问斩，又有三百多人成为刀下鬼。

陈皇后大祸临头了，所幸，还没危及性命。一道诏书降下，收去了她的皇后册书和玺绶，将她赶出中宫，幽闭长门。可怜的阿娇再没有了金屋藏身，只能冷宫落寞。

落寞自难安寝，陈阿娇站在幽宫的屋檐下，遥望远处的未央宫，百般伤心！然而，她决不甘愿就这么被冷落下去，时刻希望皇帝丈夫回心转意。还能用什么手段打动皇帝呢？思来想去，皇帝丈夫还爱读书，曾经赞赏司马相如才情超凡，请他写一篇赋呈给皇帝阅读，或许会挽回先前的情义。她取出百斤黄金，命内侍出宫去找司马相如。司马相如文才出众，得到这么多的"稿费"，大喜过望，立即挥毫泼墨，写出一篇《长门赋》。

夫何一佳人兮，步逍遥以自虞。魂逾佚而不反兮，形枯槁而独居。言我朝往而暮来兮，饮食乐而忘人。心慊移而不省故兮，交得意而相亲。

伊予志之慢愚兮，怀贞悫之懽心。愿赐问而自进兮，得尚君之玉音。奉虚言而望诚兮，期城南之离宫。修薄具而自设兮，君曾不肯乎幸临。

"魂逾佚而不反兮，形枯槁而独居"，芳魂飘散不再聚，遭受遗弃的我多么孤独、多么伤感；"愿赐问而自进兮，得尚君之玉音"，希望皇帝丈夫给我机会让我哭诉，愿他颁下回音。阿娇独坐冷宫何等悲凉，走廊寂寞而冷清，风声凛凛晨寒相侵。登上兰台遥望郎君，精神恍惚如在梦中……

> 忽寝寐而梦想兮，魄若君之在旁。惕寤觉而无见兮，魂迁迁若有亡。众鸡鸣而愁予兮，起视月之精光。观众星之行列兮，毕昴出于东方。望中庭之蔼蔼兮，若季秋之降霜。夜曼曼其若岁兮，怀郁郁其不可再更。澹偃寒而待曙兮，荒亭亭而复明。妾人窃自悲兮，究年岁而不敢忘。

读罢，那遥远的泣诉犹在耳边：我忽然从梦中醒来，隐约又躺在郎君的身旁，蓦然惊醒一切却是虚幻，魂魄不知在何处飘荡。雄鸡高叫却还是午夜，挣扎起来独自看着清冷的月光。……夜深沉，深如年。郁郁心怀，无限伤感。再也无法入睡，等待黎明，乍明又复黑暗。黑夜如此漫长，独自伤感，年年岁岁，永难相忘。

一篇流传千秋的美文，就这样被陈阿娇开发出来了。文章能够名垂后世，却难以打动那个曾经要对她"金屋藏娇"的皇帝丈夫。司马相如将《长门赋》交给陈阿娇，陈阿娇转呈给汉武帝，却如泥牛入海无消息。

汉武帝也有儿女情长，却没有陷入儿女情长不可自拔，他没有沉醉于司马相如的雕虫之小技，他在谋划制服匈奴的经国之大业。

卫青受封关内侯

《资治通鉴·汉纪十》：汉下敖、广吏，当斩，赎为庶人；唯青赐爵关内侯。

还是把目光投向汉武帝吧！四路大军出征，能不能打败匈奴，他心里没数，但他却无时无刻不盼望胜利的喜讯。然而，结果却不像他盼望的那样。

记不清是哪本书曾描摹过当时的情景。这一日，汉武帝正在宫中焦急等候，忽有太监禀报，骁骑将军李广回朝求见。汉武帝当即传他进宫，李广一进宫门跪地叩拜，未抬头已经泪流满面。汉武帝马上觉得大事不好，却没有料到李广会全军覆没，他是被俘虏后又逃跑回来的。怎么竟是这样?！李广详细禀报战争经过，汉武帝心情沉重，李广是三朝老将，虽不能说是身经百战，但是与匈奴的大小战斗也在半百之上，富有作战经验呀！他要是战败，那其他各路大军还能取胜吗？为了这场大战，他可是殚精竭虑，一心要打怕匈奴，确保边地平安的。不是说，苍天不负有心人嘛，怎么会让他的苦心孤诣变作枉费心机！

他想发作，但看看李广痛哭流涕的样子，便把满肚子怒火硬压下去，摆摆手要他回家休息待命。李广刚走，太监即禀报公孙敖求见。此时的汉武帝急于召见，又怕召见，最怕看见像老将李广那样来个报丧的帖子。怕什么来什么，公孙敖虽然没有像李广那样被匈奴活捉，却同样全军覆没。打败了，打惨了，拼光了血本，往后匈奴不知要猖狂到何种地步。卫青和公孙贺若要是再全军覆没，后果真是不堪设想。汉武帝焦躁不安，心情烦乱。

不能否认，此时的汉武帝可能会把求胜的希望寄托在卫青和公孙贺身上，他等待着这两路人马能带回喜讯，使他一扫愁闷。然而，公孙贺没能让汉武帝愁容舒展——大军出塞，未能杀死一个敌人，如同马邑之围空耗粮草物资。稍微宽心的是，将士们如数回到长安——留得青山在，不怕没柴烧，也算是保留了再次出征的力量。

当汉武帝再不敢有取胜的妄想时，卫青却把捷报带入宫来。卫青向汉武帝禀报："赖陛下洪福，微臣率领大军捣毁了匈奴龙城……"

"什么？"汉武帝似乎不相信自己的耳朵，连忙发问。

卫青再次禀报："赖陛下洪福，微臣率领大军捣毁了匈奴龙城。"

汉武帝还是不敢相信，再问："捣毁了匈奴龙城？"

不怪汉武帝惊讶，龙城是匈奴的老窝，史书多说是匈奴的腹地、圣地，恰如《汉书·匈奴传》记载："五月，大会龙城，祭其先、天地、鬼神。"这圣地远离汉境，距卫青出兵的上谷有千里之遥，何以能打到匈奴的巢穴？卫青坚定地点头称是，并详细禀报斩首匈奴士兵七百余人，缴获两千匹胡马，还有无数贵重物资的经过。汉武帝听得大笑出声，那笑声传递着扬眉吐气的喜悦。他不仅得意于卫青的取胜，而且得意于他终于在匈奴的脸面上打了一记响亮的耳光。

　　显然，以上这个讲法具有演义的成分。战斗结束，或胜或败，总要飞马报回朝廷，哪会等到将军归来才知胜负战况。不过，它却可以帮助我们理解当时汉武帝的心情。汉武帝从卫青身上，看到了反击匈奴的希望。希望是未来的事情，当下必须对此次出征赏罚分明。于是，《资治通鉴》写下了赏罚情况："汉下敖、广吏，当斩，赎为庶人；唯青赐爵关内侯。"公孙敖和李广应当处斩，允许他们花重金赎罪，贬为平民。唯有卫青受到赏封，"赐爵关内侯"。

　　司马光可能嫌这种记载太平淡，不亮眼，在《资治通鉴》中接着评论：

　　　　青虽出于奴虏，然善骑射，材力绝人；遇士大夫以礼，与士卒有恩，众乐为用，有将帅材，故每出辄有功。天下由此服上之知人。

　　卫青初次出征就得到如此高的评价，是不是可以说"前无古人"？

第六章

狂飙起风雷

○
○

少年霍去病

《史记·卫将军骠骑列传》：骠骑将军为人少言不泄，有气敢任。

司马迁评价霍去病，说他话语不多，敢于担当重任。自古以来，没有人不认可史圣的评价。或许是霍去病战功卓著的缘故，在多数人眼中他属于天才。无论何人，一旦被尊奉为天才，多数史书都会无一例外地写道："天资聪慧，少而好学。"我不否认这种认知，却更看重后天对人的历练。

我对霍去病童年的解读是这样的：与舅舅卫青相比，霍去病的童年是幸运的。至少，他没有遭受放羊的磨难，从小就生活在平阳公主的长安府邸。不过，他年幼的心里也不平静。这一年，他的父母发生了变故。说是变故，其实只是他的母亲卫少儿另有新欢，改嫁陈掌。陈掌家庭富贵，卫少儿再攀新枝自然是人往高处走。可是这一走，霍去病的人生就有了波折。跟着父亲，难得母爱；跟着母亲，又难得父爱。在母爱和父爱之间，他难得有两全的享受。

我以为，霍去病的童年没有物质拮据的困顿，却有精神折磨的隐痛。对于霍去病父母的分手，我以为主要责任在母亲卫少儿身上。社会地位的转变，会导致一个人情感的变异。当初，卫少儿迷恋霍仲孺时，地位低下，感情饥渴，遇有一双朝她闪光的眼睛，她便阳光灿烂。后来，进宫的妹妹受到汉武帝宠爱，哥哥卫长君、弟弟卫青都当上侍中，成为汉武帝身边的红人。卫家不再是奴婢家庭，卫少儿虽然还是卫少儿，甚至由于霍去病的出生，颜面不如先前那样娇嫩，可是，总有人秋波频递，这就迷乱了卫少儿的心绪。不知不觉间，她移情于陈掌了。陈掌是何人？汉朝开国功臣、曲逆侯陈平的曾孙。门第高大，有享不尽的富贵荣华。将陈掌与霍仲孺相比，自然平阳来的小吏会黯然失色。感情生出小隙，便难以弥合了。无法弥合也罢，司马迁笔下竟留下这样的记载："少儿故与陈掌通，上召贵掌。"不知为何，汉武帝居然不分青红皂白，乱点鸳鸯谱。卫少儿另择高枝，霍仲孺有苦难言，小小霍去病绞缠在尴尬当中。

2002 年，我在台湾大学讲授尧文化后，去泡诚品书店，侥幸淘得一本《歌女皇后卫子夫》。书中有一节写到霍去病的童年，我以为非常符合当时的境况。

卫青从上谷出兵，捣毁龙城，取得了汉朝与匈奴作战多年来前所未有的大捷。汉武帝赏封卫青为关内侯，卫家发生了翻天覆地的变化。过去，汉武帝因为宠爱卫子夫而喜欢卫青；如今，汉武帝因为喜欢卫青而更加宠爱卫子夫。别看卫子夫只是个夫人，可在宫中的地位蒸蒸日上。就在关内侯府邸落成之日，卫子夫回了一趟娘家。昔日入宫时，一家人为奴，寄人篱下；如今衣锦还家，门户高大，远非常人家能比。只是卫青一贯低调，无论达官贵人如何讨好奉承，总是谦和有礼，绝不头脑膨胀。即使皇帝御赐的牌匾，他也没有高挂在门额炫耀，而是珍藏在密室。

卫子夫进门落座，看见一个虎头虎脑的孩子，这就是汉武帝赐予名字的去病。她要叫他，却犹豫着没有叫出口，扭头悄悄问卫青：

"去病现在姓啥？"

这轻声发问，孩子听见了，不等舅舅回答，他抢着说："我姓霍。"

卫子夫关切地说："你改姓吧！改为养父詹事陈掌的姓，就有了身份，姨母就能将你收入宫中，当个羽林郎，将来在朝中做官。"

霍去病摇头不同意。

卫子夫一斟酌，说："那你姓卫吧！你也是卫家的孩子，有舅舅帮忙，一样能奔个好前程。"

哪想到霍去病憋红了脸说："我不改姓，男子汉大丈夫，行不改名，坐不改姓。去病长大要像舅舅那样建功立业，光大霍家。"这话说得卫青大笑起来，笑声未落，就听霍去病又背诵开来：

鸿鹄高飞，一举千里。

羽翮已就，横绝四海。

能背诵汉高祖的《鸿鹄歌》不算稀奇，可是出自少年之嘴且用得如此贴切，就不能不令人刮目相看了。小小年纪，志向远大，卫子夫还能说什么，即使不改姓也要为这个外甥谋出路，谋前程。

○
○

张骞逃出了匈奴

《史记·大宛列传》：居匈奴中，益宽，骞因与其属亡乡月氏……

卫青的大捷放在四路出击匈奴的整个战役中看，只是一缕曙光，掩盖不了长天的乌云。到底该如何彻底挫败匈奴？此时的汉武帝应该想起一个人来了：张骞。

张骞一去十多年，不见人还，不闻讯息，到底是死是活？若是活着，若是还能带回与大月氏联合作战的喜讯，那打败匈奴就指日可待呀！

汉武帝是不是这样惦念张骞，有待再找资料证实。然而，从事态的发展看，张骞却仍然惦念着汉武帝，惦念着他托付自己的国家大事。就在这年，张骞逃出了匈奴人的地盘。

综合史料看，被扣留在匈奴的张骞，多年来表现出一副无所谓的样子。据说，军臣单于命人给了张骞一顶帐篷，他撑起来就算安了家。大大咧咧，没心没肺，让吃就吃，让喝就喝，让睡就睡。不让穿汉服，那就穿匈奴衣服；不让吃面食，那就吃羊肉。若是允许，他会挥着皮鞭，将羊群赶往水草丰茂的地方，低头看群羊吃草，抬头看白云飘过。只是，这样的机会很少，因为匈奴人怕他逃跑，只让他在很小的范围内活动。

张哲翻译的日本人伴野朗的著作《太阳王·汉武帝》写道：

一年过去了，汉朝已是建元三年。

这天，军臣单于叫来张骞问道："怎么样，在这儿过得如何？"

"不赖。"张骞用刚学会的匈奴话回答。

单于现出一副释然的表情，接着说："听说先生已适应了匈奴的习惯和风俗。"

张骞说："连脸都跟大家一样了。"

单于凝视着他的脸，然后朗声大笑道："简直就是我的子民。好了，娶个匈奴女人当老婆吧。"

"多谢单于。"已经完全变成匈奴人的张骞，用匈奴式的礼仪表达了自己的喜悦。

我怀疑书中对话的真实性，却不怀疑书中对张骞形象的复原。给老婆，就结婚，决不推辞，逆来顺受；而且，像是"乐不思汉"，死心塌地过日子——活脱脱一个匈奴子民。一年后，张骞还有了自己的孩子。娶妻生子，安居乐业，想来张骞不再有什么回归汉朝的奢望了，但就这样匈奴也不放松警惕，监视，一天也不放松地监视。

月月监视。

年年监视。

监视了十年，张骞还是那个安分守己、平庸无为的样子。没人下令放松警惕，监视者却不再虎视眈眈。

算起来是元光六年，也就是四路大军攻击匈奴的那年。军臣单于打败李广、公孙敖，得意扬扬回返，好心情却被两个倒霉事一扫而光：龙城遭捣毁，张骞逃跑了。且不说龙城被捣，仅就张骞逃跑也令他大吃一惊：怎么"乐不思汉"的张骞，竟然无时无刻不在思念汉朝！

张骞跑了，逃跑的还有和他一起来的那个匈奴随从堂邑父。追，立即派人去追！已经软禁于此地十年了，张骞想家自然在情理之中，大队人马卷起黄尘直朝东方狂奔。他们哪会想到，张骞根本没有回家，他仍然牢记着西行的使命，向西，向西。西行之路是死亡之路，柏杨先生曾在《中国人史纲》一书中这样描述：举目荒凉，旷无人烟，暴风时起，天翻地覆，光天化日之下，处处鬼哭狼嚎。干粮吃完了，只能由堂邑父射杀禽兽填塞辘辘饥肠。困苦可想而知，艰险可想而知。

困苦和艰险，却无法阻止张骞坚定的脚步。

○
○

大月氏不愿再打仗

《史记·大宛列传》：西走数十日至大宛。

白昼烈日炙烤，夜晚冷霜彻骨。住在匈奴，天气也一日多变，却有顶帐篷遮日挡寒。跋涉大漠，只有人间罕见的艰辛。据说，还有野狼，成群结队，若不是张骞和堂邑父都是射箭高手，很可能他们已成为野狼口中的美食。

终于看到了城郭，来到了大宛。进入城中，张骞亮出汉武帝的符节，以汉朝使臣的名义拜见国王。大宛国王见到汉朝使臣，好奇地问道："汉朝多大？"

张骞回答："贵国如小溪，汉朝如大海——民过万万，江河无数，山川无数。"

国王又问："汉朝有何物产？"

张骞回答："衣有锦帛绢绣，食有山珍海味，住有楼阁殿宇，行有驷马高车，乐有竹丝琴瑟。"

这番话说得大宛国王目瞪口呆。

自然，这活灵活现的场景也是想象的，没有典籍能做这样详细的记载。不过，张骞有着过人的才能，这番话还不能完全地表现出他的聪慧和睿智。然而，或许是张骞的美妙描述令国王着迷，国王设宴款待，美酒伺候，确实让张骞一行过了几天舒服日子。听说张骞还要去大月氏，大宛国王又给他们预备了充足的食物，还指派了翻译和向导。我猜度此刻张骞的心情，应该是马到成功那般的感觉；既然能够用三寸不烂之舌说动大宛国王，那说服月氏王应该也不在话下。

到达大月氏后，张骞对说服月氏王更有信心了。月氏王得知到来的是东方大汉使臣，立即举行仪式，隆重欢迎——大摆酒宴，盛情款待。主宾欢聚一堂，气氛极其热烈。看到这样和谐的氛围，张骞不禁展开想象，若合力出兵，打败匈奴应该是指日可待了。

然而，事实并不像张骞设想的那般顺遂。当夜宴罢，天色已晚，各自休息，没有谈及实质性的事宜。次日，月氏王在宫廷召见汉使议事，张骞陈明汉武帝合围匈奴的意图。月氏王低头沉思，久久不语。张骞赶紧进言："匈奴老上单于杀戮成性。月氏国祖祖辈辈生活在自家的乐土上，却被这伙厉鬼疯狂侵入，残酷烧杀。赶走月氏，霸占国土，使国人漂泊异地，无法回归故乡。大汉皇帝悲天悯人，闻知此事，痛恨匈奴惨无人道，怜悯月氏无家可归，愿意与贵国结为盟友，联合出兵，除掉公害，为月氏恢复国土。请问大王意下如何？"

这些话句句都直戳要害，张骞就等月氏王痛快表态。哪知，张骞说完，月氏王仍是不语。看他犹豫，张骞赶紧再加一把火："更可恨的是，那匈奴残忍杀害月氏大王，还用老月氏王的头骨做饮器。如此欺辱先王，是可忍孰不可忍！"

这一下更是刺疼了月氏王的心肝，泪水已在眼眶里打转。张骞静待他抹掉眼泪，愤然站起，大吼一句："此仇不报，何以为人！"

可惜，等呀，等呀，只等到一句："冤冤相报何时了。"

张骞不肯放弃："难道此仇就这样作罢？"

月氏王叹息一声："子民刚刚过上平静的日子，何必再流血牺牲。"

张骞再问:"难道此恨就这样作罢?"

月氏王还是叹息:"平安为福,不能再驱子民赴难了。"

……

一时说不转月氏王,张骞不急于求成,一面鼓动口舌,一面耐心等待。

一天两天,不见月氏王回心转意。

一月两月,不见月氏王回心转意。

整整一年,月氏王好酒好饭招待张骞和堂邑父,但就是不答应出兵合围打击匈奴。

张骞失望了。

他不能再等待下去,他要回汉朝向汉武帝复命,离开长安十多年了,他该回国了。

张骞无功而返,绕道而返。绕道而返,是想避开匈奴,岂料还是落入了匈奴的罗网。

○
○

卫子夫当上了皇后

《汉书·外戚传》:子夫生三女,元朔元年生男据,遂立为皇后。

元朔元年,注定是值得后人回味的精彩年份。

这一年,已是汉武帝废掉陈阿娇皇后的第三个年头了。元光五年(前130)的秋天,应该是陈阿娇刻骨铭心的日子。唐朝诗人刘禹锡"自古逢秋悲寂寥",不一定能写照别人的情绪，却可以用来此处诠释陈阿娇的心情。母仪天下的皇后，眨眼间跌落下来，还原为陈阿娇。还不是原先那个自由自在的陈阿娇，而是被拘禁在长门的陈阿娇。想想当初天真纯情的小猪娃要将她金屋藏娇，看看如今九五之尊的皇帝把她打入冷宫，让她伴随秋风凄凉度日，她流多少泪水都属于人之常情。正如八百年后李白在《妾薄命》诗中所云：

> 汉帝重阿娇，贮之黄金屋。
>
> 咳唾落九天，随风生珠玉。
>
> 宠极爱还歇，妒深情却疏。
>
> 长门一步地，不肯暂回车。
>
> 雨落不上天，水覆难再收。
>
> 君情与妾意，各自东西流。
>
> 昔日芙蓉花，今成断根草。
>
> 以色事他人，能得几时好。

其实，陈阿娇的悲剧不在于"以色事他人"，而在于没有认识到她即使母仪天下，也不能苛求皇帝专宠她陈阿娇。放下这个问题不再深究，这里我想深究的是，汉武帝见到司马相如的《长门赋》，难道真是心如止水，难道真是铁石心肠？我看不是如此，至少他在犹豫，他在彷徨，若不然为何要让皇后的位置空缺三个年头。

从各种史料看，汉武帝给人的形象都是果敢善断，但我却觉得他也有优柔寡断的一面。当然，这里使用优柔寡断一词未必准确，我想说的是，他每每在重大事件的决策上，并不急于拍板，而是小心翼翼，唯恐有个闪失。这也可以说明，为什么陈阿娇被废后，皇后之位虚空三年，直到卫子夫生下爱子，才将其立为皇后。

对于汉武帝来说，元朔元年确实很不平凡，到这年，他已经称帝十二年之久，宠爱卫子夫也已十年之久。在这十年间，卫子夫为汉武帝诞下了三位公主。他巴望着从卫子夫隆起的肚皮内孕育出个儿子来，那是他传续帝祚的希望啊！

就在这一年，二十九岁的汉武帝总算如愿以偿，儿子降生了，卫子夫让他的梦想变为现实，他自然异常高兴。有多么高兴？高兴出三大举措。第一大举措是写文章颂扬，他没有亲自操笔，而是让枚皋和东方朔挥毫书写，分别撰出《皇太子生赋》与《立皇子禖祝》；第二大举措是建庙祭拜，当然不是为儿子刘据建庙，而是建造婚育之神高禖神祠，隆重祭拜，感谢神灵赐予他皇子；第三大举措是空缺三年的皇后位置终于花落卫家。时任中大夫的主父偃上书汉武帝，请立卫子夫为皇后，汉武帝准奏。卫子夫因生下皇子，而荣登皇后之位。《汉书·武帝纪》记载：

春三月甲子，立皇后卫氏。诏曰："朕闻天地不变，不成施化；阴阳不变，物不畅茂。《易》曰'通其变，使民不倦'。《诗》云'九变复贯，知言之选'。朕嘉唐、虞而乐殷、周，据旧以鉴新。其赦天下，与民更始。诸逋贷及辞讼在孝景后三年以前，皆勿听治。"

翻译出来，大致意思是：春三月十三日，立皇后卫氏。汉武帝下诏说："朕听说天地不变，施化不成；阴阳不变，物不畅茂。《易》说：'因势变通，人民的精神才会振作。'《诗》说：'通天地之变而不失道，择善而从。'朕欣赏唐尧、虞舜，而乐观殷、周，愿汲取历史的经验教训，引为借鉴。现在大赦天下，与民更始。有犯了法畏罪潜逃的，以及久欠官物而被起诉的，事情出在孝景帝三年以前的，都免予追究。"

对了，从这段记载还可以读出第四大举措，这就是大赦天下。据说自此以后，立皇后大赦天下成为汉朝的一项制度。

如此详细介绍汉武帝废立皇后的过程，有何用意？用意在于能够使读者多一个窥视汉武帝如何进行重大事件决策的窗口。卫青得到汉武帝的赏识，汉武帝愿意起用他，但是在任用他时，并不冒失，不是让他一步登天，而是逐渐将重担放在他的肩膀上。第二次出征匈奴时，汉武帝改四路大军为两路大军，卫青领兵数量由一万上升到三万。卫青的担子更重了。

两路大军出征作战，卫青会交出怎样的答卷？

雁门关外再传捷报

《汉书·卫青霍去病传》：青复将三万骑出雁门，李息出代郡。青斩首虏数千。

《汉书》记载的"青复将三万骑出雁门"的事，发生在元朔元年，与四路大军出击匈奴间隔不到一年。这次出兵是为捍卫汉朝尊严。

惯于烧杀抢掠的匈奴，每次南侵都满载而归，狂欢痛饮，大碗喝酒，大块吃肉，但他们留给汉人的却是妻离子散、家破人亡。卫青打进龙城，横扫龙庭，匈奴人不思反省自己的罪过，却只一味地想要报复。部下不反思不可怕，最怕的是头领不反思，军臣单于就是这样一个不肯反思的头领。他下令疯狂报复。彪悍的骑兵，穿越沙漠，穿越草原，直奔汉朝边塞。既是多事之秋本应枕戈待旦，随时打击来侵之敌，偏偏驻守渔阳的材官将军韩安国，抓到一个匈奴小兵，听他说匈奴大军已全部返回，便撤去大批守军。岂知，那个小兵，未必不是匈奴麻痹韩安国计谋上的一环。韩安国轻易采信了小兵之语，就此埋下了祸根。

偷袭，辽西遭到偷袭；

偷袭，渔阳遭到偷袭。

辽西在硝烟中，在血泊里；

渔阳在硝烟中，在血泊里。

辽西，两千余边民被掳走为奴！渔阳，也有千余边民被掳！

无数边民在铁蹄下呻吟，无数边民在匈奴的抢掠中悲愤地呼号！

呼号大汉挺起脊梁，奋戈御敌，筑起无形的铜墙铁壁。

边塞告急的一份份快报背后是边民的痛苦呻吟，它催发出热血男儿的奋起呐喊！

出兵，反击匈奴！汉武帝下达了征战的命令！卫青和李息就是在这样紧迫的局势下领兵奔赴疆场的。

军情紧迫，出征紧迫，但是汉朝却不是仓促出征。自从上次战罢，汉武帝就在谋划新的对敌方略。毫无疑问，卫青的获胜使他看到了反击匈奴的曙光。如何将曙光变作喷薄朝日，他反复斟酌着。最后，他把希望寄托在卫青身上，在出征的行列里，老将只有李息，不再有李广这位侍奉过几个皇帝的三朝元老。李息之老，只是相对于卫青而言，若以年岁而论，他正在壮硕之年。由此可见，汉武帝任用军事将领的重心开始转移了。不过，汉武帝没有孤注一掷，没有将李息置于卫青帐下，他可以独立作战、调遣部众。大胆任用卫青，让他肩挑重担，驰骋搏击；继续任用李息，以防一招失手全盘皆输。由此，汉武帝的精心运筹可见一斑。

既然探究这段历史，就不能不把目光投射给卫青，我以为回师长安后，他没有陶醉于胜利，更没有因为首战告捷受到封赏而冲昏头脑。他明白这只是担当大任的开始，未来任重道远，前程不是光明一片，而是腥风血雨。从回师时他就在考虑如何再度征战。冷静的思考，让他明白，打到龙城，固然是他决策得当，却亦不能否认，公孙敖、李广的拼死厮杀，拖住了匈奴大军，这才使他可以从容进军，攻其不备，最终取得胜利。

那么，若是遭遇匈奴主力，如何硬碰硬取胜？随着战争的深入，这已成为不可避免的问题。我以为，这个问题的提出和解决方案的制定，是基于卫青从思想上认识到，要想赢得战争就要牢牢地把控战争的主动权。卫青肯定会去拜访参战的几位将军，甚至，他也会听取地位比他低的部众的说法。公孙敖自不必说，这位救命恩人之前与他各自率兵出征，卫青当然盼望他一战成名。然而，事与愿违，他不但未能建功立业，还险些因为战败丢掉性命。对他，卫青即使不说拜访，也得要登门安慰。当然安慰的"主题"也必是匈奴：匈奴彪悍，彪悍到何等程度；匈奴诡诈，诡诈到何等地步，这都应该是绕不过的话题。

拜访老将李广应是使卫青最受教益的。李广惨败是轻敌所致——不知不觉钻进了敌人的天罗地网，等到察觉，已经成为砧板上的鱼肉。李广的逃脱是匈奴轻敌所致。俘虏落入罗网，像是待宰的羔羊，就等着架起篝火，烤熟下酒。何曾想过，煮熟的鸭子也会飞走。麻痹轻敌，是兵家的大忌。这道理并不深奥，为何一个与匈奴厮杀多年的老将，还会犯这样低级的错误？推演到此处，我忽然想起乡亲们挂在嘴边的一句俗语：老虎也有打盹的时候。匈奴打败李广，就是趁他打盹时来了个攻其不备。卫青在平阳故里放羊时，未必没有听过这俗语。打仗应尽量发挥自己的长处，打敌人的短处，这谁也清楚。可是，敌人也在扬长避短。这就常常造成两军硬碰硬，双方伤亡惨重。那如何打？总结卫青的战斗方略，他总是等待老虎打盹，等待敌人犯错误。敌人不犯错误怎么办？那就引诱敌人犯错误。

　　这次大军出征，卫青禀报汉武帝，起用了公孙敖。出塞后，卫青带主力部队前行，让公孙敖尾随跟进，迷惑敌人，引他们上钩。匈奴闻知汉朝出兵，早就严阵以待，试图报一箭之仇。军臣单于派出强将精兵，飞快前来堵截汉军。若是两军对垒，胜负实在难料。卫青带着大军飞速前进，摆出直捣龙城的架势。匈奴人果然上当了，前来堵截的匈奴大军非但不堵截了，还放走了卫青。放走卫青是军臣单于下的命令——上次吃了大亏，他这次要亡羊补牢。他在龙城留有充足的兵力，他准备放他们入城，再来个一锅端。就这样，匈奴大军虽然与汉军几乎碰面，却做出未曾发现的样子，来了个擦肩而过。所以要擦肩而过，就是要卫青知道，匈奴大军已经出动，龙城空虚，此番前去还能捡个便宜。

　　卫青似乎要钻进军臣单于设定的圈套了，骏马飞奔，一日千里。疾速进军的好处是，以迅雷不及掩耳之势，打敌方个措手不及。疾速进军的缺陷在于，作战部队行动过快，粮草辎重往往难能同步跟进。这就有违"兵马未动，粮草先行"的常规。若是粮草被劫，溃败必然在所难免。

与卫青大军擦肩而过的匈奴士卒，偏偏碰到了押运粮草的汉军。同先遣部队相比，后勤补给部队的战斗力非常薄弱。放过卫青大军，让军臣单于的守城部队吃"肉包子"，前来诱敌上钩的部队总不能饥肠辘辘、寸功不立吧？何况，若是打掉汉军的粮草，即使卫青大军不进城当"肉包子"，兵无粮自散，他们在城下也撑不了几天。匈奴将领美滋滋地想：突然截取粮草是上策中的上策。

匈奴大军向汉朝的辎重部队发动了攻击。果然，先前的判断很准，辎重部队很不禁打，没有多时便顶不住了，士兵们丢盔弃甲，仓皇逃跑。匈奴士卒欢呼着，将粮草全部收为己有。他们没有追击汉军，赶着粮车得意扬扬回返。前行没多远，却发现跑走的汉军竟然返回来了。匈奴大军停下脚步，准备再战。刀还未及出鞘，早有火箭射来。箭中粮车，轰然着火——车上哪里是什么粮食，是硫黄！顿时，火焰冲天、浓烟滚滚，熏得匈奴士卒难以睁开眼睛。此时，忽听杀声四起，喊声震天。被大火烧昏了头的匈奴士卒还没有看清汉军，就连连栽倒——中箭了，利箭射穿了一个个士兵的胸膛。一支辎重小队，竟有这般天崩地裂的声势？

原来，卫青大军并未进击龙城，与匈奴大军擦肩而过后，只缓缓行走一程，即停下脚步休息。估摸时机一到，立即回撤，来个合围，打了匈奴大军一个意想不到。

天罗地网，匈奴布下了天罗地网，还怕卫青不上钩，又派出大军当诱饵。岂料，诱饵不偏不倚，恰恰钻进了卫青布下的天罗地网。匈奴部众只有招架之功没有还手之力，中箭、挨刀、被斩，再也撑不下去了，狼狈地抱头鼠窜。

卫青大获全胜，恰如《史记·卫将军骠骑列传》所载："青为车骑将军，出雁门，三万骑击匈奴，斩首虏数千人。"

○
○

再战，还是和亲

《史记·匈奴列传》：其明年，卫青复出云中以西至陇西……

树欲静而风不止。

卫青两次出兵，两次获胜，对于汉朝来说，一扫萎靡之态，有了胜利的希望；对于汉武帝来说，坚定了抗击匈奴并大获全胜的信念；对于匈奴单于来说，却丝毫没有打掉他嚣张的气焰，他更像是被惹恼了的凶恶猛兽。《汉书·武帝纪》记载："匈奴入上谷、渔阳，杀略吏民千余人。"可以看出，当汉朝为"青为车骑将军，出雁门，三万骑击匈奴，斩首虏数千人"而欢欣鼓舞时，匈奴未必不为他们"入上谷、渔阳，杀略吏民千余人"而得意，而庆贺。

此时是继续打，还是退回去和谈、和亲？又面临着新的抉择。从《资治通鉴》的册页里，我听到了主和的声音。发出声音的人名叫主父偃，他回顾了秦朝以及汉高祖与匈奴交战的后患，向汉武帝进言：

夫匈奴难得而制，非一世也；行盗侵驱，所以为业也，天性固然。上及虞、夏、殷、周，固弗程督，禽兽畜之，不属为人。夫上不观虞、夏、殷、周之统，而下循近世之失，此臣之所大忧，百姓之所疾苦也。

这段话的大致意思是，很难以交战制服匈奴，这不是一代人可以做到的。侵犯城邑，劫掳人畜，这是匈奴据以谋生的方式，天性就是这样。远在虞、夏、殷、周时期，就不向他们征收赋税、实行监督了，只把他们视为禽兽，不当人看待。不向上借鉴虞、夏、殷、周的治理办法，却向下沿用近代的失误，这是我最为忧虑的，也是百姓最大的疾苦。

很明显，主父偃反战主和。这段话有辱骂匈奴的语句，在今天看来未必妥当。不过，为了尊重历史，还是照搬于此。严安也上书，从秦朝速亡的教训陈明休战的道理。同时上书的还有徐乐。汉武帝看罢当即召见三人，而且告诉他们："相见恨晚也！"

不过，在对待收不收复河南地问题上，主父偃却是主张收复的，他说：

河南地肥饶，外阻河，蒙恬城之以逐匈奴，内省转输戍漕，广中国，灭胡之本也。

其大意为：黄河以南地区，土地肥沃、物产丰饶，对外有黄河天堑为屏障，蒙恬当年在此地修筑长城以驱逐匈奴，对内节省了辗转运输、屯戍、漕运的人力物力，又扩大了中国的疆域，收复河南地，这才是平息匈奴祸患的根本举措。

汉武帝让公卿大臣讨论，他们大都不支持出兵再战，汉武帝却采纳了主父偃收复河南地的意见。如此决策，基于汉武帝有了对匈奴作战的必胜信念。翻阅汉朝史料，我以为这必胜信念来自两个支点：支点一，卫青的两次获胜，使汉武帝看到有人能够担当重任；支点二，是很容易忽略的一个重要因素，那就是汉朝具备了速战速决的战斗力。提升战斗力的关键是：骏马。

马，是人类最早驯化的动物之一，更是最早被用于战争的动物之一。在冷兵器时代，马就是速度，就是绝对的杀伤力。春秋战国时期，出现在战场上的马，主要作用是牵引战车。当年驾车的都是有身份、有地位的贵族。赵武灵王实行的胡服骑射，首开中原人先河，将马放到了最为重要的战略地位。汉武帝通过连续的几次战斗，总结成败经验和教训，他得出，速度是匈奴最为锋利的剑戟，要战胜匈奴必须有胜于匈奴的速度这样一个结论。匈奴的速度，来自战马。养育战马，成为汉朝军民的头等大事；训练战马，成为汉朝军队的备战主题。兵强马壮，才能直起腰杆，与匈奴厮杀。

于是，车辚辚，马萧萧，卫青大军出云中，飞速袭击匈奴。

○
○

收复河南地

《史记·匈奴列传》：击胡之楼烦、白羊王于河南，得胡首虏数千，牛羊百余万。于是汉遂取河南地……

趁着卫青大军浩荡前进，还没有进入前线的间隙，我们来一段插曲。卫青二次出击重创劲敌，报了匈奴偷袭辽西、渔阳的一箭之仇，汉朝军民拍手称快，但这却也无法排遣守将韩安国的郁闷之情。马邑之围，他作为监军，行动迟缓，贻误军机，汉武帝虽然没有追究他的责任；然而，让一场眼看到手的胜利化为泡影，他心里也不好受。更为难受的是，这次辽西和渔阳遭受袭击，完全是因为他放松警惕、撤走主力所致。想想年轻的后生卫青连续建功立业，自己实在汗颜。就在卫青这次出兵前不久，郁郁寡欢的韩安国饮恨病逝。韩安国病逝，北方谁来守卫？汉武帝起用的是老将李广，他北上边塞出任右北平太守。上次战役，他全军覆没，之后花钱赎罪，被贬为平民，这次能够复出自然是好事。

不过，刚一复出，李广就在他个人的历史上涂下一个污点。

话说赋闲期间，李广隐居在蓝田县，经常出去打猎。一天，他和颍阴侯灌婴的孙子灌强出猎，越跑越远，走入深山。回来时已是夜晚，路过霸陵亭受到盘查。随从赶紧向霸陵尉说明，这是先前的李将军。霸陵尉不放他们过去，还说："现在的将军也不准夜间通过，何况先前的将军。"随从再说好话，霸陵尉就是不放行，李广没有奈何，只好在霸陵亭下过了一宿，等到天亮才走。

这本是一件不足挂齿的小事情，过了，过了，过后就了。偏偏李广怀恨在心，一直没有放下。说他怀恨在心，不是凭空想象，而是从后来他的举止推断的。汉武帝重新起用他前往右北平担任太守，李广提出要带着霸陵尉前往驻守。汉武帝以为他是选择贤才保卫边塞，同意了他的请求。哪知，霸陵尉一到军中，李广就下令把他处死，而后再奏报朝廷。霸陵尉即使有罪，也罪不至死。何况，当初霸陵尉严格执法，并未有过错。

此等小事，匈奴士卒没人知道，他们知道的只是李广力大无比、智勇双全；知道的只是李广兵败被俘，居然能在万军丛中抢夺骏马，飞速逃走。现在，李广带兵前来驻守右北平，匈奴人自是不敢掉以轻心。军臣单于便将左贤王带领的主力部队派往上谷、渔阳、右北平一线，以防李广突然袭击。这就给了卫青一个大显身手的机会。

卫青统辖两个校尉，率领四万铁骑，迎着风沙，一路挺进，摆出驰援渔阳、右北平的架势。匈奴王廷得到消息，集结重兵镇守，严防卫青突然发起攻击。远在千里之外的匈奴白羊王、楼烦王更不会察觉到，他们才是卫青此战打击的目标。卫青大军出云中后，越过长城，突然折道西行，直插匈奴后方。这一"迂回侧击"的战术，立马见效。黄

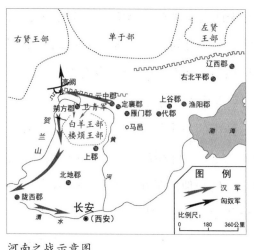

河南之战示意图

河南岸通往匈奴北地的要塞隘口高阙被汉军掌控，卫青大军一举切断了白羊王、楼烦王同单于王廷的联系，二王立即陷入孤立无援的困境。

更为神奇的是，不等白羊王、楼烦王反应过来，卫青大军火速挺进，沿黄河飞兵南下，疾奔上千里。一路上遇到几支小股匈奴部队，打垮即收手，不再追击。很快，主力到达陇西，全面形成了对白羊王、楼烦王的包围。这种神奇的进兵方式，令匈奴二王始料不及，眼看大势已去，拼掉性命也难以扭转危局，只得匆忙带兵西渡黄河，仓皇逃跑。敌军一溃千里，汉军勇猛冲杀。匈奴精锐骑兵被打得落花流水，只有少数人马逃回匈奴腹地，去投奔休屠王和浑邪王。

这一战，卫青独率劲旅，孤军深入，转战数千里，无坚不摧，大获全胜。总共斩杀敌人二千三百人，俘虏数千人，还获得牛羊一百余万头。

河南失地收复了！

如果说卫青前两次出征，只是选择好了时机，对匈奴进行局部性打击，灵活机动性要大得多；那么，这一次却是目标明确，不能临时改变方略，难度要大得多。然而，即使如此难打的战役，卫青仍然能指挥得当、打击精准，完全达到了预期目的。

捷报传到长安，汉武帝刘彻大喜过望，晋封卫青为长平侯，食邑三千八百户。卫青则惦记英勇善战的部将，在朝堂上给部将请功，苏建、张次公也被封侯。诚如《汉书·卫青霍去病传》所记：

> 上曰："匈奴逆天理，乱人伦，暴长虐老，以盗窃为务，行诈诸蛮夷，造谋籍兵，数为边害。故兴师遣将，以征厥罪。诗不云乎？'薄伐猃狁，至于太原'；'出车彭彭，城彼朔方'。今车骑将军青度西河至高阙，获首二千三百级，车辎畜产毕收为卤，已封为列侯，遂西定河南地，案榆谿旧塞，绝梓领，梁北河，讨蒲泥，破符离，斩轻锐之卒，捕伏听者三千一十七级。执讯获丑，驱马牛羊百有余万，全甲兵而还，益封青三千八百户。"

这场大战的意义，不在于杀敌多少、俘虏多少，更不在于获得牛羊多少头，而在于收复了河南失地。汉武帝下令在此设立朔方郡，筑城屯田，派兵据守，解除了匈奴对长安的威胁。这是汉朝历史上非常醒目的一笔。

张骞逃回了长安

《汉书·张骞李广利传》：留岁余，单于死，国内乱，骞与胡妻及堂邑父俱亡归汉。

世界上许多看似毫无关系的事情，总会被时光串联在一个链环里，这就是历史。谁会想到，卫青飞兵进击，夺回匈奴侵占很久的河南地，竟然给了张骞一个逃回长安的机会。

此事还需从元朔元年讲起。张骞从大月氏起程东归，翻越葱岭，穿过莎车、鄯善，走到西羌与匈奴的边沿地带，加快速度，夜行昼息，为的是躲避匈奴，害怕再被抓到。岂料，是日凌晨，还没来得及停步歇息，对面忽然来了一队人马，竟是抢夺西羌财物的匈奴人。就这样，张骞再次落入匈奴之手。

这次他面对的是左谷蠡王伊稚斜。看看张骞和堂邑父的模样，伊稚斜马上就明白了，他们就是逃走的汉朝使臣，当即下令，拉出去砍掉！

一声"砍掉"没有吓坏张骞，反而激得他哈哈大笑。伊稚斜早就听说这位汉使英俊威武，不承想还有如此胆量。他正好奇，就听张骞大声说："张骞死而无悔，可叹大王断送了一个讨好的机会。"

什么机会？伊稚斜不无纳闷。又听张骞说："单于因我

张骞第一次出使西域路线示意图

逃走，肯定恼火。你替他逮住我，为何不请功领赏？”

伊稚斜觉得张骞的话很有道理，即刻命人给他松绑，又派人前去向军臣单于报告，果然如张骞所言，他得到不少奖赏。军臣单于命他严加看管，还将张骞的胡妻与儿子送来。张骞眼界开阔、言语风趣，令伊稚斜很是佩服，管是管得很紧，每天却酒肉款待，时不时就与他谈天说地。

有一天，与张骞谈天说地的伊稚斜不见了。去了哪里？去争夺单于的位置。军臣单于死了，匈奴内乱了，张骞逃跑的机会降临了。研究历史的不少专家认为，军臣单于是被气死的。连续几年，匈奴不断受到汉军的打击，龙城被捣毁，人马被打败，实在咽不下这口气，派军队去杀，去抢，去报复。哪料想没有吓唬住汉朝——没见对手求和，反而遭到更大的打击，盘踞很久的河南地也被夺去。军臣单于真的很生气，生气还出不了这口恶气，憋出了病，一命呜呼了。

军臣单于的死，给了伊稚斜出人头地的时机。有人说，是张骞唆使伊稚斜抢夺单于位置的。有没有这事，查考不清，反正伊稚斜夺位是事实。本来军臣单于已经确定了太子于单，垂涎单于位置的伊稚斜却不按规则出牌，带领部众前去，打得太子于单措手不及。人马被打散，宫廷被占领，要不是很快逃脱，于单也会死于刀戈之下。于单无处可去，居然投降了汉朝。汉朝欣然接纳，热情款待，还封他为涉安侯。可惜他心情郁闷，几个月后便紧步军臣单于的后尘而去。

这是后话，当下最紧要的是，张骞抓住了机遇，逃回了汉朝，逃回了长安。回归时，带着那位生死与共的堂邑父，还带着匈奴妻子和儿子。

张骞的回归，肯定是惊诧国人的大事，若不然《汉书》为何记载"初，骞行时百余人，去十三岁，唯二人得还"。

张骞的回归，肯定是令汉武帝喜出望外的大事，若不然《汉书》为何记载"拜骞太中大夫，堂邑父为奉使君"。

历尽艰辛、不改初衷的二位获得了应有的待遇。

乍看，张骞逃跑和卫青收复河南地没有任何瓜葛，偏偏时光就有这般能量，硬生生把两件毫不相干的事件扭结成因果关系。

《汉书·张骞李广利传》记载：

　　骞身所至者，大宛、大月氏、大夏、康居，而传闻其旁大国五六，具为天子言其地形所有……

汉武帝不会忘记张骞此行所担负的使命，但张骞去国十三载，却再次印证了一句俗语：有心栽花花不开，无心插柳柳成荫。大月氏未能同意与汉朝联合打击匈奴，张骞却摸清了西域多国的地形、气候、物产、风俗情况——这些都已载入史册，凝结在《史记·大宛列传》和《汉书·西域传》里。

张骞熟悉西域风土人情一事在本书不算重要的事情，但是，熟悉地形、地貌的他，将会成为之后征讨匈奴的活地图。

○
○

端掉右贤王的老窝

《史记·匈奴列传》：其明年春，汉以卫青为大将军，将六将军，十余万人，出朔方、高阙击胡。

伊稚斜单于既立，其夏，匈奴数万骑入杀代郡太守恭友，略千余人。其秋，匈奴又入雁门，杀略千余人。其明年，匈奴又复入代郡、定襄、上郡，各三万骑，杀略数千人。匈奴右贤王怨汉夺之河南地而筑朔方，数为寇，盗边，及入河南，侵扰朔方，杀略吏民其众。

这是《史记·匈奴列传》中的记载，看看匈奴有多疯狂！抗击匈奴本是要打掉匈奴的疯狂，可是几次出征，没有打掉匈奴的疯狂，疯狂的匈奴更加疯狂了。阅读这段历史时，我总是奇怪：匈奴屡屡入侵，犯边地，杀吏民，代郡太守恭友都死在屠刀之下，为什么汉朝无动于衷？

查考《资治通鉴》找到了答案：元朔三年（前126），"六月，庚午，皇太后崩"。

卧龙所著的《汉武大帝》一书曾有过这样的叙述：皇太后驾崩，汉武帝痛彻心肺，心烦意乱，将国丧大事交给丞相公孙弘办理。一应事宜有条不紊地进行。这日，公孙弘却惴惴不安来见汉武帝。他低声说道几句，汉武帝马上勃然大怒。原来是匈奴侵犯边境，抢掠财物，还杀死了代郡太守恭友。勃然大怒的汉武帝召集大臣会商，要以牙还牙，以血还血，立即发兵，反击匈奴。大臣汲黯谏言阻止，东方朔也谏言阻止，汉武帝仍然怒火未消。回到后宫，皇后卫子夫劝谏：发兵不祥，可以暂缓；但是，应该加紧练兵，早做准备，以确保一旦开战能够大获全胜。汉武帝这才平复情绪，下令备战。

这个叙述，细节不一定可靠，但可靠的是，当年、次年汉朝确实没有出兵。利用太后发丧的时机，匈奴的确捡到了便宜。捡到便宜，还想占便宜，匈奴又来抢掠。《资治通鉴》载，元朔五年，"匈奴右贤王数侵扰朔方"。此时不出兵是不行了，这个对丢掉河南一带负主要责任的右贤王不断挑衅，必须给予他沉重打击。于是便有了《史记·匈奴列传》记载的："汉以卫青为大将军，将六将军，十余万

人，出朔方、高
阙击胡。"

这次"击胡"
端掉了右贤王的
老窝，打得他如
丧家之犬，仓皇
逃窜。这也是卫
青走上抗击匈奴
战场后军事才能

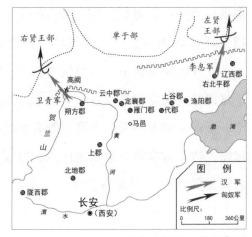

击溃右贤王一役示意图

的一次全面展示：兵分三路，六位将军、十几万将士，都
由他来统领，胜与败全看他的运筹。战后反观，卫青运筹
得当，战斗目的明确，战略部署合理，战术运用恰当，指
挥能力上升到了炉火纯青的高度。

卫青将大军分为三路。第一路精骑突进，直插右贤王
王廷；第二路协力阻敌，打掉前来援助的敌军；第三路迂
回出击，钳制匈奴，制造假象。三路大军最是第一路任务
艰巨，卫青担负此重任；第二路由卫尉、游击将军苏建，
左内史、强弩将军李沮，太仆、骑将军公孙贺，代相、轻
车将军李蔡率领；第三路由大行令李息与岸头侯张次公率
领。乍看兵力分散，却都像是"车、马、炮"，在一个大棋
盘上协同作战。

战术运用更是值得称颂，卫青把"出其不意，攻其不
备"的兵法，发挥得酣畅淋漓。

话说匈奴那位屡次侵犯朔方的右贤王，已经听到了卫

第六章 狂飙起风雷

青出兵的消息。可是，他认为自己的王廷距离卫青大军的朔方郡和高阙极远，大漠荒凉，路途遥远，汉军很难深入——身居匈奴腹地，不怕汉军打来，就怕汉军不来，来了难以补充粮草，等于自取灭亡。这真是：机关算尽太聪明，反误了卿卿性命。右贤王既有如此盘算，便夜夜稳坐毡帐，边欣赏歌舞，边饮酒作乐，每夜酩酊大醉。探知了右贤王的状况，卫青马上决定：飞奔奇袭。他率领部队，人衔枚，马摘铃，一口气急奔六百里，赶在深夜包围了右贤王。

战鼓猛擂，喊声震耳。

右贤王从梦中惊醒，醉意未消，不知是汉兵还是神兵，只见火光冲天，杀声动地。要想抵抗，哪里还成？部卒散乱，非逃即降，喊破嗓子也收拾不起来了。右贤王四处张望，满眼绝望，不得不抛下将校士卒，带着一个爱妾和数百名亲兵落荒北逃。卫青部众越战越勇，飞马追击，大胜匈奴。这一战，俘虏匈奴裨王十多人，子民一万五千余人，还夺得牲畜千百万头。

捷报飞回京师，汉武帝欣喜若狂——若不然为何不等卫青还朝，就马上派出使者，带着印绶，赶到边塞，拜卫青为大将军！卫青走上了人生的顶峰，成为汉朝军队的最高统帅。

《史记·卫将军骠骑列传》对此记载非常详细，摘抄出来，看看当时的情景：

天子曰：“大将军青躬率戎士，师大捷，获匈奴王十有余人，益封青六千户。”而封青子伉为宜春侯，青子不疑为阴安侯，青子登为发干侯。青固谢曰：“臣幸得待罪行间，赖陛下神灵，军大捷，皆诸校尉力战之功也。陛下幸已益封臣青。臣青子在襁褓中，未有勤劳，上幸列地封为三侯，非臣待罪行间所以劝士力战之意也。伉等三人何敢受封！”天子曰：“我非忘诸校尉功也，今固且图之。”乃诏御史曰……

扼要翻译：待卫青回都，汉武帝论功行赏，加封卫青食邑六千户。这一下子卫青真可以说是富甲天下了。而且，还赏封卫青的三个儿子为侯：长子卫伉为宜春侯，次子卫不疑为阴安侯，三子卫登为发干侯。当时，卫青这三个儿子还都幼小无知。

卫青坚决推辞：“我有幸带兵出征，完全仰赖陛下的圣明。我军大捷，全赖各位校尉奋勇作战。陛下已经降恩增封卫青的食邑，不必再封我的儿子为侯。他们年岁幼小，怎么敢领受封赏呢？皇帝要封赏，应封赏全力奋战的校尉。”

汉武帝说：“校尉也当封赏。”

于是，召来御史下令，封公孙敖为合骑侯、韩说为龙额侯、李蔡为乐安侯，公孙贺、李朔、公孙戎奴、赵不虞等人也都封了侯。卫青虽然没有辞去三个儿子的封侯，但是，有功战将都获得赏封，朝野上下一片赞扬之声。

赞扬卫青出众的军事才能!

赞扬卫青为众将请功!

第 七 章

飞将追胡虏

○
○

兵源有赖募兵制

《史记·匈奴列传》：其明年春，汉复遣大将军卫青将六将军，兵十余万骑，乃再出定襄数百里击匈奴……

上文我们提到的"其明年春，汉以卫青为大将军，将六将军，十余万人"，"其明年春"指的是元朔五年；本章开篇这个"其明年春"指的是元朔六年。从这两句话中，我们可以看出汉军有一个明显改变，"十余万人"变为"十余万骑"。这是一个质的改变，说明汉军再度提速，部队全部装备为骑兵，以快应快，以快治快，打击匈奴。这一根本性转变，是汉朝适应形势，发展牧业，大养战马的结果。此事前文谈过，这里不再赘述。

元朔五年打完匈奴，元朔六年再打，而且元朔六年这年连续两次发兵进攻匈奴——汉朝攻打匈奴的频率和力度引发了我们的思考。思考的焦点在于，汉朝兵强马壮，能够连续作战。毫无疑问，每次作战，都会有损耗，都会有将士捐躯沙场。要一往无前，必须前赴后继；要前赴后继，必须补充兵员。毫无疑问，汉朝有了能够保证兵员得到及时补充的成熟制度。

汉朝初期，沿袭的是秦朝的兵役制度，即郡县征兵制。西汉初规定，开始服役的年龄为十七岁，结束年龄为六十岁。汉景帝时，适度放宽始役年龄至二十岁。汉文帝再度放宽，开始服役的年龄为二十三岁，五十六岁即可终止服役。并且明确规定，适龄男子都要为正卒两年，一年在本地服役，为郡国兵；一年赴京都担任卫士，或者开赴前线戍边，担任戍卒。若是不愿前去戍边，可以出钱，由官府雇人代役。服役期满，转为预备兵役，回乡务农耕种，不过，也要随时听候调遣。

郡县征兵制一直延续到汉武帝初期，延续的基础是，国家自耕农户数众多。随着时间的推移，这种状况逐渐有了改变，土地兼并日趋严重，不少自耕农由于难以抵挡天灾人祸，不得不出卖土地。农民沦为佃民，甚至沦为流民。佃民大多还有稳定的住所，流民则不然，居无定址，四处流浪，再采用征兵制已很难实现公平服役。问题在哪里出现，就将制度的改革导向哪里。所以，表面看是汉朝主动进行了兵役改革，其实只是顺势而为。

募兵制就此应运而生。

募兵制的好处，不在于征集固定编户齐民应征，而在于能够征集到流民服役。将流民作为兵源，既补充了兵员，也保证了社会稳定。再后来，募兵制的募集对象扩大到刑徒；再往后，扩大到了内属的少数民族。由于内属的匈奴人很多，这些人从小精于骑马射箭，作战能力很强。募兵制大为缓减了兵源不足的压力。

兵源有了保证，汉军就保持了活力，加之骑兵成为主力，此时，称汉军兵强马壮，毫不过分。

也正因如此，汉武帝才敢连年发兵，才会出现《史记》里的"其明年春"接着"其明年春"。

○
○

发挥军阵的威力

《史记·卫将军骠骑列传》：合骑侯敖为中将军，太仆贺为左将军，翕侯赵信为前将军，卫尉苏建为右将军，郎中令李广为后将军，右内史李沮为强弩将军……

读到《史记》中讲述卫青带领着前将军、后将军、左将军、右将军、中将军以及强弩将军，浩浩荡荡出征匈奴时，我立即想起安作璋、刘德增所著的《汉武帝全传》，书中写道：这里的"中将军""前将军""左将军""右将军""后将军"不仅是官名，且是兵力上的部署，即按前、后、左、右、中，布置兵力，采取的是进攻型的方阵。

进攻型方阵的出现，是汉军针对匈奴分布状况采取的必要进攻策略，也是汉军攻击匈奴时战术提升的表现。其时，匈奴分为三部分：伊稚斜单于居中，统领全族；左贤王居东，率领东部；右贤王居西，率领西部。如果这三部分力量合成一股，那就坚不可摧；只有分兵出击，各个击破才是上策。这种方略在元朔五年的大捷中已经实施，卫青率领的大军，不再像先前那样各自为政，而是分路前进，统一行动。有正面攻击的，有侧面敲击的，还有打击增援之敌的。这种形成一个拳头打击敌人的手法，在军事上称作阵法，相当于我们现在说的协同作战。卫青率领的汉军，已经在发挥军阵的强力作用。

军阵的威力有多大？恩格斯在《骑兵》一文中曾经引用拿破仑对军阵的分析。拿破仑将骑术不精但注重协同作战的法国骑兵与最擅长单兵格斗却不协同作战的骑兵做了一下比较。比较的结果如下：

两个马木留克兵绝对能打赢三个法国兵，一百个法国兵与一百个马木留克兵势均力敌；三百个法国兵大都能战胜三百个马木留克兵，而一千个法国兵则总能打败一千五百个马木留克兵。

结论是，将兵力进行有机的配备，协同作战，则战斗力弱的军队，可以发挥强大的威力，1+1>2；单兵作战，逞匹夫之勇，战斗力仅是1+1=2。

军阵的威力由此可见一斑。

不过，在拿破仑运用军阵的两千年前，卫青就已让军阵发挥神威了。

其实，中国运用军阵并不是起始于汉朝。《孙膑兵法·十阵》中明确列出十阵：方阵、圆阵、疏阵、数阵、锥形阵、雁形阵、钩形阵、玄襄阵、火阵、水阵。这十阵当中最常见的是方阵、圆阵。方阵，是把士兵分为五队，按前、后、中、左、右配置。中央一队叫中军，是指挥机关，主将在此，号曰全军中坚。中军士兵少而精。多数士兵主要配置在外围四队，因而《孙膑兵法·十阵》中记有，"方阵之法，必薄中而厚方"。战斗开始，主将居中便于指挥外围四军。外围既要能打击敌人，又要能保卫中军指挥的安全；而且，外围四军可以灵活调遣互相增援，形成合力。倘要是敌人合围攻击，方阵立即收缩，共同抵御，这就是圆阵——形成了一个同心圆，严密防御敌军，伺机给予打击。

《史记·卫将军骠骑列传》记载：

> 车骑将军青将三万骑，出高阙；卫尉苏建为游击将军，左内史李沮为强弩将军，太仆公孙贺为骑将军，代相李蔡为轻车将军，皆领属车骑将军，俱出朔方……

回味一下这段话，就会发现卫青上一次出征，已经在使用进攻型方阵。自然，这次出击战阵的运用会更为娴熟。怀着必胜的信念，卫青统领大军奋勇前进，旨在找准匈奴主力一决雌雄，打疼他，打怕他，打得他不敢再轻举妄动。出征的时间、战斗的意图非常明确。春天北伐，内地"草色遥看近却无"，塞外"荒凉满目草干枯"，匈奴马瘦人乏，在士气上汉军已占上风。伊稚斜单于闻知卫青出兵，赶紧动员各部参战，并命令右贤王带兵上阵。

右贤王上次与汉军交战，大败，趁夜遁逃，捡回一条小命，痛恨卫青，又害怕卫青。卫青再次率领大军杀来，伊稚斜单于又有命令，他不敢退缩，只好硬着头皮应对。两军对垒，他根本不是对手，很快吃了苦头。恰在此时，伊稚斜发现汉军不止卫青一路，还有多路部队正在形成围攻之势。打得赢就打，打不赢就走，伊稚斜慌忙下令撤退。右贤王早就想逃不敢逃，得到撤退的命令，仓皇带着兵马开溜。

　　敌兵逃窜，汉军追击，落在后头的匈奴小兵都成为刀下鬼。匈奴军队仗着路径熟悉，逃跑起来如风卷沙尘。没能重创匈奴，敌军望风而逃，这潜存着两种可能，一是敌人闻风丧胆，二是敌人欲引诱汉军上钩。再要飞速追击，有冒险之嫌。卫青渴望胜利，更渴望用最小的损失夺取最大的胜利。爱兵如子的卫青下令，停止追击，返回关内。

　　这次出征小胜而归，《史记·卫将军骠骑列传》记载："斩首数千级而还。"

○
○

一战成名冠军侯

　　《史记·卫将军骠骑列传》：是岁也，大将军姊子霍去病年十八，幸，为天子侍中。善骑射，再从大将军，受诏与壮士，为剽姚校尉。

　　"是岁也"，即元朔六年，霍去病似长天霹雳闪现在反击匈奴的战场。正如《史记》所载，"从大将军，受诏与壮士，为剽姚校尉"。由"从大将军"一语判断，就是在卫青率领大军返回关内休整的时段，霍去病出现在了军营之中。

　　卫青返回关内，没有班师回朝——没有灭掉匈奴主力，

·

没有达到这次出征的目的，绝不撤回京都。此时，汉军分别驻扎在定襄、云中、雁门三郡休整。说是休整，何尝不是等待探知匈奴主力动向，以便再度出击，将匈奴一网打尽。果然，仅仅只休整一个月，大军复出定襄，这肯定是捕捉准了匈奴主力的动向。进击，飞速进击；厮杀，勇猛厮杀。厮杀的结果是，"斩首虏万余人"。斩首和俘虏万余人，肯定发生的是一场惊心动魄的大争战。

且说卫青这边鏖战得正紧，那边苏建部和赵信部遇到了劲敌。汉军多次获胜，都赢在长途奔袭、突出奇兵上；若是正面一对一搏斗，汉军未必能占上风。况且本来布好军阵，各部队互相接应能够化解风险，偏偏此时卫青军正与敌交战，无法顾及侧面。苏建只能带兵拼死搏斗，等待援军。赵信大军也与匈奴大军杀得天昏地暗。这场战斗确实是抗击匈奴以来，最为酷烈悲壮的一战。赵信大军被杀得七零八落，非伤即亡，自己也处于团团包围之中，难以逃脱。此刻，苏建倒是逃脱出来，回首身后，跟随的将士寥寥无几，几乎等于全军覆没。如同当年李广那样，苏建只身逃回大营。而赵信眼看大势已去，便投降了。赵信本来就是匈奴人，一低头，复归匈奴。

苏建全军覆没，如何处置？司马迁在《史记·卫将军骠骑列传》中留下生动记载：

右将军苏建尽亡其军，独以身得亡去，自归大将军。大将军问其罪正闳、长史安、议郎周霸等："建当云何?"霸曰:"自大将军出,未尝斩裨将。今建弃军,可斩以明将军之威。"

如果卫青听从周霸等人的建议,苏建马上就会丧命于军中。那么,卫青是如何处置的?

　　大将军曰:"青幸得以肺腑待罪行间,不患无威,而霸说我以明威,甚失臣意。且使臣职虽当斩将,以臣之尊宠而不敢自擅专诛于境外,而具归天子,天子自裁之,于是以见为人臣不敢专权,不亦可乎?"军吏皆曰"善"。遂囚建诣行在所。入塞罢兵。

这段话,写出了卫青忠厚宽仁的高尚人格。苏建归营,周霸说应以军法处斩,以树立卫青的威信。卫青则谦和地说:"即使有权斩将的大臣,也不能因位高受宠,在边地擅权专杀。应该上报天子,由天子裁决。"这样,苏建的性命得以保全。后来,汉武帝只将苏建贬为平民。你道这苏建是何人?是后来出使匈奴,威武不能屈,历尽磨难,滞留十九年才回到汉朝的苏武之父。

　　跨越时空,反观这次战斗,最大的战果不是歼灭多少敌人,而是发现了霍去病这颗新星。时年,霍去病十八岁,已是一个身材魁梧、相貌英俊的青年。由于姨母卫子夫和舅舅卫青的关系,他很早进入羽林军,成为其中的佼佼者。汉武帝看中了这位佼佼者,让他担任侍中,紧随身边,耳

漠南之战示意图

提面命，希望他早堪大任。霍去病不负厚望，在练兵场上刻苦训练，骑射格斗，样样优秀。舅舅将要再次出征，他奏请汉武帝让他和舅舅同行作战。汉武帝不仅同意他出征，还赐予他剽姚校尉的名号，命他率领精选的八百铁骑参战。

霍去病胆识过人，捕捉到匈奴消息后，孤军进击，毫不迟疑。远离大部队数百里了，还在飞速挺进。按照作战常规来看，这样带兵属于大忌——一旦落入敌人的包围圈，就会全军覆没，这简直就是铤而走险。但霍去病偏偏把铤而走险当成战术，而且之后还会多次运用。他率领部众如闪电划破长空，如迅雷炸得敌军不及掩耳。

王吉星、梁星亮所著的《汉武帝全传》对那场闪电般的奇袭进行了一个还原。

霍去病率领精锐骑兵飞速进军，以期寻找匈奴人马给予打击。这日黄昏，奔波千里的他总算看见了匈奴的营帐，远远瞭望，足有万人以上。再看身边，仅有八百铁骑。打还是不打？霍去病当即决定：打！不过，不是贸然攻打，而是静待匈奴将士熟睡再发起攻击。他命令骑兵，下马休息，吃点干粮。二更时分，匈奴大帐已是悄然无声。突然，大鼓猛擂，响声惊天，霍去病铁骑发动了进攻。他率先冲进营帐，一边指挥部众砍杀，一边让人四处点火。熟睡的匈奴士卒惊醒过来，吓得不知所措，乱跑乱撞，撞在汉兵刀下，眨眼成为鬼魂。没遇到丝毫抵抗的霍去病，带着小股人马直扑中军大帐。原来这是伊稚斜单于叔祖父、籍若侯产统帅的押运粮草的大军。籍若侯产被厮杀声吵醒，披衣出帐，大声喊叫"莫要惊慌"。喊声未落，霍去病恰好赶到，手起刀落，人头滚到一边。随即，大帐里跑出两个人来，霍去病一声"抓活的"，士兵一拥而上，把两个人捆绑起来。一审问，这两人一个是匈奴的相国，一个是伊稚斜单于的季父罗姑比。不到一个时辰，战斗结束。霍去病深知自己兵力太少，不敢久待，缓口气便带着铁骑回返。

第一次征战，便斩杀俘虏两千零二十八人，包括匈奴的相国、当户，及单于的大父行籍若侯产和季父罗姑比。霍去病，行，迅如闪电；战，勇如猛虎，至此闻名全军。汉武帝闻知，十分欣慰，封这位风华正茂的将军为冠军侯。

为此，《史记·卫将军骠骑列传》记载：

> 剽姚校尉，与轻勇骑八百直弃大军数百里赴利，斩捕首虏过当。于是天子曰："剽姚校尉去病斩首虏二千二十八级，及相国、当户，斩单于大父行籍若侯产，生捕季父罗姑比，再冠军，以千六百户封去病为冠军侯……"

千锤百炼出精兵

《汉书·张骞李广利传》：骞以校尉从大将军击匈奴，知水草处，军得以不乏，乃封骞为博望侯。

一个有作为的人，总是不愿让光阴闲置，张骞就是这样的一个人。出使匈奴，九死一生，好不容易逃了回来，本该轻轻松松过闲逸日子，哪料他竟然出现在抗击匈奴的战场上了。

张骞上阵带路的时间，《汉书》记载是："是岁，元朔六年也。"也就是说，卫青这次帅大军征战，准备非常充分，除了统领有各路训练有素的大军外，还有张骞这个熟悉匈奴地理的向导。先前每次出征，都是靠投降的匈奴人带路，这次由张骞做向导更加放心。汉武帝任命张骞为校尉，既是重用，也寄予厚望。张骞在战斗中如何发挥作用，史书没有详细记载；但是，从战斗获得胜利的结局可以猜想，他的作用不小。当然，最能证明他作用不凡的是，汉武帝赏封他为博望侯。也可以这样说，一次出征，两人封侯。元朔六年的出征，汉武帝得到两个最爱的将领，一个是博望侯张骞，一个就是冠军侯霍去病。

果有因，因有果。充分的准备才是通往胜利的捷径。

从史料看，"六郡良家子"就是在此时蓬勃兴起的。六郡是指天水、陇西、安定、北地、上郡和西河。南北朝范云有诗句"六郡良家子，慕义轻从军"。将这些地方的良家子弟召集从军，集中训练，应该是汉武帝的一项军事大策。史书载，担任训练的教官，大都是胡人，这是以胡计制胡夷。汉武帝曾经设置七校尉，中垒、长水、步兵、虎贲、射声、越骑和屯骑，有时还增加一个胡骑校尉，因而也称八校尉。八校尉，就有一半是在训练骑兵，屯骑校尉掌管骑士，越骑校尉掌管越骑，长水校尉掌管长水胡骑和宣曲胡骑，胡骑校尉掌管池阳胡骑。骑士、骑兵，一目了然，不必解释，越骑则需要说明一下。有人认为是越人充当骑兵，其实若从"六郡良家子"来看，未必是这样，该当是由最为精于骑射的士兵担当骑兵。再要细说，长水是河名，宣曲和池阳都是地名。长水胡骑、宣曲胡骑与池阳胡骑，都是驻扎在此地的胡骑。

平日练兵流汗，一朝上阵杀敌，能够让匈奴闻风丧胆的彪悍骑兵，就是在汗水里练出来的。

上阵杀敌仅靠速度还不行，还要精通箭术。请注意，射声校尉就是掌管待诏射声士的。射声士，就是精于射箭的高手。待诏射声士，就是练好本领随时准备应召出征的射手。汉武帝还别出心裁，从这些"六郡良家子"中选拔人才，作为侍中，耳提面命，授之机宜。霍去病虽然不属于"六郡良家子"，但他一定刻苦训练于其中，或者作为侍中，深入其中，摸爬滚打，让内在的血性转化为外在的武功。

"汉家剽姚将，驰突匈奴庭"，"虏骑四山合，胡尘千里惊"。霍去病的刚毅、沉着绝不是在茶室坐而论道，闲逸出来的；而是自找苦吃，千锤百炼始成钢的。

○
○

卫氏亲族显赫至极

《汉书·外戚传》：皇后立七年，而男立为太子。

生男无喜，

生女无怒，

独不见卫子夫霸天下！

这是流传长安城的歌谣，司马迁将之收录在了《史记·外戚世家》。不怨民间有这样的歌谣，的确，以母仪天下的皇后卫子夫为代表的卫氏家族，此时已显赫到了极点。卫青征战匈奴功绩卓著，先是被封为关内侯，继而增加食邑，被封为长平侯；而且，三个还在襁褓里的儿子也被封侯，分别是宜春侯、阴安侯、发干侯。就在卫青三个儿子封侯的同时，公孙贺也被封为南窍侯。

公孙贺封侯与卫氏家族有何关系？关系很大。说来很有意思，公孙贺封侯是由于他追随卫青出征匈奴，若不然哪有封侯的可能。最有意思的是，公孙贺还是卫青的姐夫。卫青大姐卫君孺，嫁给了公孙贺。公孙贺资格要比卫青老得多，卫青还在给平阳公主当骑奴拉马拽镫时，人家就是太子舍人了；而且，这个太子就是当上皇帝的刘彻。太子舍人，掌管东宫宿卫，后来还兼管秘书、侍从等事宜。从后来他屡受重用的情况推测，他很早就为刘彻所喜欢。出道早，资格老，官运亨通，卫氏兄弟姐妹还在平阳侯家为奴时，他哪能看上卫君孺，更不会娶她为妻。汉武帝盛宠卫子夫，卫青被提拔，公孙贺这才迎娶了卫君孺。不管如何，公孙贺也成为卫氏亲族中显赫的一员。

卫青家四位侯，加上公孙贺就是五位侯，这已经世所罕见，令人刮目相看。哪知，第六位侯又横空出世——霍去病一战成名，将冠军侯的桂冠戴在了自个儿的头上。

卫氏一门，用民间最流行的话说，简直是红得发了紫，红到了极点！

其实那时还没有红到极点，至元狩元年（前122），那才是红到了极点。诚如《汉书·外戚传》记载："皇后立七年，而男立为太子。"此时，长安流行"生男无喜，生女无怒，独不见卫子夫霸天下"的歌谣，丝毫也不奇怪了。这一年刘据七岁，和他的父皇一样，在这个年龄被立为太子。汉武帝对太子寄予厚望，他为太子精挑细选出的太傅是沛地太守石庆。石庆绝非等闲之辈，其父是誉满朝野的万石君。万石君可不是他的名字，他叫石奋，从侍奉汉高祖起步，节节上升，原因如《史记·万石张叔列传》所载："恭谨无与比。"石奋经汉高祖、汉惠帝、汉文帝、汉景帝四朝，景帝为太子时他还是太子太傅。及至景帝继位，官至九卿。他言传身教，儿子们个个驯行孝谨，长子石建、次子石甲、三子石乙、四子石庆，都官至两千石。汉景帝说："石奋和四个儿子都是两千石，人臣尊宠乃集其门。"赐予他个号：万石君。石庆在这样的家庭氛围熏染出来，自然更是谨守礼仪、恪尽职守，汉武帝才放心让他教诲太子。

这些事都是在情理之中的，在人预料之外的事是，曾经给平阳公主当骑奴的卫青，居然娶了平阳公主为妻。这可真是鱼龙般的变化呀！平阳公主是汉武帝刘彻的姐姐。刘彻娶了卫青的姐姐卫子夫，乃卫青的姐夫；而今，卫青又娶了刘彻的姐姐平阳公主，岂不是成了汉武帝的姐夫？这互为姐夫的事情在历史上恐怕不多见。

这桩婚事的起因不在卫青，卫青当然不会在平阳公主、他曾经的主人身上想入非非。不过，平阳公主却在卫青身上想入非非了。

只怨那个平阳侯曹寿患有麻风病，冷落了年轻的妻子。冷落也罢，他还一命呜呼，撇下妻子独守空房。这妻子要是常人，守空房就守空房，偏偏不是常人，是公主，还是个心气颇高的公主。于是便又嫁给汝阴侯夏侯颇。谁知这夏侯颇虽是名门之后，品行却不端，跟自己父亲的小妾私通，被发现后畏罪自杀了，又把个平阳公主撇在空房之中。从多种史料来看，这平阳公主爱动脑，爱动嘴，为人处事都很优秀，怎肯寂寞终生？她决定再嫁。嫁给谁？她招来左右问询可为夫婿者：

"现在各位列侯，何人最贤？"

左右异口同声地答："卫青。"

平阳公主又问："他是我家骑奴，曾跨马随我出入，如何可以？"

左右又答："今非昔比。卫青身为大将军，姐为皇后，子皆封侯，除了皇上外，谁人有他尊贵？"

或许，平阳公主闻此言，眼前早就现出卫青身姿，那时她高乘一骑，卫青拉马拽镫，马萧萧，人奔跑，英俊姿态，惹人注目。只是，那会儿他是个奴才，哪会在他身上打主意。此一时彼一时，如今奴才不是奴才了，也就不能再当奴才看了。公主心里豁然洞开，只是苦于无人牵线撮合。思来想去，不如去求卫皇后说媒，毕竟那卫子夫是她送到宫中去的嘛！记得数年前那个春色迷离的夜晚，她送卫子夫入宫，曾经说过："即贵，无相忘。"

平阳公主"淡妆浓抹"，着意打扮了一番，来见皇后卫子夫。卫皇后一见原先的主子这般衣着，已明白了三分，只是待平阳公主点明要嫁给自家小弟，少不了有些惊诧。定神片刻，满口应允，到底还念及旧情，"即贵，无相忘"。

那么，这个时候的卫青有没有妻子呢？史书上很少有记载大臣妻子情况的，但从卫青征战归来，汉武帝封卫青的三个儿子为侯可以看出，卫青肯定身边已有女人，然而，一贯委屈求全的卫青果然应允了。

卫皇后将之告诉汉武帝。汉武帝"乃诏卫青大将军尚平阳公主焉"。

不说卫青、平阳公主成婚之日，花天酒地，仪礼隆盛，只说卫氏亲族的显赫达到了前所未有的高度。

○
○

汲黯不拜卫青

《史记·汲郑列传》：大将军青既益尊，姊为皇后，然黯与亢礼。

卫氏亲族声名显赫，达到了前所未有的高度；卫青同样声名显赫，达到了前所未有的高度。高高在上的卫青是何做派？他的做派总让我想起一个人，战国时期赵国的相国蔺相如。

蔺相如出道前只是宦官缪贤的舍人，也就是寄居主人门下的闲散人员。赵惠文王听说缪贤得到和氏璧就向他讨要，缪贤不想给，故意拖延。赵惠文王等不及了，找了个机会闯进他的家中，搜走了和氏璧。这一来，缪贤犯下欺君之罪，危在旦夕。危急关头，缪贤要投奔燕国避难，蔺相如阻止了他。理由是，当初燕王对你好，因为你是赵国使臣，赵国强，燕国弱，待你好，是为了讨好赵惠文王；如今你前往燕国避难，燕王说不定会为了讨好赵惠文王，把你绑束后送回赵国。蔺相如一点拨，缪贤恍然大悟。那如何躲过这一大难？按照蔺相如的办法，他躺在铡刀上前去请罪，得到了赵惠文王的谅解。

缪贤的麻烦化解了，赵惠文王的麻烦降临了。秦昭襄王听说赵惠文王得到了和氏璧，立即派人索要。赵惠文王不想给，又惹不起秦昭襄王，怎么办？后来的故事大家就都熟悉了，蔺相如被略加包装，披挂上使臣的外衣，站到了秦昭襄王的面前。之后就有了成语"完璧归赵"和典故"渑池之会"。蔺相如两次面对强横的秦昭襄王维护了国家的尊严，于是一跃而成为赵国的相国。这一下得罪了战功赫赫的大将廉颇——自己为国家身经百战，为啥地位还矮于一个要三寸之舌的人？他扬言要给蔺相如难看。

蔺相如闻知，有意回避与廉颇相遇。可躲是躲不过的。一天他外出，远远看见了骑着高头大马的廉颇，匆忙掉转车子从一条小巷穿过。他门下的舍人，都觉得太丢人，要离他而去。蔺相如问："廉将军厉害，还是秦王厉害？"舍人答："当然是秦王厉害。"他再问："我不怕秦王为何怕廉将军？当今赵国太平，是因为外部有廉将军守卫，内部有我辅佐国君。如果我俩内斗起来，秦军就会趁乱打来。"舍人恍然大悟，个个对蔺相如佩服得五体投地。

蔺相如身上具备了中国文人的优秀品质，他能将个人荣辱置之度外，将国家安危放在首位。为了国家利益，能屈能伸。伸则刚强无比，屈则忍气吞声。我以为卫青具有蔺相如一样的品质。最具代表性的事例是，卫青不论他取得的功绩多大、朝堂上的地位多高，对直臣汲黯始终尊崇如一。

要说汲黯这人，可与后世唐朝的魏徵媲美，都能犯颜直谏。应该说，魏徵就是汲黯的克隆版本。《史记·汲郑列传》记载：

大将军青侍中，上踞厕而视之。丞相弘燕见，上或时不冠。至如黯见，上不冠不见也。上尝坐武帐中，黯前奏事，上不冠，望见黯，避帐中，使人可其奏。其见敬礼如此。

翻译过来大意是：大将军卫青入宫，皇上在如厕时便接见了他。丞相公孙弘平时有事求见，皇上或连帽子也不戴。至于汲黯晋见，皇上不戴好帽子是不会接见他的。一次，汉武帝没戴皇冠坐在武帐中，适逢汲黯前来启奏公事，汉武帝望见他就连忙起身躲避，派近侍代为批准他的奏议。看看，汲黯竟被汉武帝尊敬礼遇到了这种程度。

汉武帝尊重汲黯，即是尊重贤士，尊重敢于提出不同意见的大臣。在对匈政策上，汲黯是反对发兵主张和亲的。汉武帝虽然没有采纳他的意见，但是对他却一如既往地尊重。卫青屡立战功，官至大将军，一家四位侯，每逢上下朝，凡是见到他的官吏都会行跪拜大礼。唯有汲黯还像先前那样，见面拱手作揖。卫青如何对待这位直臣？《史记·汲郑列传》记载：

大将军青既益尊，姊为皇后，然黯与亢礼。人或说黯曰："自天子欲群臣下大将军，大将军尊重益贵，君不可以不拜。"黯曰："夫以大将军有揖客，反不重邪？"大将军闻，愈贤黯，数请问国家朝廷所疑，遇黯过于平生。

这是个有情节的故事。汲黯不拜卫青，有人劝他：卫青权高势大，你不可以不拜，何必自找麻烦。汲黯却说，因为大将军有拱手行礼的客人，就反倒使他不受敬重了吗？卫青闻知汲黯之言，更为佩服这位老臣，和他相处更好，多次前往府中请教军国大事，看待他胜过平素所结交的人。

不计较个人名利，尊重直臣，向他们讨教治国领兵大策，卫青犹如蔺相如再世。

○
○

霍去病率兵出陇西

《史记·卫将军骠骑列传》：元狩二年春，以冠军侯去病为骠骑将军，将万骑出陇西。

阅读对匈奴作战的那段历史，情绪如同江水，波澜起伏，时高时低。看到卫青大军战胜敌人，以为匈奴会畏惧，从此龟缩不出，汉朝边地民众可以安居乐业。然而，翻阅《资治通鉴》，在元狩元年条目下看到："匈奴万人入上谷，杀数百人。"这让我感到，先前的胜利只能是重创匈奴。

重创匈奴，只算是打疼了匈奴，并没有打怕匈奴。匈奴随时会大发淫威，烧杀抢掠，而且更加狡诈，想方设法避开汉军打击。此时，投降匈奴的赵信成为伊稚斜单于的心腹。如前所述，赵信本是匈奴人，在汉数年，熟知地貌地形、风土人情。这不可怕，可怕的是他带兵多次出征，熟悉汉军的战略战术。他的投降对汉军是很大的威胁。伊稚斜单于也清醒地看到了这点，便把赵信视为宝贝。他赏封赵信为自次王，官职仅次于单于，可以说是一人之下、万人之上。这待遇已经够高了，还怕无法收买到赵信的一颗真心，一咬牙便把自个儿的姐姐指配给赵信。得到伊稚斜单于罕见的厚爱，赵信哪能不死心塌地为匈奴出谋划策？这一来，大将军卫青指挥作战，可能会遇到前所未有的困难。

毫无疑问，赵信的投降延迟了打击匈奴的进程，这是显而易见的。其中潜存的危机，会在李陵投降时再度凸显。先前读历史看到李陵兵败投降，很不理解汉武帝为何怒火中烧，要将李陵灭族；而且，连替李陵辩解的司马迁也不放过，要将其按律处斩。想当初李广、公孙敖、苏建，都曾获罪当斩，可是带兵打仗的将军，不缺钱财，能够花钱赎身。可怜的史官司马迁，经济拮据，只能遭受宫刑，苟且偷生。但偏偏是这个苟且偷生的人，让那些随时光远去的生命，仍然鲜活在《史记》的字里行间。

这话有点扯远了，返回来说赵信。斯时他献给伊稚斜单于的方略是北撤漠北，保存匈奴实力。这确实给汉朝出了个难题。匈奴千里偷袭，如狂风卷着沙尘滚滚而来，抢掠得手，仍如狂风卷着沙尘滚滚而去。汉军出击，路途遥远，若是人困马乏，必然落入虎口，正好中了赵信的奸计。头疼，消灭北部匈奴主力成为令人头疼的难题！

汉武帝如何正视这令人头疼的难题？

大将军卫青如何破解这令人头疼的难题？

《史记·卫将军骠骑列传》载，"元狩二年春，以冠军侯去病为骠骑将军，将万骑出陇西"。历史的考卷上，总算出现了醒目的答案。汉武帝与卫青看到匈奴北撤，河西一带缺少援兵，从而找到了出兵进击的最佳时机。河西指的是今甘肃、青海两省黄河以西，及河西走廊与湟水流域一带，因其位于黄河以西，自古称为河西。河西走廊是蒙古高原和青海高原之间的一条交通要道。祁连山、合黎山南北并峙，中间留有平川，形成一道天然的走廊，连接着通往西域的道路。

长期以来，这条重要通道被匈奴人控制着。占据这个地区的是浑邪王和休屠王，他们分别控制着西域的各个民族。他们的势力向南扩展，和羌人联起手来，更为强大，对汉朝构成了威胁。汉武帝把战略眼光盯在这里，起初，仅仅是为了解除匈奴对汉朝的威胁；然而，不曾想威胁解除后，这里会成为丝绸之路。

如何打赢这场战役，汉武帝肯定和卫青做过认真商讨。卫青未必不是想像以往那样，立即准备披挂上马，冲锋陷阵。汉武帝却另有考虑，他将希望的目光投向霍去病。这便有了《史记·卫将军骠骑列传》记载的，"元狩二年春，以冠军侯去病为骠骑将军，将万骑出陇西"。骠骑将军这军职，隋朝、唐朝以及宋朝都有，最早却起始于汉朝，而且就是汉武帝为即将出征的冠军侯霍去病新设立的。可见，汉武帝对这位一战成名的军事新星，寄予了多么大的希望。

骠骑将军霍去病，率领精锐的骑兵一万余人，从陇西出塞，准备夺取河西。消息传出，惊动了朝中大臣，他们既为皇上担忧，也为霍去病捏一把汗，无不暗叹此战风险太大。首先，霍去病年仅二十岁，前番出战，虽然大获全胜，但那只是全局中的一个局部。让他率领一支精锐部队，勇猛冲杀尚可；总领全局，统帅大军，他能运筹自如吗？再者，大将军卫青威名卓著，出击匈奴时已有六位将军辅佐，率领大军有时多达十万之众；而今霍去病仅带一万将士，兵力不足，哪里有取胜的可能？

汉武帝却成竹在胸。老臣们的议论不乏道理，但是，不免有些思想保守。战争就是冒险，不担风险如何取胜？霍去病的战法是孤军深入、迅猛击敌，倘队伍过于庞大，会影响其行进的速度，反而成为拖累。同时，匈奴屡受重创，作战信心不足，这时派谨慎的老将出战，反不如让少年气盛的霍去病上阵更易建立奇功。由此可见，这汉武帝钟爱霍去病是真，但更为重要的是，他能知人善任。若非如此，以霍去病这样的年龄要统率大军实在难有机会。

霍去病能不能再创佳绩，再奏凯歌？让我们拭目以待。

○
○

发射弩箭助虎威

《汉书·卫青霍去病传》：去病侯三岁，元狩二年春为票骑将军，将万骑出陇西，有功。

霍去病出征陇西，"有功"，如何有功？《汉书·卫青霍去病传》记载：

上曰："票骑将军率戎士隃乌盭，讨遬濮，涉狐奴，历五王国，辎重人众摄詟者弗取，几获单于子。转战六日，过焉支山千有余里，合短兵，鏖皋兰下，杀折兰王，斩卢侯王，锐悍者诛，全甲获醜，执浑邪王子及相国、都尉，捷首虏八千九百六十级，收休屠祭天金人，师率减什七，益封去病二千二百户。"

这是借助汉武帝的话来表彰霍去病的战法、战绩。由此可知，霍去病一路顺风，势如破竹。他率领大军飞速挺进，越过乌盭山，攻破遬濮部，渡过孤奴河，扫荡了五个匈奴部落。他们转战六天，越过焉支山，深入千余里，短兵利刃，直插匈奴盘踞的腹地，杀得敌人一败涂地。这一次，霍去病杀死了匈奴折兰王和卢胡王，生擒了浑邪王的王子和相国、都尉等，令匈奴闻风丧胆。仓皇逃窜的匈奴人，连自己祭天的金人都不要了，只顾逃命。霍去病部将之缴获，带回汉朝。汉武帝好不兴奋，加封他食邑"二千二百户"。

这一仗打出了汉朝的国威！

这一仗打出了霍去病的虎威！

那些曾经为霍去病率领大军出征而提心吊胆的大臣，对霍去病也刮目相看：后生可畏，刚刚年满二十岁的小将，不仅能冲锋陷阵，还能统帅大军。更让他们佩服的是，汉武帝能知人善任，敢于打破常规——把如此重大的战役交给初出茅庐的小将去打，而且打得如此漂亮，如此干净利落！

陇西突袭战，看不到卫青的身影，我却固执地认为，霍去病的胜利离不开大将军的统一筹谋：在总体战略部署上，抓住匈奴主力北撤的机遇，飞速进击歼敌；在具体战术对策上，赞成霍去病发挥其神速进兵、攻其不备的特长。

还有一点需要提及，这点是从考古资料中得来的。在额济纳河流域曾发现九处汉朝烽燧遗址——巴丹吉林沙漠与腾格里沙漠连接线的东沿，间隔四公里就有一处。从中出土了万余支简牍，名为"居延汉简"。这些汉简记载有汉朝烽燧哨所的兵器数量，其中百分之六十是弓弩。

弓弩之弓，起源很早，在我国古代神话《后羿射日》中就可以看见弓的身影。山西峙峪遗址也曾出土两万年前的箭镞。从弓到弩，是一次武器的进步。春秋时期就有"弩生于弓，弓生于弹"的说法。在反击匈奴的战役中，汉军或许已经在大量使用弩，弩成为战胜匈奴的重要武器。匈奴人善射，主要使用的是弓。弩的制作技术比弓复杂，机械装置精巧，游牧民族生产力相对低下，无法制作。抓住匈奴的弱点，发挥自己的强项，在匈奴士兵还没进入弓箭的射程时，汉军的弩箭早已使高昂在马上的匈奴骑兵中箭倒地。密集的飞箭，像暴风中的冰雹打得匈奴士卒猝不及防，无法近身，只能纷纷落马，败下阵去。

很明显，重视使用杀伤力极强的弩，使汉军增强了战斗力。迅捷奋进的霍去病将士，有了这种装备，如虎添翼，驰骋陇西，奏响了新的凯歌！

第八章

凿空西域路

谁来凿空西域通道

《史记·卫将军骠骑列传》：骠骑将军逾居延至祁连山，捕首虏甚多。

《史记·大宛列传》载：

> 其后岁余，骞所遣使通大夏之属者皆颇与其人俱来，于是西北国始通于汉矣。然张骞凿空，其后使往者皆称博望侯，以为质于外国，外国由此信之。

我摘录司马迁笔下的这段文字，是觉得有两个字值得商榷："凿空"。我从不愿意挑剔别人的毛病，更不愿意挑剔史圣的瑕疵，何况在他人眼里这未必就是瑕疵。给我壮胆的是《辞源》与《辞海》，其中对"凿空"的解释都有一个共同意思：开通道路。两大辞书所引的古典例证都是前文中的"于是西北国始通于汉矣。然张骞凿空"。《辞源》举出集解："凿，开；空，通也。骞开通西域道。"《辞海》则引用司马贞《史记索隐》："案谓西域险阨，本无道路，今凿空而通之也。"这就等于明确指出，张骞凿空通往西域各国的道路。到底是解释出了偏差,还是司马迁遣词造句出现疏忽,不必深究。我的目光已经聚焦在霍去病身上,请看,他已率领大军再次出征匈奴。我很想用几句诗来歌吟当时的情景,恰巧南朝诗人孔稚珪的诗跳将出来,干脆抄录在此以飨诸君:

> 骥子跼且鸣,铁阵与云平。
> 汉家剽姚将,驰突匈奴庭。
> 少年斗猛气,怒发为君征。
> 雄戟摩白日,长剑断流星。
> 早出飞狐塞,晚泊楼烦城。
> 虏骑四山合,胡尘千里惊。
> 嘶笳振地响,吹角沸天声。
> 左碎呼韩阵,右破休屠兵。
> 横行绝漠表,饮马瀚海清。
> 陇树枯无色,沙草不常青。
> 勒石燕然道,凯归长安亭。
> 县官知我健,四海谁不倾。
> 但使强胡灭,何须甲第成。
> 当今丈夫志,独为上古英。

这诗犹如分镜头脚本,读起来画面一幅幅闪过,让人似看到霍去病飞骑疾进、大破匈奴的英姿。

"汉家剽姚将,驰突匈奴庭。"元狩二年春天,霍去病出征匈奴。他率领万名将士，深入千余里，杀得敌人一败涂地，仓皇逃窜。仓皇逃窜未能永绝后患，时至夏天，霍去病复又率兵出击。出击速度如何？"驰突"一词就是最好的回答。飞速奔驰，出其不意，突然就出现在匈奴人马面前。"早出飞狐塞，晚泊楼烦城"，更是对飞速行军的最好说明。至于霍去病大军是不是经由"飞狐塞""楼烦城"，诗人不是史学家，不必计较。

"嘶筋振地响，吹角沸天声。"声势是何等浩大？"振地响""沸天声"，真是惊天动地。需要与诗人商榷的是，吹角还有点声威，嘶筋就不一定。那么能振奋大军士气的是什么乐器？威风锣鼓！我相信，无论是霍去病，还是他的舅舅卫青，用以鼓舞军心的就是那惊天地、泣鬼神的威风锣鼓。威风锣鼓炸响，一腔热血猛然波动，激奋着每个壮士，"冲呀！杀呀！"喊声排山倒海、铺天盖地，朝匈奴人马压去，哪有不胜之理！

"左碎呼韩阵，右破休屠兵。"汉军如天兵天将，凶猛扑来，匈奴人马哪里是对手，顷刻间军阵瓦解，其标志是"左碎呼韩阵，右破休屠兵"。"右破休屠兵"，大致符合激战的盛况。至于"左碎呼韩阵"，那就有点错位了。呼韩邪确实是匈奴单于，不过是在霍去病征战五六十年以后，才出现在匈奴王廷的。当然，诗人在这里，只是借助他的名字来显示霍去病打击匈奴那勇不可当的气势。

勇不可当。

大获全胜。

胜利的状况记载在《史记·卫将军骠骑列传》：

> 天子曰："骠骑将军逾居延，遂过小月氏，攻祁连山，得酋涂王，以众降者二千五百人，斩首虏三万二百级，获五王，五王母，单于阏氏、王子五十九人，相国、将军、当户、都尉六十三人，师大率减什三，益封去病五千户。赐校尉从至小月氏爵左庶长。鹰击司马破奴再从骠骑将军斩遬濮王，捕稽沮王，千骑将得王、王母各一人，王子以下四十一人，捕虏三千三百三十人，前行捕虏千四百人，以千五百户封破奴为从骠侯。校尉句王高不识，从骠骑将军捕呼于屠王王子以下十一人，捕虏千七百六十八人，以千一百户封不识为宜冠侯。校尉仆多有功，封为辉渠侯。"

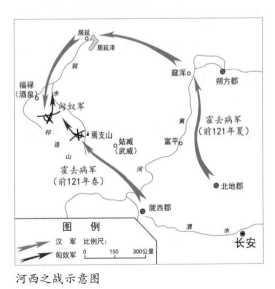

河西之战示意图

捧读这段文字，可以读出汉武帝的又一次兴奋，兴奋地为霍去病增加食邑五千户，兴奋地赏封鹰击司马破奴为从骠侯，兴奋地赏封校尉句王高不识为宜冠侯，兴奋地赏封校尉仆多为辉渠侯。

且不说霍去病自己有多么荣耀，一次战斗，追随的将官就有三人封侯，这更是无上荣耀。

再说匈奴，连续两次遭受重创，伤亡惨重，被迫退出祁连山及其支脉焉支山。霍去病辞世后，其陵墓仿照祁连山的形状建造，据说原因就在于此。暂且不说后事，只说匈奴连吃败仗，无比哀伤，他们为此而悲歌：

　　失我焉支山，
　　令我妇女无颜色。
　　失我祁连山，
　　使我六畜不蕃息。

听听这歌谣，匈奴人多么悲伤：失掉祁连山，放牧没有了最好的草场；失掉焉支山，我们放牧困难，生活贫困，妇女们因此都没有了好的容颜。

再回到本章的开头，凿空西域路的，我以为不是张骞，而是霍去病，是他带着将士们浴血奋战，开凿出坦途的。

○
○

"逾居延"的智慧

《史记·卫将军骠骑列传》：天子曰："骠骑将军逾居延，遂过小月氏，攻祁连山……"

同样是《史记·卫将军骠骑列传》，在记载这场战役上，汉武帝所言与前面有个小小不同，即在"逾居延至祁连山"之间增加了一个"遂过小月氏"。我特别看重这句"遂过小月氏"，短短五个字却足以说明霍去病作战有勇有谋，他不像是普通人认识的那样，仅凭一股狠劲、冲劲，打敌人一个措手不及。狠劲、冲劲是霍去病作战的外在特点，他确实是以速度取胜，准确地说，是凭借比匈奴人马还要快得多的速度取胜。不过，这只是一个方面，仅靠猛冲猛打，缺少智慧计谋，只可偶尔得胜，要每战必胜就不可能了。而霍去病是战无不胜、攻无不克的常胜将军呀！"遂过小月氏"，不动声色地将霍去病工于心计的一面展露了出来。

古往今来，无数文人雅士都在探求和捕捉史料中的信息，试图再现当年霍去病连续大败匈奴的神勇战法，我以为巴昆齐所著的《骠骑将军霍去病》一书，对"逾居延"的破解比较符合情理。居延，即指居延海，汉朝称之为居延泽，源头为祁连山深处的黑河。流经八百公里后进入巴丹吉林沙漠西北边沿的洼地，形成两个大湖泊，这便是居延海。巴昆齐在《骠骑将军霍去病》一书中，加大了霍去病军通过居延泽的笔墨容量。霍去病军到达居延泽边，很明显，要是绕行，距离太长，影响速度；渡过去是直线距离，当然可以节省时间。但是，要渡过去并不容易。书中写道，居延泽是一个鬼湖，白天风平浪静，却不能渡过。那是因为湖鬼和人不同，人在晚上睡觉，鬼在白天睡觉。谁要是渡湖打搅他的睡眠，他必然会大发雷霆之怒，那时波浪滔天，肯定会翻船。那就晚上过吧。可晚上也不安全，常常夜里风紧浪高，船行湖中，如树叶飘摇，十船就有九船翻。白天不能过，夜晚不安全，难道只能绕行居延泽？绕行肯定不是霍去病的做派，他要的是风驰电掣，要的是出其不意，要的是攻其不备。他能安全渡过吗？

其实，不必担忧，霍去病如果了解到居延泽的怪异，就等于认识了其规律。认识规律，靠的当然不是住下来细致观察，而是依靠当地熟悉情况的牧民。当地熟悉情况的应该是匈奴牧民，难道他们能告给汉军实情？不会。但霍去病的精明正体现在这里。月氏被匈奴打败后，分化为大月氏和小月氏，大月氏远走异地，小月氏留了下来，在战乱中，一些月氏族人流散于居延泽边，就是这些人，告给了霍去病居延泽的秘密——唯一可以摆渡的时间是傍晚至半夜，这个时段也有风浪，但相对要小得多。即使在此时渡湖，摆渡时也要小心谨慎，不要冲撞鬼怪，下水前必须敬祀三牲。

霍去病遵照办理，大军顺利通过了居延泽。

我不相信有鬼怪把持居延泽兴风作浪，我却相信天气条件影响着居延泽，或风平浪静，或风狂浪高，有一定规律。只有摸准规律，才能顺势而为，平安摆渡过去。霍去病惯于疾速行军，飞快抵达，却并不冒进，他是把急行军建立在可靠的基础上。因而，我认为霍去病"逾居延"，很能见出他的智慧。

"逾居延"，是这次霍去病完胜匈奴的一个关键。

唐开元二十五年（737），时任监察御史的唐代著名诗人王维，经过居延时，曾留下诗作《使至塞上》：

> 单车欲问边，属国过居延。
>
> 征蓬出汉塞，归雁入胡天。
>
> 大漠孤烟直，长河落日圆。
>
> 萧关逢候骑，都护在燕然。

诗中的"居延"就是霍去病渡过的那个神秘莫测的居延泽。

○
○

张骞、李广吃败仗

《史记·卫将军骠骑列传》：博望侯张骞、郎中令李广俱出右北平……

血与火的战争锤炼着鏖战在前线的卫青、霍去病。

血与火的战争也锤炼着在长安运筹帷幄的汉武帝。

鏖战，霍去病率兵"逾居延，遂过小月氏，攻祁连山"时，在鏖战。北面也在鏖战，"博望侯张骞、郎中令李广俱出右北平"。可以看出，汉武帝的部署意在牵制匈奴主力、分散匈奴兵力，不是声东击西，而是声东北击西面。如果只是霍去病一路大军出征，那匈奴伊稚斜单于很可能调集精兵强将合围攻击，战争的胜算会微乎其微。确保胜利才是目的，确保的措施是张骞和李广两员大将同时出动，吸引、牵制匈奴主力。

霍去病千里奔驰，大获全胜，那么张骞和李广呢？此二位的战况却非常令人扫兴。

让张骞带兵出征，是因为他熟悉匈奴地形，前次卫青大胜匈奴，有他的带路之功。汉武帝对他寄予厚望，派他率兵一万，从右北平进发。同时出兵的还有率兵四千人的李广。老将军再次出征，这真是壮心不已，令人钦佩！可惜，战斗的结果与出兵前的期望大相径庭。匈奴左贤王得知汉军出征，率领四万骑兵火速赶来。不知张骞与李广如何分兵行进，匈奴大军没有遇到张骞率领的大部队，偏偏遇到李广率领的小部队。区区四千将士，被匈奴四万骑兵包围在当中，打不胜，走不脱。危急时刻，李广神色不变，命令其子李敢带领数十骑去冲杀敌人。李敢年轻有为、胆识过人，挥舞长枪，跃马上前，杀开一条血路，在敌阵中左冲右突，然后再返身杀回，来到父亲跟前，告给将士们，"匈奴也没有那么厉害"。汉军见状，胆量陡增。李广将战骑摆为圆阵，与敌奋力搏斗。匈奴无法靠近，便射箭攻击。箭如雨下，汉军死伤过半。李广率领士兵，奋力还击，可惜箭快用尽。李广要士兵"持满毋发"，自己则挽弓射击，匈奴几个裨将应声倒下，吓得匈奴人马锐气大减。就这样，两军相持了一天一夜。然而，匈奴骑兵实在太多，杀死一批，又涌来一批，汉军根本无法冲出包围圈。还算侥幸，张骞大军第二天赶到了。看见汉军援兵赶来，疲惫的匈奴人马不敢再战，草草收场，退兵北去。张骞救出李广，同步南归。

《史记·李将军列传》记载：

> 后二岁，广以郎中令将四千骑出右北平，博望侯张骞将万骑与广俱，异道。行可数百里，匈奴左贤王将四万骑围广，广军士皆恐，广乃使其子敢往驰之。敢独与数十骑驰，直贯胡骑，出其左右而还，告广曰："胡虏易与耳。"军士乃安。广为圜陈外向，胡急击之，矢下如雨。汉兵死者过半，汉矢且尽……

战斗失败了。张骞延期，贻误军机，应该处斩，缴纳赎金后，贬为平民。李广功过相抵，不奖不罚。真不知道该如何评价李广，为何英勇敢战的老将，总是以失败而告终？

○
○

霍去病的家国情怀

放下李广和张骞的失利不说，霍去病的出征获胜被誉为"河西大捷"。这大捷几千年后，仍为人称道："马踏匈奴猛少年，奔袭千里过居延"，多么威武，多么神速；"冲关破阵通西域，畅行无阻过祁连"，功绩显赫，功绩无量。后人都如此赞美霍去病，赞美"河西大捷"，当时汉朝收到捷报后欢欣鼓舞的场景便可想而知了。如今甘肃省有个名扬神州的地方——酒泉。酒泉名声远播，因为是卫星发射基地。每发射一颗卫星，国人就会随着酒泉这个名字精神一振。

有谁知道酒泉这个名字的来历？若是前往酒泉游览，妇孺都会骄傲地告诉你，来自霍去病"河西大捷"。

霍去病重创匈奴，捷报传回朝廷，汉武帝大喜过望，立即派出使臣前去劳军。使臣带着汉武帝赐给霍去病的御酒一坛。霍去病看看身边威武雄壮的大军，喜不自禁，笑道："河西大捷全赖将士浴血奋战，去病安敢独享御酒。"他没有独饮这一坛御酒，而是要和将士同饮。酒少，兵多，如何饮？霍去病环视四周，看见一眼亮汪汪的清泉，泉水潺潺流出，蜿蜒成一条溪流。霍去病当即下令，将御酒倒入清泉，与三军将士一起伏在溪流边饮酒。一时间欢声雷动，饮到美酒的将士无不高兴得手舞足蹈。

从此，这个无名小泉，就有了个响亮的名字——酒泉。

之后，酒泉又由泉名引申为地名。酒泉，记录下一代英杰的不朽功绩。

赐予御酒，也不能完全表达汉武帝欣悦的心情，或许出于对霍去病的厚爱，或许是为着鼓舞更多的将士建功立业，他居然下令为霍去病建造府邸。于是，《史记·卫将军骠骑列传》中还留下这样的记载："天子为治第，令骠骑视之，对曰：'匈奴未灭，无以家为也。'"时至今日，两千年过去了，霍去病这"匈奴未灭，无以家为也"的豪言，仍常常在耳边响起，这句话也成为无私报效祖国的名言。

建造府邸这件事的具体时间史书上并无记载，但我认为这事就发生在"河西大捷"，霍去病凯歌还朝之后。时间准确与否其实无关紧要，要紧的是霍去病有这样的情怀，有这样的志向。

是的，"匈奴未灭，无以家为也"，西域的匈奴还没有扫清，北部的匈奴还虎视眈眈，伺机侵犯。因而，汉武帝嘱咐霍去病学习兵法。《史记·卫将军骠骑列传》写道，"天子尝欲教之孙吴兵法"。为什么汉武帝要霍去病学习兵法？是不是汉武帝看到霍去病不重视兵法，所以才提醒他？然而，记录在《史记·卫将军骠骑列传》中霍去病的回答是：

对曰："顾方略何如耳，不至学古兵法。"

"看具体情况而用兵，何必拘泥于古人的兵法。"霍去病这回答，显然出乎武帝意料。从此话既能看出霍去病善战、善变，也能看出他年轻气盛——未必没有头脑膨胀的嫌疑。然而，瑕不掩瑜，不必过多苛求一个血气方刚的愤青，至少汉武帝有这样的胸怀，一如既往地信任他。

○
○

迎降匈奴浑邪王

《史记·匈奴列传》：浑邪王与休屠王恐，谋降汉，汉使骠骑将军往迎之。

河西一带的匈奴，连续受到霍去病两次致命的打击，损失惨重，元气大伤。守卫这里的浑邪王和休屠王遭受重创，本以为能得到伊稚斜单于的安抚。岂料，伊稚斜单于闻知祁连山也被汉军占领，愤怒无比，非但不好言宽慰，还要追究责任，要把战败的浑邪王和休屠王拿来治罪。《汉书·匈奴传》记载："单于怒浑邪王、休屠王居西方为汉所杀虏数万人，欲召诛之。"二王得到消息，知道性命危在旦夕，如坐针毡。浑邪王和休屠王私下商议，与其这样去死，还不如投降汉朝。

是年秋天，二王议定后便马上派人前往汉朝联系投降事宜。

汉朝大行，也就是掌管王朝对属国之交往等事务的官员李息，正好领兵在陇西黄河沿岸修城，接到匈奴浑邪王的密报，知道事关重大，连夜派出骑士，飞马回京禀告汉武帝。汉武帝看到密报，欣喜异常，若是浑邪王和休屠王投诚，河西就能纳入大汉版图，从此，中原至西域畅通无阻。转念一想，情况复杂，不可轻举妄动。假若二王投降有诈，必然要引发一场厮杀血战。这真是个烫手的山芋：不去迎降会失去千载难逢的良机，要去迎降必然冒着天大的风险。事关重大，谁来横刀立马？

思来想去，只有霍去病是最佳人选。霍去病智勇双全、机敏过人，遇事应变能力极强，迎降之事非他莫属。元狩二年秋，霍去病领命，毫不迟疑，率领人马飞速赶赴边关。

然而，京都长安距离陇西千里迢迢，霍去病行动再快，也需要时间呀！

军情瞬息万变。果然，在霍去病挥师西进的途中，事情又起了波澜。

这一日，休屠王闯进了浑邪王的大帐，提出还是不投降为妙，打算待汉朝使臣前来，便见机行事，以期立功赎罪，取得伊稚斜单于的谅解。浑邪王见他出尔反尔，火气顿生，却没有发火，强压怒气，一言不发。

是夜，浑邪王带领精兵百人，来到休屠王营中。守营的兵士刚要进去传报，浑邪王已率领部卒闯入内帐。休屠王睡意蒙眬中被结果了性命。随即，浑邪王将休屠王部众一并纳入本部，并宣布胆敢违令者处斩。在寒光闪闪的利刃下，休屠王部众没有一人反抗，全都归顺了浑邪王。

霍去病率军昼夜兼程，很快渡过黄河，到达匈奴浑邪王营前。浑邪王闻知汉军前来，带领人马列队等候。两军分列东西，遥相对应，气氛森严。此时此刻，其实两队人马都在揣测对方是否会生变，这阵势用一发千钧形容毫不过分——只要一方有变，立即面临一场恶战，眨眼间便会血流成河。霍去病临危不惧，镇定自若，将士们见主帅从容不迫，胆气顿增，整齐列队，坦然待命。匈奴士兵见汉军如此整肃，不免胆怯。本来休屠王手下不少人就不愿意投降，此刻见到汉军，又有人暗地煽动起事，匈奴阵营开始骚动了。

对面的霍去病看得清清楚楚，他不容事态扩大，毫不犹豫拨马奔入匈奴营中。浑邪王见霍去病前来，匆忙上前迎接。两人当即商定，马上斩杀不降者，以稳定人心。一声令下，两军共同行动，转眼工夫，图谋起事的八千逆徒人头落地。很难想象，斩杀逆徒是如何行动的，如何速决的。毕竟是八千之众，快刀斩乱麻也需要时间，何况是斩杀多次参战的士兵。

斩杀了逆徒，匈奴阵营方才安定下来。霍去病当即决定，浑邪王乘驿车先去拜见汉武帝，自己则率领四万降兵渡黄河而还。渡过黄河，逐日推进，直至全部平安抵达长安。迎降大队归来堪称浩浩荡荡，霍去病率领着几万人，前不见首，后不见尾，盛况空前。

汉武帝在长安举行了隆重而热烈的庆祝大会，设宴欢迎匈奴部众，并重加赏赐。《资治通鉴》记载：

> 天子所以赏赐者数十巨万；封浑邪王万户，为漯
> 阴侯，封其裨王呼毒尼等四人皆为列侯。益封骠骑千
> 七百户。

数万名匈奴人被分批安置在陇西、北地等沿边各郡，汉武帝让他们沿用旧俗。接着，为开发生产，先后将内地七十二万人迁徙过去。公元前121年，创立了酒泉郡。酒泉设郡后不久，又设立了武威郡，汉朝完善了边国建置。安定一段时间后，又将武威郡分为武威和张掖两郡，将酒泉分为酒泉和敦煌两郡，总称河西四郡。

河西四郡，大力屯田，开渠引水，农耕发展很快。贺兰山内外、银川以北和祁连山麓，农业、畜牧业蓬勃发展，欣欣向荣。自此往后二十余载，汉朝新筑的城堡不断向西延伸，从敦煌到盐泽，处处建立了驿亭。玉门关和阳关，成为沟通西域与中原的重镇。屯田逐渐远至新疆的龟兹、焉耆等地。汉朝与西域的交通也空前活跃，西域各地的物产和文化艺术源源不断传入内地，同样，内地的先进生产技术、文化艺术也由此向西域，向更远的地方传播。

当然，丝绸、瓷器等物品，也在霍去病凿空的这条通道上源源不断地运送，丝绸之路逐渐形成了。

张骞再次出使西域

《史记·大宛列传》：天子以为然，拜骞为中郎将……使遗之他旁国。

当然，丝绸之路的形成离不开张骞。

霍去病率领号称十万之众的迎降大队高歌凯旋时，张骞独坐居室，精神萎靡。他这种心情我完全可以理解，率军失期，贻误战机，让李广身陷重围，严重受挫。本想建功立业，孰料没有建树，还触犯军法。若不是缴纳了一大笔赎金，性命早丢了。如今官爵丢了，沦为一介布衣草民。试想，这样度日岂能精神振奋。

张骞精神振奋了，那是因为汉武帝召见了他。召见他不为别的事情，是询问西域各国的情况。张骞一扫萎靡，两眼放光，滔滔不绝讲述开来。《史记·大宛列传》记载：

> 臣居匈奴中，闻乌孙王号昆莫，昆莫之父，匈奴西边小国也。匈奴攻杀其父，而昆莫生，弃于野。乌嗛肉蜚其上，狼往乳之。单于怪以为神，而收长之。及壮，使将兵，数有功，单于复以其父之民予昆莫，令长守于西域……

古文太简练了，读来总有些不得其详的感觉。安作璋、刘德增所著的《汉武帝大传》一书对此做了译述加演绎，不妨领略一下。

张骞对汉武帝说，他被扣留在匈奴时，听到有人谈起西边有个乌孙国。国王名号是昆莫。起初，乌孙和月氏都住在祁连山至敦煌一带。后来，月氏人杀死乌孙国王，霸占了他们的地盘，乌孙人无处存身，只好逃往匈奴寻找立足之地。此时，乌孙王的儿子出生了，照料他的傅父布就抱着他逃命。途中，布就去寻找食物，就把孩子藏在草丛中。回来时看见的一幕让布就分外惊奇：孩子头上有鸟儿衔着肉飞来喂他，身边有母狼给他喂奶。不是惊奇，而是神奇！布就认为这个孩子有神灵保佑，非同寻常，就将他抱到了匈奴。匈奴单于很喜欢这个孩子，等他长大成人，就立他为昆莫，由他管辖逃来的乌孙人。昆莫不负厚望，组建了一支军队，为匈奴冲锋陷阵，立下很多战功。

昆莫确实有雄心壮志，他发誓要报仇雪恨。尽管那时月氏已被匈奴打败，不得不西迁，他们打跑了塞族人，占领了人家的地盘落脚。昆莫请求出兵讨伐月氏，获得了匈奴单于的批准。他领兵出征，打得月氏狼狈逃窜。自此，昆莫带领乌孙人在月氏的地盘上安了家，集聚发展，越来越强大。匈奴单于去世后，昆莫当即宣布独立，不再臣服于匈奴。继任的匈奴单于派兵去打，连吃败仗，于是都以为昆莫是天神，便敬而远之了。

如果张骞仅仅只会讲故事，或许讲完只能回到他的陋室，继续他的萎靡，但是张骞从汉武帝的眼神里读出了一个政治家的意图。于是他接着说，现在匈奴败退，地盘闲置，空旷无人，如果让乌孙人返回故地，岂不是好事？倘要是再把公主嫁去，与之和亲，结为秦晋之好，那就会彻底断绝匈奴的归路。一旦乌孙和大汉结盟，西域的各个小国定会纷纷来朝，成为大汉的外臣。

张骞说到这里，我想汉武帝应该说一个"善"字。在《史记》中汉武帝的态度是，"天子以为然"。为何以为然？钱穆在《秦汉史》中评价道："匈奴之役属西域，亦重在其财富，不在其兵力。汉通西域，以隔绝匈奴右臂者，亦在削其财富之源。"

"断匈奴右臂"，是张骞的说法，他提出了联合乌孙组成抗击匈奴统一战线的想法。上一次他是要和大月氏组成统一战线，这一次则是想与乌孙联手，削弱匈奴。至于钱穆先生所说的"削其财富之源"，当是"断匈奴右臂"的附属战利品。

元狩四年，张骞率领使团出发了。《史记·大宛列传》写道，"骞为中郎将，将三百人，马各二匹，牛羊以万数，赍金币帛直数千巨万，多持节副使"。

这次出使与上次出使大为不同，张骞使团无须躲避匈奴，无须提心吊胆。霍去病两度兵出陇西、一次迎降，凿空了曾经的险阻，张骞一路畅通，顺利抵达乌孙国都赤谷城。

但这次出使乌孙与上次出使大月氏大同小异，张骞联合乌孙的大计没能实现。乌孙王昆莫老态龙钟，丝毫没有一点生气。见到张骞像是大国君王接见小国使臣，傲慢无礼。张骞哪能受这样的委屈，厉声喝道："天子致赐，王不拜则还赐。"昆莫啥时见过这样威严的使臣，稍一愣神，缓口气，走下王座，叩头接受礼物。礼毕，落座，张骞与昆莫谈起欢迎他们东迁，联手防御匈奴的事宜。昆莫却只发笑，没有同意的表示。这是为何？

了解了乌孙王的处境后，张骞明白了这事有内因，也有外因。外因是，乌孙王不了解汉朝，却知道匈奴；只知道匈奴大，不知道汉朝大，当然也就不会轻易相信汉使张骞。内因是，昆莫有十几个儿子，自然长子应立为太子。只是，太子寿命不长，早早亡故。弥留之际，他恳请父王继立他的儿子岑娶为太子。白发人送黑发人，疼痛得一颗心几欲破碎，哪能不答应？答应了，照办了，是非来了。儿子大禄勇猛无比，熟知兵法，屯住在外，早就对王位垂涎三尺，见父王再立太子，却不是他，十分恼火，大有图谋造反的态势。为保安宁，昆莫只得拨给岑娶兵马，让他也屯住一方。如此一来，他驻京师，一儿一孙，各据一方，不是三国鼎立，犹如三国鼎立。即使昆莫乐意与汉朝联手，也难把儿子、孙子归拢为一体。

昆莫发笑，实际是无可奈何的苦笑。

昆莫无可奈何，张骞也就无可奈何。

无可奈何的张骞，只能把随团的副使派往大宛、康居、大月氏、大夏、安息和于阗等国。

偏偏是这无可奈何，让西域各国认识了汉朝，开启了互通有无的先河。

　　偏偏是这无可奈何，让西域各国的使臣走进汉朝，开启了后来被称为丝绸之路的贸易交流。

第九章

猛志固漠南

○
○

征战的钱粮从何来

《汉书·公孙弘卜式兒宽传》：岁余，会浑邪等降，县官费众，仓府空，贫民大徙……

以上这段话出自《汉书》。用现在的眼光看，卜式是一位具有家国情怀的劳动模范。卜式要捐献钱财时，不是达官贵人，不是下层官员，只是一介小民，还是个放羊人。他能出现在史书里，正应了一句话：时势造英雄。

在卜式未登场前，先提出一个疑问。"河西大捷"与"河西迎降"都在元狩二年，抗击匈奴大胜要待元狩四年。其间，匈奴并未龟缩不出，还在危害边地。《资治通鉴》在元狩三年（前120）条目下记载："秋，匈奴入右北平、定襄，各数万骑，杀略千余人。"是呀，匈奴还在挑衅，为何不一鼓作气打他个落花流水，打他个闻风丧胆？

回答是，打仗是打军事实力，也是打经济实力。阅读《汉书·公孙弘卜式兒宽传》可以看到这样的句子："岁余，会浑邪等降，县官费众，仓府空，贫民大徙，皆卬给县官，无以尽赡。"你看，就在霍去病大扬国威、迎降匈奴，声势浩大回到长安时，"仓府空，贫民大徙"。一边是凯歌声声，一边是饥肠辘辘，巨大的落差、鲜明的对比，在提示世人：战争耗资巨大，最易造成民不聊生。

民不聊生是另一个话题，耗资巨大是这里不可忽略的一个话题。有专家研究，汉武帝时期的每次征战，耗资总在上万万钱，几十万万钱，甚至百余万万钱。除了战争耗资，奖赏也耗资巨大。据说，霍去病两次出征河西，汉武帝两次奖赏，就用去黄金二十余万斤。此时，经过"文景之治"出现的富裕景象不再有。"太仓之粟，红腐而不可食；都内之钱，贯朽而不可校"，已成昨日。《汉书》所载的那种"堆金积玉"的盛况，竟变为"仓府空，贫民大徙"。即使如此，战争也还要坚持打下去，不然将前功尽弃，刘彻也不会得到"武"的谥号。

坚持再打，如何筹集军费？这就需要财税变革。汉朝对民众征收的赋税名目有：田赋、口赋、算赋，此外男子还要服徭役和兵役。田赋，是征收土地税。汉高祖时征收土地收入的十五分之一；汉文帝先减去一半，后来全部免去；汉景帝继位复又征收，为土地收入的三十分之一；汉武帝延续了汉景帝时期的田赋。

口赋和算赋都是人头税。口赋是征收三至十四岁的人头税，每人每年缴纳二十三钱。此钱不纳入国家财政收入，交由皇室作为开销用度。算赋是征收十五岁至五十六岁的人头税，每人每年征收一百二十钱，称之一算，所以叫作算赋。

那时的钱用绳子穿起，便于保管。穿钱的绳子称缗，为了增加国家收入，汉武帝重用桑弘羊收取算缗钱，也就是对有积蓄的人家和商户征收货币税。此外，还对车、舟、家畜征收赋税。普通人家的轺车征收一算，商人的轺车征收两算，船只超过一丈五尺长，也按一算征税。

如果不主动交税怎么办？国家颁布告缗令，进行惩罚与奖励。凡隐瞒财产不报者，没收全部财产，还要惩罚戍边一年。凡举报违法者的，可以获得其告发财产的一半金额。

无疑，算缗钱、告缗令成为充盈国库的手法之一。

手法之二最为重要，就是实行盐铁专卖。起初，盐、铁多是生产者出售，后来演变为商户营销，制造者与营销者从中获得巨额利润，很多成为富商。汉武帝之前，汉朝只对制盐、冶铁业者课税，征收的税金仅仅用于少府开销，也就是供皇家使用。汉武帝改变了这种状况，实行盐铁专卖，不仅由中央政府统一经营，而且收入缴纳国库，这自然是增收最快的一招。

还有最讲实际功效的均输法。先前，各个郡国要向中央政府缴纳地方物产，长途运输耗费钱物，劳民伤财。走水路，转旱路，千辛万苦运到京都，有些物产并不适用，有些物产已经变质损坏。均输法针对这种状况，进行改革。办法是，在各郡国设置均输署，统一接收财物。各郡国无须再长途运输，交到均输署即可。均输署收到财物，选择中央需要的运送。不需要的如何办？就近销售，只把钱财上缴即可。或者，再用钱财采办需要的物品运送长安。这就近销售的办法，不仅减轻了运输压力，还能平抑物价，调节市场。"贵则卖之，贱则买之"，使"富商大贾无所谋大利""平万物而便百姓"。此法称作平准法。

……

一系列措施的实行，都在提升国力，为抗击匈奴提供物资保证。

卜式就是在这种背景下登场的，一开始，他并没有引起过度关注。他默默无闻地放羊，默默无闻地奉献，曲曲折折，无怨无悔，但终归走进了历史的册页。

○
○

走进史书的卜式

《资治通鉴·汉纪十一》：河南人卜式，数请输财县官以助边……

卜式是河南人，史书中没有记载他的父母，可能二老已经去世。他有个弟弟，似乎是他带着弟弟过日子，家里的衣食来源靠他放羊。弟弟大了，卜式将家产留给他，自己带着百余只羊进山放牧。一去十多载，养的羊多达上千只，于是卖掉些置办田宅。而此时，弟弟却因不善理家破产了，他又将财产分给弟弟一些。

家庭治理好了，卜式想的是国家。得知国家抗击匈奴需要物资，他便上书表示愿意捐献一半家产。汉武帝即派使臣去见卜式，《汉书·公孙弘卜式兒宽传》这样记载：

上使使问式："欲为官乎？"式曰："自小牧羊，不习仕宦，不愿也。"使者曰："家岂有冤，欲言事乎？"式曰："臣生与人亡所争，邑人贫者贷之，不善者教之，所居，人皆从式，式何故见冤！"使者曰："苟，子何欲？"……

这段记述非常耐人回味，不妨叙述如下：

汉武帝派使臣问卜式："你想做官吗？"

卜式回答："不想。自小放羊，没有做官宦的学问。"

使臣问："那你家里有冤屈要诉说吗？"

卜式回答："我从来不和人相争，贫穷的人我接济他，不良的人我教导他，在村里人人服从我，哪能有冤屈！"

使臣肯定很纳闷，因而再问："那你到底图啥？"

卜式回答："天子抗击匈奴，将士应该视死如归，有钱的人应该捐献财物，这样就可以尽早消灭匈奴。"

这是多么崇高的境界呀！可惜，不要说一般人不理解，就连皇帝和丞相也觉得不正常。使臣上报给汉武帝，汉武帝转述给丞相公孙弘。公孙弘居然说："这不符合常情，不是守规矩的臣民，不要理睬他。"

真真是以小人之心度君子之腹。

卜式碰了钉子，继续回家放羊。

爱国的人，总是初心不改。到了元狩二年，"仓府空，贫民大徙"，卜式拿出二十万钱捐献给河南太守，让他安顿流民。太守上报了他的事迹，汉武帝再次看到了卜式的名字。此时，富裕人家都在隐瞒财产，唯恐多交赋税，卜式却在慷慨捐献财物，汉武帝不得不对他刮目相看。于是，我终于在《汉书·公孙弘卜式兒宽传》中读到：

> 上于是以式终长者，乃召拜式为中郎，赐爵左庶长，田十顷，布告天下，尊显以风百姓。

这一次，卜式被树立为样板，得到奖赏不说，还封给了他官职。这样做是在"尊显以风百姓"，鼓励百姓效仿卜式，为国奉献，支援前线。

卜式不愿意当官，汉武帝就让他去上林苑放羊。他穿布衣，蹬布鞋，早出晚归，把羊养得膘肥体壮。一次，汉武帝去上林苑，看见肥胖的羊，翘指赞赏他，并问他有什么奥秘。

卜式回答："不光是养羊如此，治理民众也一样。形成规律，按时起居，如果有恶意捣乱的羊一定要制服，不要让它败坏羊群。"

话虽简单，却包含着治国安民之道。

汉武帝当即封卜式为缑氏令，去管辖一方水土。这里，我不是要说卜式终于得到重用，而是要说，为了筹集经费，汉武帝多措并举，树立样板，号召天下民众效仿。

○
○

威武大军出征漠北

《汉书·匈奴传》：令大将军青、骠骑将军去病中分军，
大将军出定襄，骠骑将军出代，咸约绝幕击匈奴。

骏马似风飙，鸣鞭出渭桥。

弯弓辞汉月，插羽破天骄。

元狩四年，一场反击匈奴的大决战，一场影响世界历
史的重大战役，即将在漠北展开。

这场战役距马邑之围整整十五年了。想想当初，部署
不可谓不好，军队不可谓不多，粮草不可谓不足；然而，
老将们稍一迟缓，放跑了就要进入汉军口袋的大敌。汉武
帝苦心孤诣的运筹瞬间化为泡影，一腔豪情不知该向何处
寄托。

而今，兵强马壮，气势如虹。今非昔比，绝对今非昔
比。自从汉武帝大胆起用卫青、霍去病，战局便开始发生
了变化，胜利的天平逐渐向汉朝倾斜。

遥想当年，卫青率军收复河南地是一次战略大转变，
标志着汉军对匈作战由被动还击转变为主动出击。之后，
卫青三次率领大军出击漠南，重创单于主力，打击了右贤
王部众。连连吃败仗的匈奴，不得不哀叹着后退，再后退，

退到了酷寒地区。这一来，匈奴东部与西部的联系切断了，挺进河西一带的时机到了。

挥戈跃马，挺进河西的是骠骑将军霍去病。"流星白羽腰间插，剑花秋莲光出匣。天兵照雪下玉关，虏箭如沙射金甲。"一次挺进，打得匈奴狼狈逃窜；二次挺进，打得匈奴闻风丧胆；三次挺进，迎得降军归来。从此，凿空河西，凿空陇西，千里之途，畅通无阻。

然而，元狩三年，"匈奴入右北平、定襄各数万骑，杀略千余人"。匈奴人又来抢掠了。

边地无宁日，国家何安宁！

于是，元狩四年，张骞率领使团出酒泉，过敦煌，一路向西，前往乌孙。

于是，元狩四年，卫青、霍去病大军出长城，入草原，浩浩荡荡出击漠北。

这是一场硬仗，对此汉朝有足够的思想准备和物质准备。对于漠北之战，汉武帝是下定了决心要打的，加紧练兵，筹集经费，前期准备十分充分。更重要的准备是，统一了思想，确立了出征必胜的信念。

再说匈奴。自从赵信投降匈奴，他头脑里的点子就成为匈奴人的谋略。接连遭受打击的伊稚斜单于采用他的办法，为避汉军锋芒，把主力部队和辎重都往北迁。这样陈兵是将浩瀚沙漠作为屏障，他们以为，汉军千里跋涉，穿越沙漠，必然人困马乏。以逸待劳的匈奴，精力充沛，可以将地理优势转化为军事优势，以期掌握战争的主动权。

汉朝探知匈奴迁徙漠北，畏难情绪弥漫朝堂。不少朝臣认为，长途奔波攻击，正中匈奴下怀。匈奴后撤，就是在编织这个圈套，轻易进兵恰好钻进人家的圈套，还是谨慎为宜。汉武帝不这样看，他认为，匈奴退居漠北，自以为得计，自以为安全，自以为汉军"不能度幕轻留"，必然会滋生麻痹情绪。敌军麻痹，就是我军的时机，抓住时机，将计就计，就会出奇制胜。

就这样，征伐漠北的威武大军出发了，大将军卫青、骠骑将军霍去病各统领五万大军出击。长途作战，物资保证必须充分，另有十万步兵和十四万私人马匹运送粮草。后人回望这次出征，无不感叹，这是汉武帝组成的最为强大的野战军。

《史记·匈奴列传》记载："乃粟马，发十万骑，私负从马凡十四万匹，粮重不与焉。"

○

临危应变打恶战

《汉书·匈奴传》：与汉大将军接战一日，会暮，大风起，汉兵纵左右翼围单于。

塞北大漠，浩瀚无际。春风已绿江南岸，西风依然寒沙海。

出塞作战，踏进沙漠后，汉朝大军步履维艰。所幸，连续几个胜仗为将士们输送了无穷的精神力量，个个精神抖擞，顶风冒沙，顽强行进。

一天，两天，经过十多天的奔波，终于快到目的地了。稍加休整就可以神采焕发，冲锋杀敌。不，没有休整的时间了，没有喘息的空隙了。千里奔波，好不容易到达漠北，马未停蹄，人未下鞍，抬头一看，只见单于精兵强将横立眼前——单于早已严阵以待。

一场恶战即将打响！

恶战，不是硬仗。原来预料的是一场硬仗，不想却比预料得还要艰难。《史记·卫将军骠骑列传》记载：

> 元狩四年春，上令大将军青、骠骑将军去病将各五万骑，步兵转者踵军数十万，而敢力战深入之士皆属骠骑。骠骑始为出定襄，当单于。捕虏言单于东，乃更令骠骑出代郡，令大将军出定襄。

看看这个变更，真是令人始料未及。按照原先部署，这次决战担当攻击匈奴主力的本该是霍去病率领的大军，如果不做调整，恰好可算针锋相对。这一调整却把最有攻击力的精锐部队，放在了侧面。毫不夸张地说，卫青大军等于不偏不倚钻进了匈奴布防的口袋。时空远隔，我们看不见伊稚斜单于，如果看得见，他脸上一定浮现着得意的微笑。汉军别说取胜，五万将士都命悬一线，卫青将如何应对？

此时，匈奴人马在地利、天时和人和上都占据着绝对优势。回首历次对匈作战，卫青大军获胜，没有一次是这样对垒死拼的，都是突出奇兵，打得敌人措手不及。这次，卫青面临着前所未有的困境：进攻，实力悬殊；后撤，沙漠里风沙弥漫，更是死路一条。卫青大军能不能置之死地而后生？

沧海横流，方显出英雄本色。卫青身经多战，临危不惧，镇定自若。在看到匈奴大军的那一刻，卫青已命令部队用武刚战车环绕成营，以抵挡匈奴袭击。武刚战车，是周身都用坚硬皮革蒙着的战车，进攻时可以将之冲在前面，掩护将士攻击；防御时能够将之环绕成营垒，抵挡敌军攻击。武刚车有点类似于如今的装甲车，尤其适宜于草原阔野作战。卫青这一布防，首先保证了汉军不至于遭受覆灭性的打击。

伊稚斜单于本想先发制人，摆出阵势，威胁汉军。倘若汉兵有丝毫怯阵之态，他立即就会指挥大军冲杀过去，杀他个大败。不料，汉兵非但不乱，眨眼工夫，还列好了营阵，这下匈奴不敢贸然冲杀了。

两军对峙，虎视眈眈。这是实力的展示和较量，更是心力的展示和较量。卫青先声夺人，趁匈奴还在犹豫，带领五千将士发动猛攻，呐喊着冲杀过去，首先从心理上高出对手一筹，瞬时掌握了战斗的主动权。匈奴近一万人马前来应战，两军斗在一处。汉军将士明白，敌众我寡，稍有懈怠就会全军覆没，要生存只能奋力拼杀。匈奴人马仗着精力旺盛，急于求胜，也不怠慢。

短兵相接，殊死搏斗。战鼓响，号角鸣，刀光剑影，叮咣撞碰。从白天一直混战到傍晚，血流尸横，却难分胜负。太阳就要落山时，狂风骤起，飞沙走石，两军对面难见，厮杀更为困难。卫青当机立断，命令将领改变战术，重组阵线，从两翼夹击匈奴。这一来，匈奴左右受敌，难以防守，越来越被动。厮杀至深夜，汉兵斗志更猛，匈奴节节败退。

卫青率兵大举反攻，杀得匈奴溃不成军，汉军大获全胜。打扫战场，检点俘虏，却不见伊稚斜单于。审问俘虏，才知道单于在天还没黑时就逃跑了。卫青派出轻骑，连夜追击，追到天亮，追赶了二百多里，仍然不见单于的踪影。乘胜前进，一鼓作气冲杀到寘颜山下的赵信城，在那里缴获了匈奴的大批辎重和粮草，补充了军需给养。汉军将士饱食一天，稍事休整，踏上归途。

唯一的遗憾是，没能活捉伊稚斜单于。单于哪里去了？看见汉军无比英勇，伊稚斜单于心惊胆战，瞅个空子，悄悄逃出战场，紧催战马，向西北狂奔，跑得太急，居然与部众失去了联系。一连多日，单于杳无音讯，匈奴族众皆以为他死于乱军，于是右谷蠡王自立为单于。过了一些日子，伊稚斜单于竟然"死而复生"，与残余的部众汇合。自立为单于的右谷蠡王才又去掉单于尊号。

由二百多名专家、教授、学者精心编撰的《中国战典》记录了这次战例，评价道："此战，卫青成功地运用武刚车圆阵之防御战术，使自己立于不败之地。继而抓住战机，从两翼包围单于。在单于逃走和匈奴全军溃散时，适时转入追击，战胜了有充分准备的匈奴单于主力。"

卫青英勇善战的形象，永远存留在典籍里、史册中。

○
○

一代名将自杀身亡

《史记·卫将军骠骑列传》：前将军广、右将军食其军别从东道，或失道……

卫青的光辉战例写进史册时，有一个人的名字也写进了史册：李广。不说李广还好，说起来真是催人泪下。

卫青这次兵出定襄，带着几位大将：太仆公孙贺任左将军，主爵都尉赵食其任右将军，平阳侯曹襄任后将军，李广也是其中的一员，任前将军。大军飞驰出定襄，行走间忽然发现有匈奴散兵游勇，派兵追去很快擒来。一审问，俘虏交代出了伊稚斜单于的准确驻地。卫青军中，前将军李广年纪最老，卫青当即决定自己亲率主力，直接攻击匈奴单于伊稚斜。为防情报不准，他部署李广和赵食其两部合并，从东路策应，即使匈奴意外逃跑，也无法逃出汉军的手掌。

匈奴倒是没有意外向东逃跑，偏偏李广与赵食其所率大军出现了意外。出意外的原因是天气恶劣：狂风怒吼，飞沙走石，天昏地暗，李广和赵食其大军方向难辨，迷失路径。大漠空旷，无边无际，大军走也不是，不走也不是。不走，军情急迫，害怕贻误战机；要走，不知东西，害怕越走越远。犹豫，徘徊，只好先派出向导探路。就在他们无所适从时，卫青大军正在与匈奴厮杀血战。如果此时他们及时赶到，那结果就不仅是胜利了，而是用最小的损失获得了完胜。可惜世事犹如月亮，总是有圆有缺，难能完满。向导探到路径，李广和赵食其大军加速猛赶，紧赶慢赶，还是没有赶上与匈奴决战。惋惜，这对李广来说实在令人惋惜。多少年来镇守边关，无数次与匈奴交战，总是有胜有负，须发皆白的自己总算等到了这次决战，可偏偏自己又失道了，懊丧、悔恨，情绪低迷至极。

连我都着实为李广感到遗憾。跟随卫青和霍去病出征的将领，几乎每次都有封侯的，李广别说封侯了，还差点被判处死刑，不得不交纳赎金买下性命。郁闷，这样一位为国家出生入死的名将，竟然还不如初出茅庐的小将——小将们一个个封侯，而世事却不给他一次封侯的机缘。难道正如王维诗中所写，"卫青不败由天幸，李广无功缘数奇"？

真是"由天幸"吗？未必。若是换个人，北征大漠突然遇到匈奴主力大军，稍有慌乱，就会成为待斩的羔羊。卫青却能扭转危局，化险为夷，反败为胜。

所以，不要再愁肠百结吧！

卫青要向朝廷汇报战况，军中长史已来到营帐，询问李广，为何迟到，为何贻误军机？李广此时当作何想？

愤慨!

愤慨身经七十余战,老来却仍要复对刀笔吏的询问!

愤慨,愤慨这次出战,卫青派他迂回接应,以致迷路!

但,其实谁也不知道他究竟怎么想,只知道眨眼间,一代名将,挥剑划过一道寒光,热血喷溅,倒地身亡。

草原风呼啸,旷野沙弥漫。李广部众无不呜咽,无不落泪!

李广死了,没有再缴纳罚金赎罪的必要。同行的赵食其,依法当斩,不得不用钱将自己赎为平民。

李广没有死,他的形象至今仍活在国人心中。唐朝著名诗人王维曾写下赞美他的诗作《老将行》:

> 少年十五二十时,步行夺取胡马骑。
> 射杀中山白额虎,肯数邺下黄须儿!
> 一身转战三千里,一剑曾当百万师。
> 汉兵奋迅如霹雳,虏骑崩腾畏蒺藜。
> 卫青不败由天幸,李广无功缘数奇。
> ……

放下这纠结人心的话题,赶快看看奋战在前线的霍去病战况如何吧!

○
○

出征漠北大获全胜

《史记·匈奴列传》：汉骠骑将军之出代二千余里，与左贤王接战，汉兵得胡首虏凡七万余级，左贤王将皆遁走。

霍去病战况如何？胜利了，而且是大获全胜。

能不胜利吗？这次出征漠北，汉武帝把精兵强将都归于他指挥。诚如《史记·卫将军骠骑列传》所载："敢力战深入之士皆属骠骑。"如此将精兵强将归属霍去病统领，是要他打击伊稚斜单于所率领的主力，可惜汉武帝轻信匈奴俘虏所言，变更了卫青和霍去病的进攻方向，最终导致卫青部碰到了匈奴主力。好一场恶仗，卫青部众个个拼命死战，才扭转危局，取得最终胜利。比较而言，霍去病所遇到的对手，战斗力远远不如匈奴主力，取胜相对轻松。即便如此，我们也不能忽略霍去病的军事才能，他指挥大军大漠奔袭，

漠北之战示意图

确实技高一筹。

漠北一役，将霍去病的军事才干展示得淋漓尽致。写到将军的才能，马上想起龚自珍的诗句，"我劝天公重抖擞，不拘一格降人才"。只是我以为，天公降人才历来都是不拘一格的，关键是领导能不能不拘一格选人才。若是按照常规选用战将，霍去病别说统领大军，即使当裨将也要打个问号。正由于汉武帝不拘一格选人才，霍去病才能以最为青春年少的面孔，奋战在世界军事史的舞台上。他光大了汉武帝的做派，将不拘一格选人才的效力发挥到了极致。他的大军没有副将，《史记·卫将军骠骑列传》中记载，"无裨将。悉以李敢等为大校，当裨将"。"无裨将"，决策不用商量，想好了就飞速进军。右北平太守路博德、北地都尉邢山、校尉李敢和徐自为，个个年轻有为，人人生龙活虎。尤其难得的是，霍去病大胆起用了匈奴降将，复陆支、赵破奴等人都被委以重任。他们熟知地理，习惯在沙漠中长途行军，发挥了智囊作用。

用人不拘一格，作战不拘成法，独辟蹊径，所以才能出奇制胜。在戈壁、沙漠、草原作战，与常规攻城略地式的战斗大为不同，如果依照古代兵法斗智斗勇，不一定能够掌握战斗的主动权。这次出征，路途遥远，带着辎重粮草行进必然行动不快。霍去病当即决定，携带少数粮草先行，辎重粮草随后跟进。如此安排有违"兵马未动，粮草先行"的古训，不合常情。霍去病则谋划采用打垮敌军，以匈奴粮草作补充的策略。这策略看似妥当，实则带着冒险成分，若是找不到匈奴人马，若是打垮的匈奴人马没有充足的粮草，大军就会陷于困境。当然，若是站在背水一战与破釜沉舟的角度审视，这不合常情的策略，恰恰是出奇制胜的妙招。

霍去病人军以闪电般的速度行军，穿越戈壁、沙漠，突进两千余里，很快抵达匈奴腹地。单于近臣章渠和比车耆，还没有回过神，就被打得晕头转向。击破这部分敌军，转身就向匈奴左大将发起攻击。按常规，打完一战需要休整，霍去病却打破这个常规，再次打得敌军措手不及，缴获了他们的旗鼓。

两次小胜，士气更高。霍去病率军继续飞速挺进，越过离侯山，渡过弓闾河，进抵到现今蒙古国巴托东肯特山的南面，匈奴左贤王带兵驻扎在此，霍去病率军猛冲过去，发起凌厉攻势。匈奴人早听说霍去病大军英勇无比，却不知道他们个个都凶猛如虎，心理防线彻底崩溃了。打不赢就跑，是匈奴久有的习惯，此时人人都想抱头鼠窜。然而，抱头挡不住利刃，鼠窜跑不过飞箭。四散逃命，互相踩踏，左贤王部众溃不成军，全军覆灭。

大战告捷！

霍去病大军与卫青大军一样，大战告捷！

接着，霍去病各部将领分头作战，灵活进击，追杀散兵，以多胜少，势如破竹。各部均斩将夺旗，凯歌高奏。

狼居胥山，占领了！

姑衍山，占领了！

瀚海，占领了！

狼居胥山，即现今蒙古国的肯特山；姑衍山在肯特山以北；瀚海，亦称北海，即今俄罗斯贝加尔湖。霍去病与将士们在瀚海边会师，庆祝战功。他命令将士在狼居胥山主峰建立高坛，在姑衍山旁开辟广场，他们同时高举千万支胜利火炬祭告天地，祭奠烈士，犒劳全军！

战绩如何？请打开《史记·卫将军骠骑列传》查阅：

> 军既还，天子曰："骠骑将军去病率师，躬将所获荤粥之士，约轻赍，绝大幕，涉获章渠，以诛比车耆，转击左大将，斩获旗鼓，历涉离侯，济弓闾，获屯头王、韩王等三人，将军、相国、当户、都尉八十三人，封狼居胥山，禅于姑衍，登临翰海。执卤获丑七万有四百四十三级，师率减什三，取食于敌，逴行殊远而粮不绝，以五千八百户益封骠骑将军。"
>
> ……

霍去病大军战功卓著，汉武帝赏封颇为丰厚，且不论他本人再度增加食邑五千八百户，只说部将又有五人封侯。

那么卫青大军呢？《史记·卫将军骠骑列传》记载："大将军军入塞，凡斩捕首虏万九千级。"击垮了匈奴伊稚斜单于主力，斩杀、俘虏一万九千人，这功绩也堪称卓著了吧？卫青部众却没有得到奖赏，或许，这是由于所率李广和赵食其两路部众有失误吧，何况李广还自杀身亡了呢！

让我们走出战功与赏封的羁绊，回望一下汉匈之战吧。

卫青、霍去病的出战，先是扭转了汉朝被动挨打的局势，继而开创了战而胜之的局面。尤其是漠北战役，彻底扭转了汉朝受匈奴入侵、抢掠的状况，彻底改变了低三下四和亲的状况。大而言之，掀开了有史以来中原王朝和北方少数民族关系的崭新一页。

诚如《史记·匈奴列传》记载："后匈奴远遁，而幕南无王庭。"十年征战，换得了汉朝边塞安宁，拓展了汉朝疆土。

评价这场战役，还是诗人李白的《胡无人》写得精当：

严风吹霜海草凋，筋干精坚胡马骄。

汉家战士三十万，将军兼领霍嫖姚。

流星白羽腰间插，剑花秋莲光出匣。

天兵照雪下玉关，虏箭如沙射金甲。

云龙风虎尽交回，太白入月敌可摧。

敌可摧，旄头灭，履胡之肠涉胡血。

悬胡青天上，埋胡紫塞傍。

胡无人，汉道昌。

陛下之寿三千霜。但歌大风云飞扬，安得猛士兮守四方。

第十章

凯歌还朝堂

霍去病凯歌还家乡

《汉书·霍光金日磾传》：将军迎拜，因跪曰："去病不早自知为大人遗体也。"

临汾市尧都区汾河西岸是一马平川，站在河边西望，有一个高高的土垣。垣上坐落着一个可以俯视垣下田园的村落，村名高堆。高堆村中有个孝顺坡。原先，坡边有座霍大将军祠堂。如今，霍大将军祠堂不见了，孝顺坡却依然沟通着坡上坡下人家。问及孝顺坡的来历，几乎每个村人都会滔滔不绝地讲述霍去病归里探望父亲的故事——村人引以为豪。高堆村是霍去病父亲霍仲孺的家乡，也即霍去病的祖籍所在地。如果说，霍去病仅仅是拜望父亲时在此居住过几日，那霍光可是生于斯，长于斯，他十几岁才由兄长霍去病带往长安，走进宫廷的。

要说清楚霍去病归里拜望父亲，首先要从他躬身认亲讲起。《汉书·霍光金日磾传》记载：

骠骑将军击匈奴，道出河东，河东太守郊迎，负弩矢先驱，至平阳传舍，遣吏迎霍中孺。中孺趋入拜

谒，将军迎拜，因跪曰："去病不早自知为大人遗体
也。"中孺扶服叩头，曰："老臣得托命将军，此天力
也。"去病大为中孺买田宅、奴婢而去。

由此处的记载可以感知，高堆村父老乡亲以霍仲孺和霍去
病、霍光为荣是有道理的。不过，史记记载得太简略，我
们最好打开《汉茂陵志》一读，其记载较为详细：

霍去病北征匈奴，途中经过河东郡，太守到很远处迎
接，呈上当地的官吏名册。霍去病一看册书上有霍仲孺的
名字——他听说过父亲的名字，始终没有机会相见——马
上心中一动，想认父亲。转念一想，万一是和父亲同名同
姓者，认错可就闹出笑话了。到接待地平阳传舍住下，天
色已晚，霍去病告给太守要见霍仲孺。大将军口谕颁下，
太守赶紧派人去叫霍仲孺。霍仲孺听说大将军召见，不知
是福是祸，战战兢兢，跟着差官前来。

大将军驻地连营成片，几十座帐篷密密麻麻排开很远，
气氛威严，令人敬畏。中间大帐虎贲雄列，戟门森严。霍
仲孺刚到帐前，即有人前去禀报，"霍仲孺参见"。瞧瞧这
气势，更令霍仲孺局促不安。这边禀报的话音一落，帐内
即传来回声："请进帐相见。"霍仲孺进入大帐，看一眼从
皋比大椅上站起的霍去病，情不自禁地跪倒在地。霍去病
想上前扶起，又不知是不是亲生父亲，只好说声"免礼"，
命人扶起，赐予座位。

随后，霍去病喝退左右，和霍仲孺拉开家常。霍仲孺

见大将军如此随和，不再拘谨。霍去病问他籍贯、年龄，继而问是否在平阳公主长安府邸当过差。霍仲孺一一回答，心中疑惑，不知这位大将军为啥问他这些。哪知大将军问着问着，竟走下那把皋比大椅，走在他面前，跪倒即拜。这一拜把霍仲孺吓得不轻，等霍去病叫出"父亲"二字，他才如梦初醒。此时的情形才恰如《汉书·霍光金日磾传》所载，霍去病说："去病不早自知为大人遗体也。"

霍仲孺则说："老臣得托命将军，此天力也。"

《汉茂陵志》写得还要详细，说父子二人抱头痛哭，泣不成声。

这个夜晚，在大将军虎贲大帐，霍仲孺父子就这样相认了。二人诉说诸多往事，不觉间夜已很深。霍去病次日便要拔营北征，只能差人送父亲回去。

翌日一早，挺进北上，霍去病还牵挂着父亲，于是出现了《汉书》上的记载："去病大为中孺买田宅、奴婢而去。"

军情紧急，霍去病担当着讨伐匈奴的重任，父子匆匆相认、匆匆别离。那他何时探望父亲，并在高堆村留下孝顺坡的胜迹？时在漠北大战告捷，霍去病率领大军高歌凯旋。这次路过平阳不再战鼓催征人。经过数年征战，终于取得了"匈奴远遁"的胜利，短期内匈奴不再有侵扰边塞的可能，霍去病的心情肯定异常兴奋。在平阳祖籍地逗留数日，拜望父亲，祭祀先祖，自在情理之中。大将军荣归故里，河东太守自然鞍前马后照顾周全。这一天，应该是个艳阳高照的日子。霍去病在太守的陪同下，骑着千里征战的骏马朝高堆村悠然走去。天高云闲，风光迷人，霍去病陶醉在美景中享受着从来没有享受过的闲逸。是呀，自从进入羽林军以来，一心想着为国出征、抗击匈奴，为此，练骑马，练射箭，练剑戟，练得如飓风一样疾，似雷霆一样猛，人不在校场就在沙场，从未享受过这种清闲时光。

快到村口，霍去病跳下马来，步行进村。一入村，精神立马振奋起来——哈呀，锣鼓响了起来！如山呼，如海啸，如天崩，如地裂，这不就是舅舅卫青带进长安、带进校场的威风锣鼓吗？这不就是他们带进沙场，用它下达总攻令的威风锣鼓吗？这是父老乡亲祝捷骠骑将军，这是父老乡亲欢迎骠骑将军。布衣、布鞋、布帽、布腰带，敲出来的声音却比武士们敲出的声响还要雄壮，还要威猛。霍去病找见了威风锣鼓之根，听到了威风锣鼓之魂。他精神昂扬，向夹道欢迎的乡亲们频频点头致意。走上坡道，缓缓向上，走向霍家。父亲霍仲孺挽着儿子的手进了门，霍去病将父亲扶上正堂的座椅，双膝下跪，叩首，再叩首。从此，霍去病走过的这道坡，就叫作孝顺坡了。叩拜礼毕，早有主管高声吆喝：开席——颇具尧都风味的重八席，一道一道菜渐次上来。

举箸品味，把盏痛饮，亲情融融，喜气洋洋……此事已经过去两千年了，一代一代高堆村人，仍在口舌中传递着昔日那喜庆的余韵。高堆村的父老乡亲还说，霍去病要接父亲去长安共享荣华富贵，父亲稍有迟疑，他便明白是父亲怕孤独了继母。于是他马上告诉父亲，继母也一起同往。父亲却微笑着说："孩儿一片孝心，为父明白。你置办了田产庄园，我就在故里颐享晚年吧！"

就在此时，年少英俊的霍光跑了上来，霍去病一眼就喜欢上这个异母小弟，立即请求父亲答应他把小弟带进长安。

父亲当然欣喜允诺。

这一声允诺又被记在史书中，因为这英俊少年不仅走进了长安，走进了朝堂，还登上了汉代顶层的政治舞台。汉武帝晚年像周武王托孤周公旦那样，把年幼的太子刘弗陵托付给霍光辅佐。霍光辅佐幼主，实现了"昭宣中兴"。

走上孝顺坡的霍去病本来只是行孝，哪会想到竟会为汉朝的中兴预设了伏笔。这是绝对不应忽略的事实，可惜《汉书·霍光金日磾传》只记下简短的一句话：

> 还，复过焉，乃将光西至长安，时年十余岁，任光为郎，稍迁诸曹、侍中。

○
○

卫青居功不傲

《史记·卫将军骠骑列传》：乃益置大司马位，大将军、骠骑将军皆为大司马。

凯歌还朝，卫青、霍去病的官职与声望达到了前所未有的高度，汉武帝设置了大司马的职位，舅舅与外甥并列大司马。

可喜可贺！

慢，一将功成万骨枯。卫青、霍去病这盛誉是无数将士用生命换来的。《史记·卫将军骠骑列传》记载："两军之出塞，塞阅官及私马凡十四万匹，而复入塞者不满三万匹。"士兵呢？伤亡也很多，"汉两将军大出围单于，所杀虏八九万，而汉士卒物故亦数万"。这是《史记·匈奴列传》列出的数字，真正是一将功成万骨枯啊！

当我们为这场战役所付出的沉重代价禁不住慨叹时，有人却把目光盯住了另一个侧面。此时，霍去病不仅职位与舅舅相等，而且，据《史记·卫将军骠骑列传》记载："令骠骑将军秩禄与大将军等。"由此可见，霍去病更受汉武帝钟爱，如果接着《史记》前面的话抄录则是，"自是之后，大将军青日退，而骠骑日益贵"。甚至，原来追随于卫青门下的故人，也投身于霍去病门下，而且不少人还因为改换门庭而官升一品。人无千日好，花无百日红。卫青当作何想？

卫青，一如既往，还是往日那个"性雄毅，多大略"的卫青。"性雄毅，多大略"，这是后人对西夏开国君主李元昊的评价，我却觉得用这话评价卫青毫不过分。卫青就是这般，别看上阵杀敌英勇果敢、多谋善断，为人处世却绝无半点傲气，他宽厚平和，乐于让人在他那里如沐春风。

写到此，甯乘（《史记》中写作宁乘）从《史记》里跳将出来了——不是，是甯乘从拮据的待诏人窝里跳将出来，拦住了卫青的车子。

那是元朔六年，卫青刚从前线回朝不久，因为杀敌立功，汉武帝赏赐给他千两黄金。正可谓春风得意马蹄疾，但他居然不摆架子，和蔼地停下了车子。

那这甯乘是何等人氏？如前所述，他是个待诏的拮据人士。前线将士浴血奋战时，汉武帝竟然开始迷恋方术，征召方士。甯乘就是方士中的一位。待诏之时，衣食没有着落，食难饱腹，衣不蔽体，鞋子有鞋帮没鞋底。有人开他的玩笑："你不知道我知道，天不知道地知道。"甯乘不知所云，正在发呆，围观的人哄堂大笑，笑着揶揄："不知道是啥？没底子的鞋！"

就是这个遭人嘲弄的甯乘拦住了卫青的车子。卫青问他有啥事，他说事情机密，不便路陈。卫青将他带回大将军府中，屏去左右，私下问他。甯乘告他："大将军身食万户，三子封侯，可谓位极人臣，一时无人可比。但是，物极必反，高且益危。大将军亦曾计及否？"

卫青皱眉问道："我平日也曾虑及，无计自保，君有何计教我？"

甯乘直言相告："今王夫人受宠，彼有老母在都，未邀封赏，家境不富。大将军何不先赠百金，讨个欢欣？多一个内援，即多一分保障，减一分顾虑，岂不更好？"

这王夫人不是别个，是汉武帝的新欢。卫青带兵在前线拼命厮杀时，姐姐卫子夫给汉武帝生出三女一男后，花容不复，秀发也脱落了不少，显然无法和原先的天生丽质相比。每天面对这个日渐衰老的面孔，汉武帝渐觉乏味。

汉武帝的心思，早有人揣摩到了。于是，赵地一个貌若天仙、能歌善舞的绝色美女被千里迢迢选入宫来。果然，汉武帝心花怒放。美女姓王，汉武帝封她为夫人，位置仅在皇后之下。王夫人得宠，家境还未好转。她父亲早年去世，母亲拉扯她长大。她应召入宫，母亲也来到长安，临时居住，日子只能说过得去。

甯乘要卫青接济王夫人家，等于给他出了个难题。按照俗人理解，王夫人无疑是卫子夫的情敌。不去支持姐姐打败情敌，反而讨好情敌，这在情理上无论如何也说不过去。卫青若是拿出在战场杀敌的那个冲劲，手起刀落，甯乘就会脑袋搬家、身首异处。

卫青却不怪罪甯乘，反而依计而行，拿出五百金送给王夫人的母亲。王母得到黄金，告诉了女儿。女儿欣喜地告给了汉武帝。汉武帝十分满意，却以为卫青不会有此心计。待到卫青进宫，向他询问赠金一事，卫青回答是甯乘所出主意。汉武帝立即召见甯乘，拜他为东海都尉。甯乘谢恩退出，佩戴都尉印绶，乘坐高车驷马，风风光光赴任履职去了。

这是漠北征战之前的往事，本不该再挂在唇齿间。我之所以要抖搂出来，是因为卫青凯旋后，还要面对姐姐卫子夫失宠的难题。汉武帝另有新宠，不是卫青能够左右的事情，他也不会为此多费口舌，招惹麻烦。值得注意的是，卫青不找麻烦，麻烦不等于不找卫青。给卫青带来麻烦的人正是他的妻子平阳公主。

这个平阳公主，可真是个令卫青啼笑皆非的女人。她一番苦心经营，把卫子夫送进宫里，对卫家有再造之恩。卫青曾经是她的骑奴，现在却成为她的丈夫。只要是平阳公主想得到的，几乎没有得不到过。平阳公主还要继续讨皇帝的欢心。讨皇帝欢心的办法还能有什么？故伎重演，为他另觅新欢。把卫子夫作为新欢送给汉武帝，冷落了皇后陈阿娇；这再觅新欢送进宫，岂不是冷落了姐姐卫子夫？平阳公主可不管那么多，但这岂不是让卫青有苦难言。

倾城倾国的李夫人

《汉书·外戚传》：平阳主因言延年有女弟，上乃召见之，实妙丽善舞。

汉武帝曾在元鼎四年（前113），写过一首《秋风辞》，内中有句："兰有秀兮菊有芳，怀佳人兮不能忘。"在我看来，这是秀丽的兰草、芳香的菊花，引发了汉武帝对早逝美人的情思。有专家却认为，不能局限于字面的解释，这其实表达的是作者对事业的追求心愿。我敬慕专家，不敢贸然与之争辩，却想匍匐于历史事实之中，去寻找内中的真谛。欲打开汉武帝怀思的秘密，可以借助他写下的另一首赋，即怀念佳人的那首：

卫青霍去病

·

250

美连娟以修嫮兮，命樔绝而不长。饰新宫以延贮兮，泯不归乎故乡。惨郁郁其芜秽兮，隐处幽而怀伤。释舆马于山椒兮，奄修夜之不阳。秋气憯以凄泪兮，桂枝落而销亡。神茕茕以遥思兮，精浮游而出疆。托沈阴以圹久兮，惜蕃华之未央……超兮西征，屑兮不见。寖淫敞恍，寂兮无音。思若流波，怛兮在心。

乱曰：佳侠函光，陨朱荣兮。嫉妒闟茸，将安程兮。方时隆盛，年夭伤兮。弟子增欷，洿沫怅兮。悲愁于邑，喧不可止兮。向不虚应，亦云己兮……呜呼哀哉，想魂灵兮！

翻译过来阅读，更能读出赋中的殷殷真情。汉武帝的才情似乎不亚于为陈阿娇撰写《长门赋》的司马相如：

你的姿容纤弱而美好啊，可叹性命短暂不长久。装饰了新宫久久期待着你啊，你却消失了身影不再回归故乡。荒草丛生一片凄凉景象啊，你身处幽暗之地令我神伤。把车马停在陵墓旁啊，长夜漫漫何时天明？秋气寒凉令我心中惨痛啊，那可人的桂枝玉陨香销，我的灵魂孤独地思恋着远方的你啊，精神脱离躯体四方漫游。长期寄情于地下的你啊，痛惜你花容如繁花早逝，天的尽头大概并不遥远啊，我想念你那翩翩徜徉的身姿。花蕊绽放等待着春风啊，沁人的芬芳愈加浓郁，明亮的面容婉顺安详啊，飘摇于风中却更加端庄。燕子飞去飞来栖止于楹梁啊，你美目流盼蛾眉轻扬。我心中无时不追寻着你啊，你却将红颜深深地掩藏。相会欢愉亲热又终于分离啊，我深夜从梦中惊醒心下茫然……如同红日西坠，霎时不见了踪迹。一切渐渐朦胧起来，静悄悄的再也没有了声音，我对你的思念如流水不绝，心里永远凄怆伤怀。

结语说：佳丽光彩照人，却如鲜花般凋零；那些嫉妒卑贱之辈，如何能与你相匹敌！正当鼎盛年华，却夭折而亡，兄弟小儿哭个不休，涕泪交流。悲愁郁结于中，哀声不绝于耳。我们的哀痛你无法知晓，真令人无可奈何……可悲啊可叹，我终日想念着你的魂灵！

阅读过这首赋，再回头读《秋风辞》，就会循着汉武帝的情感去理解往事，不至于把思绪放了鸽子。

那么，汉武帝这首怀念佳人的赋，是写给哪位佳人的？是前面说的王夫人吗？不是，是李夫人。

李夫人可不像王夫人那样，一亮相就夺取了汉武帝对皇后卫子夫的宠爱，她是在王夫人死后才登场的。说来王夫人更像是朝阳升起时的晨露，太阳的光泽刚刚照亮她的笑靥，她本应该好好承受这份福气，却倏尔消失得无踪无影。王夫人的死，让汉武帝遭受了感情上的重创。他终日郁郁寡欢、闷闷不乐。这种思念够有力度了吧？不，若是和李夫人去世时相比，那还只能算是秋风掠过，仅仅吹皱了心湖的表面。李夫人的死，让汉武帝痛彻心肝。若不然，他为何能走笔写出这情真意切的怀思文字。

这李夫人何许人也，如何掺和进宫廷？

说来还是因为平阳公主要讨好皇帝。王夫人福薄命浅，溘然长逝，可把汉武帝伤心坏了，整天愁眉不展。终于有一天，他舒展开了愁眉，那是一首歌，唱得他开心极了。唱歌的是谁？李延年。《汉书·外戚传》记载：

　　　　延年性知音，善歌舞，武帝爱之。每为新声变曲，闻者莫不感动。延年侍上起舞，歌曰："北方有佳人，绝世而独立，一顾倾人城，再顾倾人国。宁不知倾城与倾国，佳人难再得！"上叹息曰："善！世岂有此人乎？"平阳主因言延年有女弟，上乃召见之，实妙丽善舞。由是得幸……

　　将之翻译出来看，真是一场精心策划好的表演。就在汉武帝思念王夫人未能自拔时，他喜爱的宫廷乐师李延年唱了一首美人歌。歌中的美人美到了倾城倾国的程度，听得汉武帝几乎不敢相信。就在此时，平阳公主插话，李延年妹妹就这样美呀！汉武帝见说立即召见，果然貌美无比。于是，新来的佳人消除了对旧有佳人的思念，汉武帝日日贪欢。贪欢是后话，要紧的是李延年在讴歌自己妹妹的时候，为啥平阳公主会在身边？说穿了，这恐怕就是平阳公主早就预设好的一场演出。她是为皇帝驱除忧思，也是给卫子夫再找情敌。

　　看着姐姐受冷落，看着与自己耳鬓厮磨的妻子平阳公主给姐姐制造冷落，卫青是何心情？还能和她一心一意过日子吗？

我不敢肯定，更不敢否定，因为这些猜想在史书里找不到任何证据。让我敢于肯定的是，卫青宽宏大量，并不与这个多事的妻子计较。《汉书·卫青霍去病传》所记："与主合葬，起冢象庐山云。"这是说，平阳公主死后与卫青合葬，而且是她主动要求的。要知道，卫青是平阳公主的第三任丈夫，她不选与前两位合葬，可见卫青并没有因为她多事而冷落她，仍旧一如先前那样对待她。

卫青不是一般的大度，而是度量超群。

可就是这个宽宏待人的卫青，竟然被人打了个鼻青脸肿。

○
○

李敢出拳打卫青

《史记·李将军列传》：怨大将军青之恨其父，乃击伤大将军，大将军匿讳之。

打伤卫青的不是李蔡，而是李敢，但话却要从李蔡说起。

李蔡是李广的从弟，多种资料解释是李广的堂弟。李广这位堂弟也很聪明。《史记·卫将军骠骑列传》记载："将军李蔡，成纪人也。事孝文帝、景帝、武帝。以轻车将军从大将军有功，封为乐安侯。已为丞相，坐法死。"由这段话回望当初，李家在汉朝虽然不及卫家，名望却也不小。李蔡朝中为丞相，一人之下，万人之上，威名显赫。李广多年率兵征战，早已是资深的将军。即使没有封侯，同僚、平民也都把他视为屡次征战匈奴的英雄。李敢更是后起之秀，追随父亲出征，遭受匈奴右贤王大军围困时，他能杀出重围，复又杀回。待到追随骠骑将军霍去病出征漠北时，虽然是个校尉，霍去病却把他当作裨将对待。一门三个武将，都在上阵杀敌、建功立业，怎不令人仰望！何况，李敢的叔叔李蔡，文武兼备，上阵能杀敌擒贼，下马能经国治世，真是无限光环辉耀着李家。

可惜，物极必反，似乎李蔡登上丞相位，李家便到了巅峰。巅峰是顶峰，也是险峰。无限风光在险峰，无限危机也在险峰。李广自杀，表面原因是他迷失道路、行军迟缓，没能及时参加与匈奴伊稚斜单于的决战；深层原因是卫青调整了作战方案，本是前将军的他，被安排到侧面迂回进击。不少人对卫青颇有微词的原因恰在这里，认为卫青贪图功劳，不给老将军立功封侯的机会；甚至指责他，偏待曾经救他不死的公孙敖，让公孙敖随他从正面攻击匈奴，杀敌立功，以便洗刷他曾经黄金赎身、贬为庶人的污点。这种指责似乎不无道理，金无足赤，人无完人，卫青亦然，有点私念不足为奇。只是查考《史记·李将军列传》，可以看到这样的记载："大将军青亦阴受上诫，以为李广老，数奇，毋令当单于，恐不得所欲。"尽管李广是前将军，出征前汉武帝曾私下给卫青交代：李广年事已高，不敢让他直接与匈奴单于交战，恐怕"不得所欲"。

"不得所欲"四字值得咀嚼，至少能够嚼出两种滋味。其一，担心李广难以战胜匈奴人马，反使自己再度遭受重创。其二，李广遭受重创还在其次，最主要的是汉武帝期望本次出兵能成就抗击匈奴的决定性胜利，如果因为李广失利而毁掉精心部署的大计，那可真是"不得所欲"。汉武帝这样嘱咐卫青不无道理，无论李广再英勇善战，终归没有一次能漂漂亮亮打个大胜仗——或许这也是人们所说的缺乏信任感，李广没能用作战的实例来证实自己战之能胜，只能证明他精忠报国，招之能来，来之能战。甚而可以这样猜度，本次决战出征的将领榜上原本未必有李广的名字，是他积极争取，汉武帝才答应了他的请求。汉武帝不好意思回绝他，保护了李广的积极性，却给后面的事件发展埋下了冲突。

《史记·李将军列传》记载：

　　广时知之，固自辞于大将军。大将军不听，令长史封书与广之莫府，曰："急诣部，如书。"广不谢大将军而起行，意甚愠怒而就部，引兵与右将军食其合军出东道。军亡导，或失道，后大将军。大将军与单于接战，单于遁走，弗能得而还。南绝幕，遇前将军、右将军。广已见大将军，还入军。大将军使长史持糒醪遗广，因问广、食其失道状，青欲上书报天子军曲折。广未对，大将军长史急责广之幕府对簿。广曰：

"诸校尉无罪，乃我自失道。吾今自上簿。"

由此看出，卫青要李广率军迂回助战，李广告诉卫青，他不受命。卫青不听，令长史直接将命令送到李广的军部，并催促李广赶紧到右将军处报到。李广非常生气，不仅不辞而别，还"意甚愠怒"。个人闹情绪，心态不平和，自然影响识路行军，或许也是迷途晚至的原因。及至贻误作战，受到问责，李广更是窝火恼恨。

李广告诉身边将领："我与匈奴交战大小七十余次，今有幸随大将军出击匈奴单于，然而大将军竟让我迂回作战，致使迷失路径，岂不是天意在此。我已经六十余岁，再不愿意面对刀笔小吏的责问。"说完，"引刀自刭"。

李广对待将士很好，与他们同甘共苦。行军遇到泉水，士卒有一个人没有喝，他不喝；士卒有一个人没有吃饱饭，他不吃饭。他自杀于军中，恰如《史记·李将军列传》所载："广军士大夫一军皆哭。百姓闻之，知与不知，无老壮皆为垂涕。"李敢闻知，也很痛苦，或许是由于立下战功、受赏封侯的原因，安葬了父亲的他情绪逐渐平复。情绪突然激化，是因为出了个意想不到的事情——担任丞相的叔叔李蔡也自杀了。李蔡自杀完全是咎由自取，与卫青没有丝毫瓜葛。官居高位，头脑免不了膨胀，欲望随着头脑膨胀而膨胀，贪图钱财就是膨胀的一种表现。身居高位的李蔡贪图钱财并不奇怪，奇怪的是他胆量过人，居然把汉景帝陵墓旁边的一块田园据为已有。

　　不知这一块田园价值多少，可知的是居然搭上了李蔡的一条人命。事情被人告发，眼看要被追责，李蔡自知逃不脱惩罚，干脆自杀了结了性命。李蔡这一死，李家接连两位高官丧生，犹如大厦倾倒。李敢失去父辈的庇佑，猛然处于势孤力单的状态。连遭逆风，本应韬晦低调，渡过难关，可惜李敢虽非少年，却仍少年气盛，无名火气直往上蹿。所以说他火气上蹿，是因为他已怒气冲冲闯进卫青府中，厉声质问父亲自杀的缘由。卫青直言相告，李敢肯定没有听进去，他相信了社会上的传言，指责卫青有意让父亲绕远，以致迷路。这事如何说得清、道得明？卫青再要解释，李敢的拳头已经打在了他的脸上。

　　《史记》《汉书》对此事记载都过于简练，只有"乃击伤大将军"几个字。试想，卫青是大司马、大将军，难道府中没有卫士？难道击伤卫青就能随便走脱？可以想象，李敢击伤卫青，是在卫青毫不设防的情形下，虎老雄风在，卫青连匈奴骑兵都不怕，还怕他李敢吗？还打不过他吗？何况，即使卫青不出手，府中卫士也会一拥而上将他擒拿。所以，他能轻易从大司马、大将军府邸走出来，那肯定是卫青宽容了他，放走了他。

　　大肚能容天下难容之事，这就是卫青的胸怀。

○
○

霍去病射杀李敢

《史记·李将军列传》：骠骑将军去病与青有亲，射杀敢。

年轻气盛的李敢对卫青拳脚相加一定是出于一时冲动。他跟着霍去病上阵杀敌，屡立战功，受到汉武帝赏识，封为关内侯，一路顺畅；家门遭此不幸，也委实令人慨叹。只是，冲动到伸手打人，还将大司马、大将军打伤，这就太过分了。事后冷静下来一想，他肯定会有些"后惊"。不必"后惊"，卫青绝没有报复他的意思。不过，站在卫青的角度一想，李敢确实给卫青出了个难题。"大将军匿讳之"，是卫青一贯的做法，即使火气再大，他也不愿事情闹大。若是传到朝堂之上，说不定李敢有杀身之祸；即便性命无忧，怕也会断送这青春才俊的美好前程。于是，卫青干脆不出门，不上朝，在家里静养。

在家里静养，家里未必平静。家里即便没有他人，也还有卫青的妻子。要知道这个妻子不是个循规蹈矩的凡家女子，是那个最喜欢出人头地的平阳公主。平阳公主嫁给卫青，是因为群臣当中最为高人一等的是卫青。若不然，她怎么会下嫁昔日给自己挽缰绳、抚鞍镫的骑奴。试想，李敢打伤她的夫君，她能不知道？知道了她会善罢甘休？她会受这份窝囊气？不会，以她的性格，必然会大声吵嚷，吵嚷到皇帝那里去，非给李敢点颜色看看不可。如此卫青能够静养吗？很难。所以，卫青首先必须给妻子讲清道理，按压住她的火气。世人不会清楚卫青如何苦口婆心宽慰平阳公主，但所幸史书上没有为此事出现平阳公主的身影。若是平阳公主一出头，事情闹大，真没有李敢这个毛头小子的好果子吃。

安抚好平阳公主，卫青一不出府，二不上朝，只在家闭门养伤，药物调治，他打算待伤好后再出户。

一天两天，数日过去了，李敢慌乱的心情不再慌乱。"后惊"的李敢甚至觉得只是虚惊一场，悬着的心终于放下了。可是，潜在的危机并没有消失，这心放下得是有些早了。

卫青不思报复，不等于没人报复。那几日养伤，卫青确实足不出户。卫青不出去，不等于府上没人来。别人来就来了，偏偏还来了个霍去病。霍去病几日不见舅舅上朝就觉得很奇怪，便前来看望他老人家，一进门就见舅舅鼻青脸肿。拉住下人一盘问，当即火冒三丈：好小子，我这舅舅出征匈奴多次，把那些杀人放火的凶手都打得屁滚尿流，还怕你个小子！你竟敢在太岁头上动土，欺人太甚！这口恶气霍去病怎么能咽下去！说话间必然拔出佩剑，怒发冲冠，要去找李敢算账。这时候，卫青肯定会将这个外甥按定在座位上，好言相劝，压住他的火气，拦住他，不使另生祸患。可卫青拦得了眼前，拦不了背后。从后来的情节推断，霍去病肯定是此仇不报，憋闷得坐卧不宁、寝食难安。

是日，日丽风清。汉武帝去甘泉宫游猎。霍去病陪同，李敢也随行在其中。李敢随行是谁让去的？是不是霍去病安排的？不得而知。说是霍去病安排的也有道理。出征匈奴，李敢就是霍去病军中的校尉，而且还是类似裨将的校尉，有着调动指挥其他校尉的权力。正由于追随霍去病作战，李敢才能建立军功，受赏封侯。他听从霍去病调遣已成为习惯，况且陪同皇帝游猎，是多少人求之不得的好事啊！

进入甘泉宫，游猎御队正要歇息，一群梅花鹿迎面奔来，见到大队人马忙又转身逃走。汉武帝扬鞭催马紧追过去，只待时机，弯弓搭箭。正追着，只听有人大叫一声，回头看时，李敢落下马去。汉武帝以为李敢只是落马，没放在心上，继续追赶鹿群。不一会儿，侍中追来禀报，李敢死了——竟是霍去病暗箭射死的，汉武帝不禁大吃一惊。原来，汉武帝追赶猎物时，李敢也紧跟其后猛追。霍去病却在背后抬手一箭，正中李敢。李敢落马，倒在地上，毙命。

汉武帝听了不免恼火，近前看过，果是箭伤。可是，出手射死李敢的竟是霍去病，竟是打得匈奴胆战心惊的爱将，这该如何是好？若要追究，依律应当问斩。恼火的汉武帝即使训斥，即使打骂霍去病，都不为过。只是可骂，可打，却万不能依法处置。李敢死了无法复生，又何必再赔去大司马的性命！于是，传令，李敢为鹿角触死。霍去病就这样在汉武帝面前肆意报复了李敢。而李敢因为一时冲动，断送了自己的性命。

　　对此，《史记·李将军列传》只留下几个字："去病时方贵幸，上讳云鹿触杀之。"

第十一章

生前身后事

霍去病暴病身亡

《史记·卫将军骠骑列传》：骠骑将军自四年军后三年，元狩六年而卒。

仔细阅读史书，似乎可以触摸到历史人物的心跳。《史记·三王世家》记载：

> 大司马臣去病昧死再拜上疏皇帝陛下：陛下过听，使臣去病待罪行间。宜专边塞之思虑，暴骸中野无以报，乃敢惟他议以干用事者，诚见陛下忧劳天下，哀怜百姓以自忘，亏膳贬乐，损郎员。皇子赖天，能胜衣趋拜，至今无号位师傅官。陛下恭让不恤，群臣私望，不敢越职而言。臣窃不胜犬马心，昧死愿陛下诏有司，因盛夏吉时定皇子位。唯陛下幸察。臣去病昧死再拜以闻皇帝陛下。

《史记·三王世家》开宗明义，记叙当初皇帝分封三王的过程。几经周折，最终汉武帝下诏批示道："立皇子刘闳为齐王，刘旦为燕王，刘胥为广陵王。"汉武帝立三王不是本章要关注的命题，提请读者关注的是，霍去病上疏的语气。语气可以听出态度，态度可以触摸心跳。"大司马臣去病昧死再拜上疏皇帝陛下""臣去病昧死再拜以闻皇帝陛下"，几乎相同的句式在短短的上疏中重复两次，雷同的词句是"臣去病昧死再拜""皇帝陛下"。读到这句子，我在怀疑这是不是霍去病的语气。想想当初打胜匈奴归来，汉武帝要他读兵法，他说："顾方略何如耳，不至学古兵法。"汉武帝给他盖府邸，他说："匈奴未灭，无以家为也。"给你盖房住，你不要，体现了报国精神，即使话语生硬也无人计较。可是，让你学习兵法难道有错？为何回答得那样生硬，简直能堵得汉武帝脸红脖子粗。傲气、趾高气扬、目空一切，这就是当初的霍去病。

如今，上疏请立三王，霍去病成了唯唯诺诺的谦谦君子。判若两人，完全判若两人。为何？我以为是他射死李敢所致。俗话说得好："冲动是魔鬼。"李敢怒打卫青是出于冲动，放出了心底的魔鬼；霍去病射死李敢是出于冲动，他也放出了心底的魔鬼。事后冷静一想，复仇的欲望满足了，却做过了头。李敢有错，不，就算是李敢有罪，难道应该处死？回眸征讨匈奴的战场上，李敢率兵厮杀的情景，霍去病肯定会无比歉疚。歉疚一时冲动做错了事！如果汉武帝较真，按照法律处置，那他霍去病即使苟活下来，也需要缴纳赎金，买条不光彩的小命。

他，霍去病，哪里还有敢和汉武帝叫板的底气，只能谨谨慎慎履行一个臣僚的职责。

这应该是霍去病的人生分水岭，过往的教训，警示他：

不要重蹈覆辙，应该重新做人。

霍去病醒悟了，明白了，准备开始生命的新历程。然而，时光却不肯给他这个机会了。像划破长空的流星般，霍去病突然就在这个世界上消失了。《史记》记载："元狩六年而卒。"

元狩六年，霍去病去世，生命永远定格在二十四岁。

霍去病为何猝死？

史书中找不到原因，历代推测无外两种说法，即患病身亡与遭暗算死亡。患病身亡又有两种说法。一是积劳成疾。连年征战匈奴，每次都是挑战生命极限，"早出飞狐塞，晚泊楼烦城"，体力透支，连续透支，发病而死。二是暴病身亡。霍去病性格暴躁，常盛怒，怒火伤身，突发重病致死。再说遭暗算死亡。霍去病一再请立三王，是不是得罪了人？或者，他射死李敢，也为自己准备好了掘墓人？说法不一，各有道理。果有因，因有果，死因不一定推断准确，却都是顺蔓摸瓜的结论，可以提供给后人思考。

○
○

汉武帝厚葬爱将

《史记·卫将军骠骑列传》：天子悼之，发属国玄甲军，陈自长安至茂陵，为冢象祁连山。谥之并"武"与"广地"曰景桓侯。

史料的追索和堆砌总不如细节描写有趣、感人，非常幸运的是，我有本《歌女皇后卫子夫》，里面对霍去病的去世有段还原，据此简叙，以飨读者。书中是以霍去病身染重疾来复现往事的。

霍去病患病后终日发烧，持续不退。侍女们将汉武帝特赐的御窖寒冰放在他的身边，他还是叫嚷太热。太医院的御医几乎全跑来了，开出七八个药方，不见一点疗效。守在床边的卫青，焦急万分，却也没有一点办法。他握住霍去病的手，轻轻安慰："挺住，会好的！"

霍去病低沉地说："大丈夫和凡夫俗子一样，都有一死。我跟您出击匈奴，壮志已酬，死而无憾！"

卫青哽咽无语，这话却被刚刚进来的汉武帝听见了。他走近霍去病，说："不，朕还要你和我出猎，还要你给我上阵！"

霍去病猛然坐起，可惜没能坐稳，朝后仰倒去，不再说话。汉武帝叫，爱卿！不应。叫，去病！不应。再叫，不应。阖府大恸，哭声四起，几乎要掀翻屋顶。汉武帝大声道："都给我住声！"在场的人，都憋住了哭声，屋子里只能听见汉武

1914年时的霍去病墓　（摄影：法国诗人谢阁兰）

帝一个人的哭声。突然，他止住哭声，道："你，先走，在那边等朕。朕将你安葬在茂陵，百年以后，咱君臣相守，永不分离。"

流泪也无法减轻汉武帝的悲痛，他颁令，由霍去病的儿子承续父亲的冠军侯；他亲自为霍去病确定谥号：景桓侯。西周后期形成的《谥法》规定："布义行刚曰景""辟土服远曰桓"，故称其"景桓侯"。

在朝野上下的一片哀声中，霍去病被陪葬在茂陵。下葬之日，汉武帝命令河西五郡的胡人边民，穿黑衣，披黑甲，列队绵延几十里护送霍去病灵柩前往茂陵。他的陵墓建造为祁连山的形状，以纪念他生前征战建立的不朽功勋。

如今，茂陵博物馆没有建在安葬汉武帝的茂陵，就建在霍去病墓地。茂陵博物馆建在这里，是因为霍去病墓地石刻文物众多，便于很好地保护。雄伟壮观的陵墓两侧，安放着栩栩如生的造像石刻。这些石刻刀法简单，大气非凡，堪称石刻艺术的极品。

譬如《起马》，一块巨石塑造出一匹即将站起的战马。它双目直视前方，马头微微昂扬，右前腿略微弯曲，似乎即将腾跃而起。《跃马》，似乎就是《起马》的继续，马前腿弓起，后腿跪地，正在奋力腾跃，显示出蓬勃气势。《伏虎》，粗看是一块未经雕琢的石头，细看是粗略凿刻的老虎。借助石头的自然形态，稍加修饰，就浑然天成出虎虎生气。《卧象》，躯体伏地，眼睛小而眯，鼻子横逸在左腿之外，丝毫不露自身的威猛，温驯中却蕴藏着凛然不可侵

犯的气势。《野猪》，与
伏虎有异曲同工之妙。
一块石头，寥寥几
笔——不是几笔，只是
几凿子下去，凿开了几
缕线条，线条过后就有
了一头蹲伏的野猪，三
角眼大睁，尖尖嘴巴朝
前，像是在注视就要到
嘴的食物。《石鱼》，石
头既是鱼，也是水。线

霍去病墓前《马踏匈奴》石雕全形拓

条划过石面，里面是摇头摆尾的鱼，外面是纹丝不动的水，
鱼和水长相厮守，两千年之久。《石人》，头后仰，眼圆睁，
嘴大张，牙外露，双手搭在胸前，五指分开，活脱脱一个
在战场上受伤的匈奴俘虏形象。

再譬如《怪兽吃羊》，怪兽很怪，方头大嘴，身短腿
长，头上有角，真不知道是什么动物。怪兽狰狞凶残，正
在吞噬一只小羊，小羊拼命挣扎。残暴与和善形成鲜明对
比。《人与熊》，人是巨人，熊是幼熊。这样解读似乎还不
确切，不是幼熊，而是人的雄壮威猛挤压了熊的气势，熊
变得小了，人变得高大了。人肢体粗大，深目隆鼻；矮小
的熊拼命挣扎，逃不脱，走不掉。

在这些造像中，最为人称道的就是那尊《马踏匈奴》。
马神态威武、气宇轩昂，一只前蹄把一个匈奴士兵踏倒在地，手持弓箭的士兵仰面朝天，露出死到临头的表情，整尊造像意寓汉军实力强大，具有凛然难犯的恢宏气势。战马的巨大体量和那个马蹄下卑小的匈奴败将形成了强有力的对比。雕刻以写实与浪漫相结合的手法，使用一人一马对比，勾画出一种高下悬殊、无法抗衡的场景。梁思成曾赞叹：马颇宏大，形极驯顺。腿部未雕空，故上部为整雕，而下部为浮雕，后腿之一微提，呈休息状。马下有个仰卧的匈奴人，面目狰狞，须长耳大，手持长弓，欲起不能。真是一叶知秋，将汉军击败匈奴的十年大战，浓缩在了一尊雕像上。雕塑家吴为山评价：古拙的技法，让这件作品完美地形成了线、面、体相融的造型，写意生动，直抒胸臆。

霍去病陵墓匠心独运，用石头铭刻了历史，用艺术凝结了往事。戎马倥偬，叱咤风云，寥寥几块石头，抒写了霍去病短暂而威武的一生。霍去病在陵墓中安卧，在石刻上永生。

何止在石刻上永生，还在诗歌里永生。打开中国浩如烟海的诗歌画卷，有几人的名字能频繁出现在各个朝代？霍去病能！历代诗人抒发心中豪情，表达胜利志向，笔墨就会描绘出霍去病的形象。

南北朝时期梁朝名将曹景宗诗作《光华殿侍宴赋竞病韵诗》写道：

去时儿女悲，归来笳鼓竞。

借问行路人，何如霍去病？

唐朝诗人王维在《出塞作》吟诵：

居延城外猎天骄，白草连山野火烧。

暮云空碛时驱马，秋日平原好射雕。

护羌校尉朝乘障，破虏将军夜渡辽。

玉靶角弓珠勒马，汉家将赐霍嫖姚。

写一首歌颂霍去病还不过瘾，王维在《送张判官赴河西》一诗中继续称颂：

单车曾出塞，报国敢邀勋。

见逐张征虏，今思霍冠军。

沙平连白雪，蓬卷入黄云。

慷慨倚长剑，高歌一送君。

先前我们曾引用过李白一首诗，其中就有"将军兼领霍嫖姚"的句子，他还不尽兴，又写下《塞下曲》六首，其中一首写道：

骏马似风飙，鸣鞭出渭桥。

弯弓辞汉月，插羽破天骄。

阵解星芒尽，营空海雾消。

功成画麟阁，独有霍嫖姚。

杜甫也不甘人后，写了一首《后出塞》，又写了一首《陪柏中丞观宴将士》，先写下"借问大将谁？恐是霍嫖姚"，继而又写下"汉朝频选将，应拜霍嫖姚"。

……

霍去病、霍冠军、霍嫖姚……霍去病英名不朽，代代传颂，传颂着他的威武，传颂着时代的骄傲。时光远去，物是人非，霍去病的风采依旧！

○
○

丝绸之路初生了

《汉书·张骞李广利传》：乌孙发译道送骞，与乌孙使数十人，马数十匹。报谢，因令窥汉，知其广大。

一件突如其来的喜事，打破了霍去病去世后汉朝的沉闷空气：张骞出使西域归来了！

张骞居留乌孙日久，却无法说动乌孙王回迁原来的住地，很是不甘心——千里迢迢而来，事不如愿，回去该如何向汉武帝复命？上次滞留匈奴十年，偷偷跑到大月氏，却没能与之结成联盟共同打击匈奴；如今又遇上优柔寡断的乌孙王，这真令张骞沮丧。他耐心等待，等待乌孙王有个明确态度。

张骞不走，乌孙王肯定心绪难宁，既然已经打定主意不回迁原住地，那如何让汉使死心，尽快离境返汉？办法终于有了，而且话一出唇，张骞立即打点行装，踏上归途。乌孙王说，自个儿不了解汉朝，当然无法相信汉朝的实力，也就无法同意回迁。派几位使臣前往汉朝看看，倘若汉朝果真强大，自然可以结为盟国。张骞当然高兴，带着乌孙使臣还朝——让他们亲眼看见汉朝之大、之富，联手就会大有希望。如此，才有了《汉书·张骞李广利传》所记载的："乌孙发译道送骞，与乌孙使数十人，马数十匹。报谢，因令窥汉，知其广大。"

自元狩四年，张骞再次踏上前往西域之路，他便淡出了汉武帝的视野。淡出了汉武帝的视野，不等于淡出了他的头脑。志在稳固边塞的一朝天子，时刻都在期望精心谋划的大计成为现实；尤其是卫青、霍去病出征漠北胜利归来，"匈奴远遁，而幕南无王庭"，北方的边患已经消除，西面呢？就等张骞带回佳音。然而，张骞这一去，再无消息，未免令人焦急。焦急是无济于事的，焦急久了还会变为失望。是呀，上次张骞一走十多年，难道这次还会重蹈覆辙？应该不会。上次是因为匈奴扣留无法回来，这次已

丝绸之路线路示意图

将匈奴逐出陇西，怎么会悲剧重演？难道还有其他意外？

希望就要变为失望时，元鼎二年（前115），张骞却突然出现在朝堂。可想而知，汉武帝是何等高兴——看见张骞高兴，看见乌孙使臣高兴，看见使臣带来的几十匹高头骏马更为高兴。他高兴地提拔张骞为大行令，专门负责管理联络西域各国的事务。

张骞多才多艺，在乌孙还学会了横吹胡曲，即《摩诃兜勒》一曲，他一吹奏，这新鲜的曲调很快传遍长安城。乐师李延年听见大受启发，更造新声二十八解，形成汉朝军乐的基调。一年以后，张骞派往各国的那些副使陆续回来，皆不空手，带回不少西域特产，胡桃、蚕豆、石榴、葡萄以及琥珀等等，真是琳琅满目，看得汉武帝目不暇接。

汉武帝喜欢大宛的葡萄，更喜欢大宛的葡萄酒；喜欢大宛的良马，更喜欢大宛的苜蓿。他下令种植苜蓿，饲养良马；栽植葡萄，酿造葡萄酒。来年，他在游乐的上林苑吃的是葡萄，喝的是葡萄酒，索性把离宫也命名为葡萄台。城南的乐游苑则全部种植苜蓿，春来一片茵绿，夏季繁花似锦，这罕见的美景陶醉了观赏者。不知缘何，人们又将苜蓿称为"怀风""光风"。苜蓿的种植很快绵延到茂陵邑，看见的人都欣喜地称之为"连枝草"。

互通有无的物品交流就这样开始了。汉武帝陆续派出一批批使团，前往西域各国，有时上百人，有时几百人，每个使团都带着丰厚的礼物。炼铁技术、凿井技术、开渠引水技术，源源不断传播到各地。西域各国最为喜爱的是汉朝丝织品。一位罗马僧侣见到这精美的织物，赞不绝口：汉朝丝绸纹细如蛛丝，灿烂若云霞，色泽鲜美可爱，赛过野花。

缘此，后来这条通往西域的大道才被誉为"丝绸之路"。

誉为"丝绸之路"，是几近两千年后的事情，当下的实情是，陇西至西域，已被凿空，匈奴不再骚扰，张骞才能顺利抵达、顺利归来。张骞用他的行动，体验着大汉反击匈奴的丰功伟绩。

○
○

伴君保晚节

《汉书·卫青霍去病传》：赞曰：苏建尝说责"大将军至尊重，而天下之贤士大夫无称焉，愿将军观古名将所招选者，勉之哉！"

从以上引文的"赞曰"可以看出一个史学家的精明——赞扬卫青还想力求客观公正，不带主观色彩。班固选取了一段对话，来印证卫青的无私豁达。和卫青对话的是苏建，他认为大将军十分尊贵，但天下贤能的士大夫却少有人称赞，所以希望他效仿古代名将招贤纳士，努力提高声誉。

为什么选择苏建提出这个问题？众所周知，苏建追随卫青出征匈奴，遇到劲敌，拼死奋战，仍全军覆没，唯独他只身逃回大营，按律当斩。当时卫青身边多有主张杀苏建以给卫青立威者。卫青坚持己见，将苏建交由汉武帝处置，后苏建花钱赎罪，留得一命。如此厚恩，当然要报，苏建恳请卫青招纳贤士，树立声望，自在情理之中。那么，卫青是何态度？感谢苏建的好意，却不遵从他的主张，告诉他说："自从魏其侯、武安侯厚待宾客之后，天子常常切齿痛恨。礼待士大夫，招揽贤能者，罢黜无能者，是君主的权力。大臣奉守法律，遵从职务即可，为何要招纳贤士！"

这段对话，颇能看出卫青的品德。他功高而不震主，得势而不立威，敬贤而不养士。在我眼里，卫青具有双重人格，能够很好地履行自己的角色。他是一只猛虎，面对匈奴，他以数倍于敌军的凶猛拼死作战，力求胜利；他是一头牛，回朝为臣，恭顺谦和，宽怀忍让，埋头做事，从不趾高气扬。

主父偃初到长安，极力要谋到一官半职，就拜见卫青请他向汉武帝举荐自己。几番对话，卫青看到主父偃学识满腹，颇有见地，便上书举荐。可是，多日过去，不见有任何消息。他再呈书举荐，仍然没有动静。主父偃等得心焦，就斗胆写了一封自荐奏章。没想到，奏章递上去，汉武帝当日就召见了主父偃，次日便封他为郎中，走上了为官道路。汉武帝没有赏给卫青面子，他无怨无悔，依然尽职尽责。卫青派人去河东买马，发现减宣是个人才，继续推荐。汉武帝任命减宣为大厩丞，后来连续升职，担任御史、中丞几近二十年。

司马迁写汲黯去见汉武帝时，汉武帝衣冠不整不予接见；而对于卫青，汉武帝则不拘礼节，甚至边如厕边和他商谈国家大事。随和是苦难童年赐予卫青最好的财富，即使成为威震朝野的大司马、大将军，他仍然不骄不躁，保持着一贯作风。这做派总让人想起《尧戒》："战战栗栗，日谨一日。人莫踬于山，而踬于垤。"是呀，他如此谨慎，没有跌倒在大山前，也没有跌倒在小土堆边。

在《史记》里，司马迁不仅从正面树立卫青的形象，而且从侧面凸显他的品格。淮南王刘安阴谋造反前曾与幕僚伍被秘密商讨，如果向朝廷开战，汉武帝可能派谁来讨伐。伍被认为卫青挂帅的可能性最大。《史记·淮南衡山列传》写道：

> "被所善者黄义，从大将军击匈奴，还，告被曰：'大将军遇士大夫有礼，于士卒有恩，众皆乐为之用。骑上下山若蜚，材干绝人。'被以为材能如此，数将习兵，未易当也。及谒者曹梁使长安来，言大将军号令明，当敌勇敢，常为士卒先。休舍，穿井未通，须士卒尽得水，乃敢饮。军罢，卒尽已度河，乃度。皇太后所赐金帛，尽以赐军吏。虽古名将弗过也。"王默然。

这段话从侧面给予卫青极高的评价，以至于听到这话的淮南王都不再说话，认真思考对策。思考的结果是，一旦淮

备起事，"使人即刺杀青"。这可真是高处不胜寒，刚正也
危险。

　　卫青所要正视的还不止这些难题，还有更为令人尴尬
的难题。汉武帝沉迷女色，姐姐卫子夫皇后的地位不稳，
何止是皇后的地位，子因母贵，母因子贵，互为因果，一
旦皇后的地位失去，那么外甥刘据的太子地位就会岌岌可
危。若不是李夫人患病早亡，那她的儿子刘髆，可能就是
太子最大的政敌。侥幸，李夫人福气太浅，风华正茂，可
惜天不假年。

　　或许卫青和姐姐卫子夫都长出了一口气，却不想刚刚
走出哀伤的汉武帝，已经陶醉于尹婕妤和邢娙娥的美色之
中。陶醉也罢，还制造出个"尹邢避面"的典故。

　　汉武帝沉湎于怀思李夫人的哀伤时，有人为解除他的
悲痛，模仿李夫人的形象，朦朦胧胧投影出来，让汉武帝
重温了一次旧梦。据说，这就是中国皮影的最早起始。皮
影上的李夫人形象很美，但再美也是镜中花、水中月。镜
中花无味，水中月无光，无味无光之物当然滋养不了刘彻的神魂。让刘彻摆脱忧伤的是后宫的尹、邢两位美姬。尹是婕妤，邢是娙娥。婕妤和娙娥都

位于今陕西省兴平市南位镇的卫青墓

是美貌的意思。两位美人互不相让，争风吃醋，素未谋面，却都认为自己最美。一日，尹婕妤请求汉武帝让她与邢娙娥相见，一较优劣。汉武帝逗趣，令宫女假扮邢娙娥去见尹婕妤。尹婕妤不傻，一眼看穿是别人顶替。汉武帝再召邢娙娥进去。邢服装一般，姿容很是秀媚，看得尹婕妤目瞪口呆，好久不语，再后便是俯首垂泪。邢娙娥落落大方，微笑离去。好在汉武帝还算豁达，没有责怪尹婕妤，还曲意温存，止住了她的珠泪。从此，两人不再相见，这便有了典故：尹邢避面。

这两个轻浮年少的嫔妃要点小聪明，使个小性子，无碍大局。可谁又清楚往后会有哪个娇娘来在汉武帝的身旁？卫青替把自己引入宫廷的姐姐卫子夫担忧——巍峨的皇家后宫，犹如九霄云外的广寒宫。

○
○

鞠躬尽瘁垂后世

《史记·卫将军骠骑列传》：其后四年，大将军青卒，谥为烈侯。子伉代为长平侯。

卫青打败匈奴右贤王归来，三个儿子封侯，那是家业兴旺的顶点；出征漠北，扫荡匈奴单于伊稚斜凯旋，那是事业辉煌的顶峰。无论是顶点，还是顶峰，都潜存着危机。顶端阳光灿烂，但前后都是深渊，要想立足不败，谈何容易。《史记·卫将军骠骑列传》记载：

自骠骑将军死后，大将军长子宜春侯伉坐法失侯。后五岁，伉弟二人，阴安侯不疑及发干侯登皆坐酎金失侯。失侯后二岁，冠军侯国除。其后四年，大将军青卒，谥为烈侯。子伉代为长平侯。

卫青长子卫伉因为犯什么法失侯，不清楚，只知道卫不疑和卫登失侯是因为酎金。酎，是古人精心酿制的美酒。据说，要从一月至八月，反复添加作料，才能逐渐酿成。自汉文帝起，每年要祭祀汉高祖庙。祭祀时，诸侯王与列侯必须按照封国人口奉献黄金，称之酎金。每千口俸金四两，由少府验收。汉武帝曾借助检查酎金成色不足之事，削弱和打击诸侯王及列侯势力，一次就夺去一百零六位列侯的爵位。莫非卫不疑和卫登就在这一百零六人之列？如果这个推测没有错，既可以看出汉武帝执法之严，也可以看出匈奴远遁后，卫青的地位在明显滑落。不知卫青当有何感，我是禁不住为之纠结。

两千年来，对卫青的形象无数文人骚客做过多种描摹。《歌女皇后卫子夫》一书，写到卫青在晚年与姐姐卫子夫谈起身体大不如先前，找出的原因是，儿时在家乡放羊，睡在潮湿的羊圈，冬天只有半块羊皮御寒，冻坏了筋骨。气得卫子夫简直想杀卫青的父亲郑季，卫青则说不用了，他已经把那三个兄弟征发从军，两个战死，一个伤残。由此可以看出，卫青已经报了仇，出了气。我不认同这样的写法，卫青不是睚眦必报的那种性格，宽宏才是他一贯的表现。李敢打伤他，他都能强忍，还有什么仇恨不能化解？我看重这本书中卫青说的一句话："我已派人去平阳给父亲买房子，安排仆人照料他的生活。"这样的举止，才符合卫青的性情和人格，才符合实情。若不然，平阳，即现今的临汾，为何会留下一个叫作青城的村子；而且，村里祖祖辈辈都说，这是卫青的故乡。

……

元封五年，卫青走到了生命的终点，谥号为"烈"。《谥法》规定："以武立功，秉德尊业曰烈。"鞠躬尽瘁、死而后已的卫青，获得这个谥号名副其实。卫青去世后，汉武帝下令将他陪葬在自己的茂陵，而且陵墓以庐山造型，那是他征战过的地方。

没过多少日子，汉武帝因"名臣文武欲尽"下求贤诏。《汉书·武帝纪》记载：

> 大司马大将军青薨。
>
> 初置刺史部十三州。名臣文武欲尽，诏曰："盖有非常之功，必待非常之人，故马或奔踶而致千里，士或有负俗之累而立功名。夫泛驾之马，跅弛之士，亦在御之而已。其令州、郡察吏、民有茂材、异等可为将、相及使绝国者。"

"大司马大将军青薨""名臣文武欲尽"，两句话摆放在一起，何须任何人评价，足以看出卫青在汉武帝时期所处的地位及其重要作用。

○
○

骨肉相残的悲剧

《汉书·外戚传》：卫后立三十八年，遭巫蛊事起，江充为奸，太子惧不能自明，遂与皇后共诛充……

"死去元知万事空"，只是卫青死后，卫氏家族大厦将倾。

姐姐皇后死于非命！

外甥太子死于非命！

或许，卫青再长寿些，至少陪伴到卫子夫终老，汉朝的历史也许就不会是现在这个样子。

恰如《汉书》中汉武帝颁布求贤诏所言，卫青死后，"名臣文武欲尽"，能够设身处地为皇帝着想的忠臣缺席了，酷吏、佞臣便包围了皇帝，冤假错案连连出现。太子刘据仁恕温谨，在父皇外出巡幸时，主持朝政，平反了不少错案，得到了百姓称颂。这便触动了那些酷吏的利益，断送了他们邀功请赏、升官晋爵的机会。酷吏们纷纷把矛头指向太子和皇后。

卫子夫闻知，问及太子，你平反的案件是否都有实据？太子告诉她，件件属实。她语重心长地嘱咐："我老了，难得见皇上一面，不能再替你说话，遇到大事要案，你留待皇上回来决定。你要小心谨慎，不可自作主张。"

如果以公正的目光去审视汉武帝时代太子刘据和酷吏们的争斗，无疑，太子是正义的代表。卫子夫维护的，恰是这种正义。那么，正义是否能战胜邪恶？如果卫青在世，可能那帮酷吏撼不动这中流砥柱，偏偏卫青早逝了。

卫青死后，酷吏们加剧了对卫子夫母子的攻击，唆使小黄门苏文、常融、王弼等人秘密监视太子，查找过失。找不到错误，就捏造事实，挑拨离间，在汉武帝面前中伤太子。

有一次，太子发现自己宫里的宫女增加到二百人，感到奇怪，去问母后。卫子夫告诉儿子："前几天，你进宫看我，出去时间晚了些，小黄门苏文即向皇上告密，说你在宫里同宫女嬉戏。父皇以为你喜欢女色，下令把太子宫的宫女增加到二百人，没有怪罪你就是万幸。"

太子刘据听了，虽然十分气愤，却觉得父皇还是了解自己的。不过，母子俩反复合计，还是小心谨慎为好。谁知一波未平，一波又起。一日，汉武帝偶染小疾，躺在床上，令小黄门常融去召唤太子。常融唤过，先一步回来，禀告汉武帝："皇太子听说你病了，竟然满脸喜气。"

汉武帝听说，气得哼了一声。

过了一会儿，太子刘据进宫，刘彻看见他脸上有泪痕，这才发觉常融的话不对。叫来常融，一再追问，查明了真相，杀了这个拨弄是非的小人。虽然杀了常融，但汉武帝对酷吏却仍然没有警惕，仍如往常那样信赖他们。卫子夫母子与酷吏的为政思想截然不同，尖锐的对立形成了无法调和的矛盾。骨肉相残的悲剧，一天天迫近。

卫子夫姐姐卫君孺的儿子公孙敬声，挪用军款，被人告发，下狱论罪。丞相公孙贺为了营救儿子，向汉武帝保证捕捉盗侠朱安世，将功补过，替公孙敬声抵罪。后来，朱安世捕获了，但这盗侠痛恨公孙贺，反咬一口，诬陷公孙敬声和阳石公主私通，并串联诸邑公主同卫青的儿子卫伉，在汉武帝养病的甘泉宫埋下木人，诅咒皇帝。汉武帝竟然轻信谣言，勃然大怒。先是将公孙贺父子处死，并灭全族，又杀死卫青的儿子卫伉。继而，威逼阳石公主和诸邑公主自杀。卫子夫苦苦哀求，无济于事，两位公主死于非命。

没过多久，横祸又起，这一次卫子夫和太子都难以幸免了。这一年，汉武帝六十七岁了，年老多病，酷吏们唯恐皇帝去世，太子登基，便千方百计寻找机会陷害太子。

斯时，长安城里巫蛊盛行，有些方士声称可用左道旁门为人祛灾除邪，以骗取钱财。酷吏江充向汉武帝进言，说皇上龙体欠安，是巫蛊作祟。怕死的汉武帝顿时大怒，命令江充为特使，查办巫蛊。江充大打出手，戒严全城，四处搜捕，随意将一些木偶埋在人家门口，泼些狗血污物，罗织罪名，杀害无辜。仅仅几日，因巫蛊案被处死的人多达上万。长安城里哭声震天，汉武帝却对他更为信任。江充有恃无恐，硬是想方设法将卫子夫母子牵连进去，意欲斩尽杀绝。

是日，汉武帝午睡时做了个噩梦，梦见有人拿棒子打他，惊醒后，即感到周身不爽。江充趁机挑拨说，皇宫中也有巫蛊之气，此气不除，皇上病体难愈。汉武帝轻信了江充的鬼话，命他进宫查办巫蛊。江充率领一干人等在皇宫中忙碌一阵，别的宫内一干二净，竟在太子宫里掘出无数大大小小的木偶。尤其可怕的是，在太子的书房，还查出词语悖逆的书信。太子得知，大为吃惊，他明白那些所谓的赃物实据，全是江充设计栽赃。他向江充请求去甘泉宫拜见父皇，陈明实情。江充竟然不让他去。刘据无奈，命令太子宫卫士逮捕了江充等人，可惜小黄门苏文偏偏漏网，他跑去报告了汉武帝。

汉武帝又惊又疑，觉得太子不至于谋反，况且他知道太子和江充素来不和，猜想一定是因巫蛊事发，迁怒于江充。于是，他命令一名宦官赶赴长安，召太子前来问话。遗憾的是，汉武帝派出的这名宦官是苏文的同党，他去外面睡了一觉，便回奏皇上，太子谋反了。闻报，汉武帝大怒，下令发兵攻打太子。

血战五天五夜，太子寡不敌众，只好带着两个儿子逃离长安。逃到湖县（地处河南，曾改名阌乡县，后并入灵宝市），躲藏在一个农户家里。农户家境贫寒，养不起太子，一家人每天早起晚睡忙着编草席卖钱。太子不忍拖累他们，托人向另一户富裕的朋友求助，不料走漏了风声，被官兵围困在家中。太子料定无法逃脱，闭门自缢。两个儿子奋力拒捕，都被杀死。

太子死了，皇后卫子夫也死了，而且死得比太子还早。太子出逃后，汉武帝一面命人追捕，一面派人去长乐宫，收缴卫子夫的册书和玺绶。卫子夫似乎知道这一天迟早都会到来，没有反抗，解下腰带，悬梁自尽。

卫家因汉武帝而尊荣。

卫家因汉武帝而衰败。

○
○

无法预知的未来

《汉书·霍光金日磾传》：上以光为大司马大将军……受遗诏辅少主。

后元二年（前87），七十岁、高居皇位五十四年的汉武帝，就要走到生命的尽头了。自太子刘据死于巫蛊一案，汉武帝再没有立太子，自觉大限已到，才确定小儿子刘弗陵继位。此子年方七岁，需要有人辅佐，他选择了霍光。对，就是霍去病出征漠北凯旋，回家探望父亲霍仲孺，带到长安的异母兄弟霍光。霍光进京后先做郎官，逐步升迁为奉车都尉、光禄大夫。他在皇宫出入二十年，事事谨慎，时时勤勉，从没有出过什么差错，深得汉武帝的喜爱。汉武帝降诏：立刘弗陵为皇太子，晋升霍光为大司马、大将军，金日磾为车骑将军，上官桀为左将军，桑弘羊为御史大夫，与丞相田千秋五臣共辅朝政，五臣之中以霍光为首。不日，汉武帝撒手辞世，依照遗诏，霍光等大臣奉太子刘弗陵即位，是为汉昭帝。

刘弗陵即位后，其兄燕王旦心怀不满，寻机起事。此时，小皇帝年幼无知，哪有反抗之力。幸亏霍光早有提防，耳有所闻，派人查实，很快平息了祸乱。依律，应当处斩燕王旦，考虑新立皇帝，不宜骤杀手足骨肉，霍光只令燕王旦谢罪息事。

可是，一波刚平，又在孕育更大的风波。心怀叵测的上官桀，因为私欲未能满足，派人和燕王旦联系，希望里外接应，杀霍光，废昭帝，立燕王旦。燕王旦闻知，大喜过望，立即回复上官桀，事成之后，封他为王，共享荣华。正在密谋，不想走漏了风声，霍光闻知，当即严密部署，将上官桀等一网打尽，又派人持玺书去见燕王旦。燕王旦自知罪大，走投无路，上吊自杀。

霍光呕心沥血，主持朝政，汉朝在他的治理下，一改汉武帝时期连年征战造成的"海内虚耗，户口减半"状况，流离人口回归乡里，农业生产恢复生机，朝野渐趋安定。而且，随着汉昭帝的长大，霍光还政于他，可以稍微松点心了。岂料，汉昭帝突然患病，太医聚集，会诊救治，却没能挽留住他的生命。一道难题摆在霍光面前，谁来当皇帝？先前辅政，他只是驱动汉朝这架机器运转，如今，这架破损的机器竟要他重新建构。霍光征求大臣们的意见，决定迎立昌邑王刘贺继位。

哪知，刘贺是个荒淫无度的浪子。平日无所事事、四处游猎。看到迎立他当皇帝的玺书，居然手舞足蹈、忘乎所以。起程进京,一口气就跑了百余里,随从的马多有累死。一路走来,滥购物品,掳掠美女,弄得乌烟瘴气。刘贺当了皇帝,把随行的二百人都引为内侍,整日不理朝事,在宫中斗鸡走狗、吹打鼓乐。见有美貌宫女,即召入,令陪酒同寝,闹得宫中混乱不堪。在位二十七天,竟然干了一千一百二十七件坏事。如此下去,岂不断送了汉家社稷?霍光一咬牙,废除了这个荒淫无耻的昌邑王刘贺。

这下选哪个刘氏宗亲当皇帝?精挑细选,最后登上帝位的是病已。病已后来改名刘询,史称汉宣帝。说起来令人不胜叹息,这个汉宣帝竟然是原太子刘据的孙子、皇后卫子夫的重孙。昔年由于巫蛊之乱、佞臣作奸,太子刘据被逼出逃,他和两个儿子都死在外面,怎么会有孙子?其实那年,病已尚在襁褓中,未能逃跑,就被关进监狱。狱官丙吉念及病已可怜,即派两个女犯轮流乳养,每日还亲加查验,这个可怜儿才得以偷生。后来,丙吉伺机把他送到乡下奉养,到汉武帝去世他才回到京都。大难不死必有后福,这话应验在病已身上了。

世事真是不可思议,如同九曲黄河九十九道湾,绕来拐去,登上皇帝位置的不是太子刘据,而是他的孙子!

这事卫青无法预料,不会知道。

这事霍去病更无法预料,不会知道。

历史悄无声息回环进了卫青、霍去病从未精心设计,却浑然天成的轨道。

鸣金收官

没有刻意安排，一切顺其自然。2020年10月9日，偏西的太阳如果不是被云层遮掩，阳光一定会洒满平坦的关中原野。自然，身边的茂陵也会阳光灿烂。然而，恰是这浓云密布的天日，为拜谒陵墓营造了最贴切的氛围。

我是第三次拜谒茂陵了。说是拜谒茂陵，其实是冲着陪葬茂陵的两位大名鼎鼎的家乡先贤而来，卫青、霍去病的陵墓都在汉武帝陵丘的近侧。第一次拜谒是在1986年，我从西安乘机飞重庆，那时不是每日都有航班，候机的间隙接待我的朋友问我想去何处旅游，我首选的就是茂陵，只为拜谒卫青、霍去病。第二次拜谒是在2000年。头年，我主持修复的遭大火焚烧的尧庙广运殿竣工了，举办了祭尧大典，标志着临汾旅游正式启动。为将尧都辉煌的历史文化资源转化为旅游活力，2000年，我去西安给旅行社同仁讲授临汾景点以及其中的文化含量，趁此机会再次去茂陵拜谒了卫青、霍去病。为何去？我觉得在二位先贤身上，凝结着催人奋发上进的精神能量，我需要汲取，需要充电。

这一次前去拜谒，目的更明确，要为卫青、霍去病写一本传记。写作的动机早就有了，二十年前，我已开始积累各种与之相关的图书，甚至在台湾讲学之余去诚品书店淘得几本相关书籍，越过海峡，背了回来。然而，或许是机缘不够，写作计划总是一次次推后。这一次是不能再推了，而且要在两个月内完稿，这真是对我写作的一次挑战。从来写书没有这样紧迫过。如何能如期完成，如期付梓？看来需要用卫青和霍去病的精神和速度，在书中激活他们的生命。我在北岳文艺出版社古卫红常务副总编、韩玉峰副主任的陪同下，再次走进了茂陵。

茂陵博物馆设在霍去病的陵园，二十年过去了，陵园扩大了好多，兴建了两侧的展馆、中心的水池，还有前面开阔的庭院。巍峨的陵丘坐落其中，更显出宏伟气派。那祁连山一样高耸的陵丘，立即就把人带进骏马萧萧、刀光闪闪的疆场。匀速跳动的脉搏，顿时加快了——随着骠骑将军的征战节奏而加剧跳动。登上陵丘顶峰，左侧的卫青陵墓突兀眼前，柏木葱茏，翁郁肃穆，我的耳边却轰鸣着威风锣鼓惊天动地的声响。听见这声响，似乎就听见了卫青、霍去病的心跳。锣鼓，神州大地司空见惯，却没有一地的锣鼓，能打出尧都锣鼓的气势。这锣鼓能翻江倒海，能摧枯拉朽，因而世世代代不称锣鼓，而叫威风。毫无疑问，卫青和霍去病正是带着这威风豪气，奔驰征程，才击败匈奴，创造了中华军事史上的奇迹，创造了世界军事史上的奇迹。

思接千载，视通万里。站在陵墓顶端，犹如站在巨人的肩膀上，视野顿觉辽远。蓦然，"好汉"一词跳跃在了眼前。这是一个挂在嘴边的词语，哪个人有本事，有能耐，能干好自己的事，能带动别人干事，众人就会用"好汉"一词称赞他。以至于历代英雄豪杰，早就被世人与好汉关联在一起。岳飞是英雄好汉，辛弃疾是英雄好汉，文天祥是英雄好汉，即便是在聚义厅前大口吃肉、大碗喝酒、大秤分银的武松、李逵、鲁智深之辈，也都被世人称为梁山好汉。

好汉！

"好汉"一词，从何而来？那为何不说"好宋"？我想，与"好汉"对应的一词应为"软宋"。"软宋"，其实不是世人误以为的"软尻"，而是"软宋"，无可挽救的"软宋"。与西夏打，吃败仗；与辽国打，吃败仗。澶渊之战，推也罢，拉也罢，总算把宋真宗揎到了前线；巧也罢，笨也罢，总算用弩射死了辽国大将萧挞凛。辽军挫伤锐气，龟缩不前，只得派人讲和。宋朝理应拿出胜利者的威严，令其撤军；至少也应平等相待，互不侵犯。然而，记载于史册上的"澶渊之盟"却是，宋朝每年向辽国缴纳白银十万两、绢二十万匹——留下了前所未有的笑柄，不是"软宋"是什么！

好汉，是雷打不动的好汉！试想，在汉朝之前五百年，甚至更久，从戎狄到猃狁，到荤粥，再到匈奴，无论叫作什么名称，这个西北方的游牧民族，都以其彪悍勇猛、势不可当，入侵中原如入无人之境，杀人越货如探囊取物。韩、魏、赵无可奈何，逼得赵武灵王胡服骑射，逼得李牧二次防守边塞。即使一统天下的秦朝，那个盛气凌人的嬴政，面对三皇五帝，既要称皇，还要称帝，对匈奴也奈何不得。派出蒙恬出兵防御，还要派出公子扶苏监军，真是重视得不能再重视。即便这样重视，也还不够放心，为了边地安宁，为了高枕无忧，居然下令扩修各国长城，修建了一道横贯东西的万里长城。

岁月迈进汉朝，软弱的样子丝毫不见改观。自从汉高祖率军北征，被围困在白登，历任皇帝哪个不对匈奴谈虎色变，哪个不是屈辱和亲以保百姓安宁。最为丢人败兴的莫过于吕后，冒顿单于公然羞辱到她的头上，"愿以所有，易其所无"，这与赤裸裸的叫骂几乎没有两样。她生气吗？生气。生气地召集大臣讨论征讨匈奴，她的妹夫樊哙拍案而起，甘愿率军出战。可是，大臣季布一盆冷水浇下去，每个发热的头脑都降了温。恢复正常体温的人不敢再唱高调，只好忍气吞声，继续和亲。

汉朝如果延续既定方针，那不会有"好汉"之称，应该留下"软汉"的名声。

然而，喝令匈奴撤退，吓得匈奴逃遁的那个"好汉"来了！我是霹雳，我是闪电，不，我是卫青，我是霍去病，我们是战无不胜的英雄。我们在防御，我们以进攻为防御；我们在出击，我们以奔袭为出击；我们在厮杀，我们以速度作为最大、最快的杀伤力。我们让北部边塞"匈奴远遁，而幕南无王庭"；我们让西部边塞匈奴哀叹，"失我焉支山，令我妇女无颜色。失我祁连山，使我六畜不蕃息"。

汉朝，史无前例地征服了匈奴。

好汉！

绝对的好汉！

千秋万代永远传颂的好汉！

就在我们拜谒卫青、霍去病陵墓的前几天，一部新拍摄的电影红遍大江南北，这就是摹写中国女排的《夺冠》。夺冠，把话说完整应该是夺取冠军。

冠军，是第一名，是最高的领奖台，是光灿灿的金牌。

冠军，是个人的荣誉，是集体的荣誉，是国家的荣誉。

走上中国排球场的姑娘，把个人荣誉与中国荣誉集于一身。她们为夺取冠军，为站上最高的领奖台，为让五星红旗在雄壮的国歌声中升起，流汗、流血，摔倒、摔伤……

何止是女排姑娘，哪一个体育赛场上的冠军，不付出比常人多得多的辛苦。

何止是体育赛场，在世界任何一个竞技场上，冠军总是流汗、流血，付出最多的人。

因而，冠军是怒放在世人面前，最鲜艳、最芳香的花朵。

有谁知道，让冠军一词名扬天下的人就是躺在巍峨陵墓中的霍去病。十八岁上阵打击匈奴，以剽姚校尉的名义，带着八百名勇士，像尖刀一样直插匈奴腹地。或者，比尖刀插进去还迅捷、还锋利。他们是射出去的箭，"朝辞边塞彩云间，午穿沙漠戈壁滩"，常令匈奴措手不及，防不胜防。匈奴真不知他们是从何处降临的天兵天将。刚刚才见沙漠里黄尘犹如孤烟直，突然间风暴狂卷已在眼前。寒光闪闪，血色飞溅，人头落地，鬼哭狼嚎，所有的战场都是人与人在较量，唯有霍去病搏杀匈奴是神与人在较量。战神，神无比，勇无比，神勇无比。且不论后来每战必胜、每战全胜，仅说首战，八百精骑，斩敌首级两千余，杀死匈奴的相国、当户等人不说，还把单于的叔叔罗姑比也俘获。一战封侯——汉武帝喜不自禁，马上将这个青春年少的爱将封为冠军侯。

冠军侯，冠军就这么名振寰宇了！

首战如此，再战如此，再再战依然如此，霍去病让世界明白了，什么是迅雷不及掩耳之势，什么是摧枯拉朽不费吹灰之力！何止是作战，即使迎降匈奴浑邪王，也显示出他罕见的胆识与魄力。降军有变故，有骚动，稍一迟缓，降军就会变敌军，分秒必争，刻不容缓。霍去病率领将士驰入降军阵营，手起刀落，不降者已血洒黄沙。震惊，胆寒，谁还敢贸然造次？归顺，大军归顺，四万降卒开赴关内，开赴长安。

归顺，划时代的归顺，书写了不战而屈人之兵的崭新篇章。

这是威名的震慑！

这是冠军的力量！

一位抗击匈奴的冠军，冠领了汉朝划时代的胜利大军！

一位汉朝的冠军，冠领了三教九流、各行各业，那些个出类拔萃的尖子！

站在霍去病陵墓的顶端，目光所及绝不是眼前的景致。似乎这天的浓云就是专门赶来助兴的，就是要专意为我设造一种置身云端的感觉。朦胧间，西行的张骞带着他的使团出发了，满怀希望地出发了。我知道他们的行列里没有骆驼，听不见驼铃；但是，我却固执地认为有驼铃丁零丁零响过，那是一种心声，是张骞的心声。在我心中，张骞就是一头负重前行的骆驼。现实中的骆驼背负的是货物，是商品，是主家的欲望。张骞，或许连背囊也没有，背上空空如也；然而，我却固执地认为，他背负着行囊，而且行囊很重，他背负的是汉武帝的希望，是汉朝的希望，希望与大月氏联手，合击匈奴，开辟太平盛景。

张骞不是这个世上第一个种豆得瓜的人，却是得瓜最大的人。他播种的豆子没能发芽，就胎死腹中。偏偏为了这个胎死腹中，他经历了人世间少有的煎熬。暴风、沙尘、酷热、严寒，都是在劳其筋骨，饿其体肤。落入匈奴之手，十年行动无法自由，这是在苦其心志，空乏其身，行拂乱其所为。劳其筋骨，饿其体肤，无法动摇张骞西行的意志；苦其心志，空乏其身，无法扰乱张骞西行的步履。向西，向西，目标大月氏。他逃出囹圄，仍然向西，履行自己的使命。可惜，千难万险到达大月氏，满怀希望地把联合行动的方案告给大月氏王，却丝毫未能打动人家。三寸不烂之舌，白白飞溅了无数唾沫。

希望很丰满，现实很骨感。

张骞的希望化作失望，失望而归，归途也不顺利，还是再次落入匈奴的藩篱。

藩篱，囹圄，这就是张骞首次西行十三年的经历；

拘禁，滞留，这就是张骞首次西行十三年的遭遇。

经历和遭遇标明：此路不通。

此路不通，是缘于匈奴当道。

再次西行，暴风、沙尘、酷热、严寒，似乎都收敛了威力，张骞和他那比起首次出访时庞大了很多的使团，一路顺畅，直抵乌孙。其实，暴风依旧，沙尘依旧，酷热依旧，严寒依旧，只因没有了匈奴当道，这酷烈天气都不算什么，都不是阻止脚步前行的障碍。

顺畅西行。

顺畅回归。

虽然，顺畅去，顺畅归，并没有让希望变成现实，与乌孙联合打击匈奴的构想，依然只是梦想；但是，张骞和他派往各国的副使，带着胡桃、蚕豆、石榴、琥珀、葡萄归来了。琳琅满目，令人目不暇接，张骞带给了汉武帝一个新颖亮眼的西域世界。汉武帝兴奋了。吃着葡萄，喝着葡萄美酒，汉武帝兴奋地派遣使团陆续前往西域各国。汉朝的炼铁技术、凿井技术、开渠引水技术，源源不断传播到各地。轻柔的丝织品特别为西域各国喜爱，贵族们争相媲美，媲美的重点就是身上有没有穿戴汉朝的绫罗绸缎。

时光飞速过去，不觉然已是1877年。这一天，德国地质、地理学家李希霍芬坐在窗前，用手中的羽毛笔画过纸面，欣然将"从公元前114年至公元127年间，中国与中亚、中国与印度间以丝绸贸易为媒介的这条西域交通道路"，称之为"丝绸之路"。

丝绸之路，就这样名扬五洲四海！

丝绸之路，是物品互通有无之路，是科学技术交流之路，是文化借鉴融合之路，是最早的一条开放贸易之路。

进入新时代，岁月的沧桑非但没有掩盖了往昔的光芒，反而随着一带一路的沟通与实施，丝绸之路更为亮眼于人寰，更为世人所瞩目。

倘要是关注这条丝绸之路的开通，应该注视一下司马迁的笔触，他在《史记》中写下的是：凿空。

凿空，的确是凿空，的确需要凿空。若不是凿空，若是匈奴继续盘踞，何谈顺畅？张骞无法顺畅西行，无法顺畅东归，自然不会有丝绸之路。

张骞，早已成为丝绸之路的开拓者。

行笔至此，我无意颠覆张骞开拓者的形象，却想做一延伸。试想，张骞出使西域几次？两次。为何首次未能顺畅抵达，顺畅回归？第二次为何畅通无阻，顺利去，顺利归？显而易见，是"匈奴远遁，而幕南无王庭"，河西、陇西，亦然。恰如司马迁所写："凿空"了。

谁来"凿空"？司马迁给出的结论是张骞。

在我看来，不是张骞，而是本书的传主：卫青、霍去病。是他们凿空了通往西域的平安大道，张骞沿着这条平安大道顺畅来往，才有了久负盛名的丝绸之路。

不要动摇已有的成论，张骞还是丝绸之路的开拓者。

那么，丝绸之路的奠基者必然是：卫青、霍去病。

无意的巧合，往往胜过有意的安排。茂陵博物馆设在霍去病陵园，这事实令人沉思。

霍去病暴病身亡，汉武帝悲伤不已，当即颁令让霍去病陪葬在他百年以后长眠的茂陵。

卫青善终去世，汉武帝悲伤不已，当即颁令让卫青陪葬在他百年以后长眠的茂陵。

陪葬，请注意是陪葬。茂陵之主，是汉武帝；茂陵之宾，是卫青和霍去病。尽管如此，斯年能够获此殊荣，得到汉武帝准许陪葬的能有几人？公道说，为将、为臣，能够到这个分上，能得到皇帝的青睐，不说是登峰造极，也可以说是功德圆满。卫青、霍去病是幸运的，他们的心血没有白费，他们的汗水没有白流。

然而在茂陵，他们终归是宾，而不是主。居主位的该当是决定他们命运的汉武帝。且慢，在此纠正一个错误，汉武帝是刘彻死后的谥号。他活着的时候，是皇帝，是天子。我使用谥号叙述他是为了便于读者接受。严谨地说，决定卫青、霍去病命运的皇帝那时还是刘彻。刘彻宠爱卫青的姐姐卫子夫，卫子夫成为他的掌上明珠，她的话能够拨动他的心弦，他才能将骑奴卫青解脱出来，提拔起来。从骑奴，变宫监，变侍中，都是他刘彻一句话。他是天子，是上天派往尘世统辖黎民的天之骄子，他的话就是金口玉言，能够放之四海而皆准。君叫臣死，臣不得不死。换言之，君叫臣兴，臣不得不兴。自然，兴到何种程度，那还是要看个人的造化。暂且不论霍去病，与卫青同时入宫的还有他的兄长卫长君，兄长未能像他那样建功立业，还溘然早逝。究其根由，还是苦难历练了卫青，使他有了超人的骨气、超凡的毅力，才能在战场上发出超常的光芒。

霍去病的入宫更是顺理成章。姨母风华正茂，汉武帝真是爱不够呀！再说舅舅卫青这里。匈奴彪悍，匈奴张狂，匈奴欺人太甚，边塞常遭抢掠，历数先辈，无一人不愤恨，无一人不头疼，却无一人敢举旗，敢出兵，敢进击，敢大刀阔斧厮杀一场。说起来还是建立汉朝的高祖有胆量，敢出兵；然而，那是个什么结局，实在不敢恭维——遭受围困，险些全军覆没。心病，世世代代的心病，世世代代的渴望，渴望久旱逢甘霖，渴望来一场暴风雨，横扫匈奴如卷席。卫青就是那一场甘霖、一场喜雨，他浇灭了匈奴势不可当的气焰，化解了马邑之围投在刘彻心头的阴影。有姨母、舅舅的荫庇，霍去病高擎剽姚校尉的旗帜，跃马扬戈，奔赴疆场，如同早早进宫加入羽林军一样顺理成章。

顺理成章，是缘于有刘彻那金口玉言。他的金口玉言，不同凡响，承载着"我劝天公重抖擞，不拘一格降人才"的使命。这使命，成就了卫青，成就了霍去病。

不过，当刘彻躺进茂陵，变为汉武帝时，世人猛然察觉到刘彻也在凭借卫青、霍去病，是卫青、霍去病的拼命奋战，拓展疆域，为他争取到"武"的谥号。一将功成万骨枯，一个"武"字同样万骨枯，汉武帝这"武"字真真来之不易！士卒枯骨姑且不论，多少将领在浴血奋战呀，那我为何要将造就汉武帝的功绩归结于卫青、霍去病？难道因为他们是山西先贤、我的乡亲？我即使再自私，也不会遮掩事实真相去歪曲历史。回首望，有几多将领像卫青、霍去病这样打出了国威？缘于此，我对同样是乡亲的王维的那句诗确实不敢恭维，什么"卫青不败由天幸"，什么"李广无功缘数奇"。如果说，卫青一次征战胜利，那可能是"天幸"，可能是偶然，每战必胜就不会是幸运之神紧紧相随、寸步不离了。再说李广，与匈奴作战最多，多达七十余次，胜仗几何？如果要评价他感人的精神，他应该是杀伐骁勇、顽强不屈的典范，精神可嘉；但是要他征服匈奴，恐怕没有丝毫希望。

倘要说是姐姐卫子夫给卫青创造了上阵杀敌的机会，才使他出人头地，他这荣显的光环里不乏"太阳黑子"；那么，贰师将军的行为该如何评价？贰师将军就是李广利，他是李夫人的弟弟。李夫人似乎是上苍派往人间的迷魂仙子，她让汉武帝神魂颠倒，生前迷，死后迷，迷得茶不思，饭不进。她钩住了汉武帝的魂至死都不撒手。撒手的办法很简单，假如她让汉武帝看看她病中枯黄的面庞、密布的皱褶，那影印在汉武帝心里的花容月貌顷刻就会被摧毁。她偏不，侧身朝里，蒙头捂面，就是不让汉武帝看见自个儿的憔悴。汉武帝只能隔着棉被听见，娇滴滴的美人嘱咐他，照顾好她的家人。汉武帝应诺，一诺千金，有卫青这个榜样，他也要给她的兄弟们机会，让他们建功立业。于是，李广利带着汉武帝夺取人家宝马的期望出征大宛。一次出兵，损兵折将，败回敦煌。想要回朝，汉武帝发怒了，说回来就将他处斩。李广利只好硬着头皮再战，总算大宛妥协了，送了些马匹。汉武帝看见喜欢的马，当即封李广利为海西侯。

海西侯后来有何作为？真难启齿，李广利投降了匈奴。

依靠李广，能不能拓展疆土？不能。

依靠李广利，能不能拓展疆土？不能。

能够给汉朝拓展疆土的唯有卫青和霍去病。是卫青和霍去病，使他有了谥号：汉武帝。是不是可以说，刘彻造就了卫青、霍去病，卫青、霍去病也成就了汉武帝。

我询问茂陵博物馆的工作人员，为何不把博物馆建在茂陵，而建在霍去病陵墓。回答是，霍去病陵墓周边的文物最多，便于保护，不是有意冷落汉武帝。这无意所为，却使霍去病与紧邻的卫青陵墓成为中心地带，拜谒的人来来往往、络绎不绝。茂陵则大门紧闭，芳草茵茵，人迹罕见。

相形之下，这边千秋万代名，那边寂寞身后事。

无意而形成的现实状况，确实令我，令世人深思……

　　　　2020年11月22日恰逢小雪节气，尘泥村初稿急就

参考文献

［1］司马迁：《史记》，岳麓书社，1988年。

［2］班固：《汉书》，岳麓书社，1993年。

［3］高滨、欧阳楚：《汉武帝》，大众文艺出版社，1997年。

［4］王吉星、梁星亮：《汉武帝全传》，陕西旅游出版社，1997年。

［5］乔忠延：《尧都人杰》，山西古籍出版社，1999年。

［6］陈峻菁：《歌女皇后卫子夫》，实学社出版股份有限公司，2001年。

［7］伴野朗：《太阳王·汉武帝》，张哲译，长江文艺出版社，2001年。

［8］巴昆齐：《骠骑将军霍去病》，黑龙江人民出版社，2003年。

［9］张志伟：《西方哲学十五讲》，北京大学出版社，2004年。

［10］安作璋、刘德增：《汉武帝大传》，中华书局，2005年。

［11］崔明德：《中国古代和亲史》，人民出版社，2005年。

［12］王志杰：《茂陵珍闻》，三秦出版社，2009年。

［13］柏杨：《中国人史纲》，山西人民出版社，2010年。

［14］烟波主编《世界上下五千年》，北京联合出版公司，2014年。

［15］王志杰编著《汉茂陵志》，三秦出版社，2014年。

卫青年表

约于汉景帝四年（前153）出生。

约于七岁时回家乡平阳放羊。

约于十四岁时返回长安，入平阳侯府邸给平阳公主当骑奴。

建元二年（前139），进入建章宫当差。

建元三年（前138），被馆陶公主抓捕，几乎遇害，幸被公孙敖解救；因祸得福升任建章宫监、侍中。

建元四年（前137），升任太中大夫。

元光六年（前129），担任车骑将军，首次出征，直击匈奴龙城，取得胜利，被封为关内侯。

元朔元年（前128）秋，二次出征匈奴，从雁门关北上，击败匈奴军队。

元朔二年（前127），收复河南地，被封为长平侯，食邑三千八百户。自此，汉朝对匈奴作战由防御转入反攻。

元朔五年（前124）春，从高阙出兵，奔袭匈奴，大获全胜，得拜大将军，加封食邑六千户，三个儿子同时被封侯。

元朔六年（前123），两次出击匈奴，斩首俘虏人数过万，得赏千金。

元狩四年（前119），与霍去病各率骑兵五万，远涉漠北。打败匈奴单于伊稚斜所率主力。同时，霍去病也取得胜利。舅甥联手将匈奴赶往漠北，自此"匈奴远遁，而幕南无王庭"。归来，加封大司马。

元封五年（前106），去世，谥号为"烈"。

霍去病年表

建元元年（前140），出生于长安平阳侯府邸。

元朔六年（前123），任剽姚校尉，首次随舅舅卫青出征，即显示出卓越的军事才能，斩杀匈奴部众两千零二十八人，受封冠军侯，食邑一千六百户；本年再次出兵。

元狩二年（前121）春天，任骠骑将军，率军一万人出击陇西，斩杀折兰王、卢胡王，俘获浑邪王子，以及相国、都尉，斩杀、俘获八千九百六十人，并缴获休屠王祭天的金人。食邑增加二千二百户。

同年夏天，再次出击陇西，直插匈奴腹地，斩杀、俘获三万余人，俘获五王、五王母，单于阏氏、王子五十九人，俘获相国等重臣六十三人。加封食邑五千户。

同年秋天，率领大军迎降浑邪王四万部众。自此，汉朝控制了整个河西地区，前往西域的道路畅通无阻。

元狩四年（前119）春天，与舅舅卫青各自率领五万骑兵，出兵漠北。挺进两千余里，打败匈奴左贤王，斩杀、俘获七万零四百四十三人，并在狼居胥山举行祭天封礼。自此，"匈奴远遁，而幕南无王庭"，汉朝抗击匈奴取得了决定性胜利。战后加封食邑五千八百户，封大司马。

　　元狩五年（前118），在甘泉宫射杀打伤舅舅卫青的李敢。

　　元狩六年（前117），病故，谥号"景桓侯"。

附录三

卫青霍去病传

卫青字仲卿。其父郑季，河东平阳人也，以县吏给事侯家。平阳侯曹寿尚武帝姊阳信长公主。季与主家僮卫媪通，生青。青有同母兄卫长君及姊子夫，子夫自平阳公主家得幸武帝，故青冒姓为卫氏。卫媪长女君孺，次女少儿，次女则子夫。子夫男弟步广，皆冒卫氏。

青为侯家人，少时归其父，父使牧羊。民母之子皆奴畜之，不以为兄弟数。青尝从人至甘泉居室，有一钳徒相青曰："贵人也，官至封侯。"青笑曰："人奴之生，得无笞骂即足矣，安得封侯事乎！"

青壮，为侯家骑，从平阳主。建元二年春，青姊子夫得入宫幸上。皇后，大长公主女也，无子，妒。大长公主闻卫子夫幸，有身，妒之，乃使人捕青。青时给事建章，未知名。大长公主执囚青，欲杀之。其友骑郎公孙敖与壮士往篡之，故得不死。上闻，乃召青为建章监，侍中。及母昆弟贵，赏赐数日间累千金。君孺为太仆公孙贺妻。少儿故与陈掌通，上召贵掌。公孙敖由此益显。子夫为夫人。青为太中大夫。

元光六年，拜为车骑将军，击匈奴，出上谷；公孙贺为轻车将军，出云中；太中大夫公孙敖为骑将军，出代郡；卫尉李广为骁骑将军，出雁门：军各万骑。青至笼城，斩首虏数百。骑将军敖亡七千骑，卫尉广为虏所得，得脱归，皆当斩，赎为庶人。贺亦无功。唯青赐爵关内侯。是后匈奴仍侵犯边。语在《匈奴传》。

元朔元年春，卫夫人有男，立为皇后。其秋，青复将三万骑出雁门，李息出代郡。青斩首虏数千。明年，青复出云中，西至高阙，遂至于陇西，捕首虏数千，畜百余万，走白羊、楼烦王。遂取河南地为朔方郡。以三千八百户封青为长平侯。青校尉苏建为平陵侯，张次公为岸头侯。使建筑朔方城。上曰："匈奴逆天理，乱人伦，暴长虐老，以盗窃为务，行诈诸蛮夷，造谋籍兵，数为边害。故兴师遣将，以征厥罪。《诗》不云乎？'薄伐猃允，至于太原'；'出车彭彭，城彼朔方'。今车骑将军青度西河至高阙，获首二千三百级，车辎畜产毕收为卤，已封为列侯，遂西定河南地，案榆谿旧塞，绝梓领，梁北河，讨蒲泥，破符离，斩轻锐之卒，捕伏听者三千一十七级。执讯获丑，驱马牛羊百有余万，全甲兵而还，益封青三千八百户。"其后匈奴比岁入代郡、雁门、定襄、上郡、朔方，所杀略甚众。语在《匈奴传》。

元朔五年春，令青将三万骑出高阙，卫尉苏建为游击将军，左内史李沮为强弩将军，太仆公孙贺为骑将军，代相李蔡为轻车将军，皆领属车骑将军，俱出朔方。大行李息、岸头侯张次公为将军，俱出右北平。匈奴右贤王当青等兵，以为汉兵不能至此，饮醉，汉兵夜至，围右贤王。右贤王惊，夜逃，独与其爱妾一人骑数百驰，溃围北去。汉轻骑校尉郭成等追数百里，弗得，得右贤裨王十余人，众男女万五千余人，畜数十百万，于是引兵而还。至塞，天子使使者持大将军印，即军中拜青为大将军，诸将皆以兵属，立号而归。上曰："大将军青躬率戎士，师大捷，获匈奴王十有余人，益封青八千七百户。"而封青子伉为宜春侯，子不疑为阴安侯，子登为发干侯。青固谢曰："臣幸得待罪行间，赖陛下神灵，军大捷，皆诸校力战之功也。陛下幸已益封臣青，臣青子在襁褓中，未有勤劳，上幸裂地封为三侯，非臣待罪行间所以劝士力战之意也。伉等三人何敢受封！"上曰："我非忘诸校功也，今固且图之。"乃诏御史曰："护军都尉公孙敖三从大将军击匈奴，常护军傅校获王，封敖为合骑侯。都尉韩说从大将军出窳浑，至匈奴右贤王庭，为戏下搏战获王，封说为龙颌侯。骑将军贺从大将军获王，封贺为南窌侯。轻车将军李蔡再从大将军获王，封蔡为乐安侯。校尉李朔、赵不虞、公孙戎奴各三从大将军获王，封朔为陟轵侯，不虞为随成侯，戎奴为从平侯。将军李沮、李息及校尉豆如意、中郎将绾皆有功，赐爵关内侯。沮、息、如意食邑各三百户。"其秋，匈奴入代，杀都尉。

明年春，大将军青出定襄，合骑侯敖为中将军，太仆贺为左将军，翕侯赵信为前将军，卫尉苏建为右将军，郎中令李广为后将军，左内史李沮为强弩将军，咸属大将军，斩首数千级而还。月余，悉复出定襄，斩首虏万余人。苏建、赵信并军三千余骑，独逢单于兵，与战一日余，汉兵且尽。信故胡人，降为翕侯，见急，匈奴诱之，遂将其余骑可八百犇降单于。苏建尽亡其军，独以身得亡去，自归青。青问其罪正闳、长史安、议郎周霸等："建当云何？"霸曰："自大将军出，未尝斩裨将，今建弃军，可斩，以明将军之威。"闳、安曰："不然。兵法'小敌之坚，大敌之禽也。'今建以数千当单于数万，力战一日余，士皆不敢有二心。自归而斩之，是示后无反意也。不当斩。"青曰："青幸得以肺附待罪行间，不患无威，而霸说我以明威，甚失臣意。且使臣职虽当斩将，以臣之尊宠而不敢自擅专诛于境外，其归天子，天子自裁之，于以风为人臣不敢专权，不亦可乎？"军吏皆曰"善"。遂囚建行在所。

是岁也，霍去病始侯。

霍去病，大将军青姊少儿子也。其父霍仲孺先与少儿通，生去病。及卫皇后尊，少儿更为詹事陈掌妻。去病以皇后姊子，年十八为侍中。善骑射，再从大将军。大将军受诏，予壮士，为票姚校尉，与轻勇骑八百直弃大军数百里赴利，斩捕首虏过当。于是上曰："票姚校尉去病斩首捕虏二千二十八级，得相国、当户，斩单于大父行藉若侯产，捕季父罗姑比，再冠军，以二千五百户封去病为冠军侯。上谷太守郝贤四从大将军，捕首虏千三百级，封贤为终利侯。骑士孟已有功，赐爵关内侯，邑二百户。"

是岁失两将军，亡翕侯，功不多，故青不益封。苏建至，上弗诛，赎为庶人。青赐千金。是时王夫人方幸于上，宁乘说青曰："将军所以功未甚多，身食万户，三子皆为侯者，以皇后故也。今王夫人幸而宗族未富贵，愿将军奉所赐千金为王夫人亲寿。"青以五百金为王夫人亲寿。上闻，问青，青以实对。上乃拜宁乘为东海都尉。

校尉张骞从大将军，以尝使大夏，留匈奴中久，道军，知善水草处，军得以无饥渴，因前使绝国功，封骞为博望侯。

去病侯三岁，元狩二年春为票骑将军，将万骑出陇西，有功。上曰："票骑将军率戎士隃乌盭，讨遬濮，涉狐奴，历五王国，辎重人众慑詟者弗取，几获单于子。转战六日，过焉支山千有余里，合短兵，鏖皋兰下，杀折兰王，斩卢侯王，锐悍者诛，全甲获醜，执浑邪王子及相国、都尉，捷首虏八千九百六十级，收休屠祭天金人，师率减什七，益封去病二千二百户。"

其夏，去病与合骑侯敖俱出北地，异道。博望侯张骞、郎中令李广俱出右北平，异道。广将四千骑先至，骞将万骑后。匈奴左贤王将数万骑围广，广与战二日，死者过半，所杀亦过当。骞至，匈奴引兵去。骞坐行留，当斩，赎为庶人。而去病出北地，遂深入，合骑侯失道，不相得。去病至祁连山，捕首虏甚多。上曰："票骑将军涉钧耆，济居延，遂臻小月氏，攻祁连山，扬武乎鲧得，得单于单桓、酋涂王，及相国、都尉以众降下者二千五百人，可谓能舍服知成而止矣。

捷首虏三万二百，获五王，王母、单于阏氏、王子五十九人，相国、将军、当户、都尉六十三人，师大率减什三，益封去病五千四百户。赐校尉从至小月氏者爵左庶长。鹰击司马破奴再从票骑将军斩遬濮王，捕稽且王，右千骑将得王、王母各一人，王子以下四十一人，捕虏三千三百三十人，前行捕虏千四百人，封破奴为从票侯。校尉高不识从票骑将军捕呼于者王王子以下十一人，捕虏千七百六十八人，封不识为宜冠侯。校尉仆多有功，封为辉渠侯。"合骑侯敖坐行留不与票骑将军会，当斩，赎为庶人。诸宿将所将士马兵亦不如去病，去病所将常选，然亦敢深入，常与壮骑先其大军，军亦有天幸，未尝困绝也。然而诸宿将常留落不耦。由此去病日以亲贵，比大将军。

其后，单于怒浑邪王居西方数为汉所破，亡数万人，以票骑之兵也，欲召诛浑邪王。浑邪王与休屠王等谋欲降汉，使人先要道边。是时大行李息将城河上，得浑邪王使，即驰传以闻。上恐其以诈降而袭边，乃令去病将兵往迎之。去病既度河，与浑邪众相望。浑邪裨王将见汉军而多欲不降者，颇遁去。去病乃驰入，得与浑邪王相见，斩其欲亡者八千人，遂独遣浑邪王乘传先诣行在所，尽将其众度河，降者数万人，号称十万。既至长安，天子所以赏赐数十钜万。封浑邪王万户，为漯阴侯。封其裨王呼毒尼为下摩侯，雁疵为辉渠侯，禽黎为河綦侯，大当户调虽为常乐侯。于是上嘉去病之功，曰："票骑将军去病率师征匈奴，西域王浑邪王及厥众萌咸犇于率，以军粮接食，并将控弦万有余人，诛猺悍，捷首虏八千余级，降异国之王三十二。战士不离伤，十万之众毕怀集服。仍兴之劳，爰及河塞，庶几亡患。以千七百户益封票骑将军。减陇西、北地、上郡戍卒之半，以宽天下繇役。"乃分处降者于边五郡故塞外，而皆在河南，因其故俗为属国。其明年，匈奴入右北平、定襄，杀略汉千余人。

其明年，上与诸将议曰："翕侯赵信为单于画计，常以为汉兵不能度幕轻留，今大发卒，其势必得所欲。"是岁元狩四年也。春，上令大将军青、票骑将军去病各五万骑，步兵转者踵军数十万，而敢力战深入之士皆属去病。去病始为出定襄，当单于。捕虏，虏言单于东，乃更令去病出代郡，令青出定襄。郎中令李广为前将军，太仆公孙贺为左将军，主爵赵食其为右将军，平阳侯襄为后将军，皆属大将军。赵信为单于谋曰："汉兵即度幕，人马罢，匈奴可坐收虏耳。"乃悉远北其辎重，皆以精兵待幕北。而适直青军出塞千余里，见单于兵陈而待，于是青令武刚车自环为营，而纵五千骑往当匈奴，匈奴亦纵万骑。会日且入，而大风起，沙砾击面，两军不相见，汉益纵左右翼绕单于。单于视汉兵多，而士马尚强，战而匈奴不利，薄莫，单于遂乘六骡，壮骑可数百，直冒汉围西北驰去。昏，汉匈奴相纷挐，杀伤大当。汉军左校捕虏，言单于未昏而去，汉军因发轻骑夜迫之，青因随其后。匈奴兵亦散走。会明，行二百余里，不得单于，颇捕斩首虏万余级，遂至寘颜山赵信城，得匈奴积粟食军。军留一日而还，悉烧其城余粟以归。

青之与单于会也，而前将军广、右将军食其军别从东道，或失道。大将军引还，过幕南，乃相逢。青欲使使归报，令长史簿责广，广自杀。食其赎为庶人。青军入塞，凡斩首虏万九千级。

是时匈奴众失单于十余日，右谷蠡王自立为单于。单于后得其众，右王乃去单于之号。

去病骑兵车重与大将军军等，而亡裨将。悉以李敢等为大校，当裨将，出代、右北平二千余里，直左方兵，所斩捕功已多于青。

既皆还，上曰："票骑将军去病率师躬将所获荤允之士，约轻赍，绝大幕，涉获单于章渠，以诛北车者，转击左大将双，获旗鼓，历度难侯，济弓卢，获屯头王、韩王等三人，将军、相国、当户、都尉八十三人，封狼居胥山，禅于姑衍，登临翰海，执讯获醜七万有四百四十三级，师率减什二，取食于敌，卓行殊远而粮不绝。以五千八百户益封票骑将军。右北平太守路博德属票骑将军，会兴城，不失期，从至梼余山，斩首捕虏二千八百级，封博德为邳离侯。北地都尉卫山从票骑将军获王，封山为义阳侯。故归义侯因淳王复陆支、楼剸王伊即靬皆从票骑将军有功，封复陆支为杜侯，伊即靬为众利侯。从票侯破奴、昌武侯安稽从票骑有功，益封各三百户。渔阳太守解、校尉敢皆获鼓旗，赐爵关内侯，解食邑三百户，敢二百户。校尉自为爵左庶长。"军吏卒为官，赏赐甚多。而青不得益封，吏卒无封者。唯西河太守常惠、云中太守遂成受赏，遂成秩诸侯相，赐食邑二百户，黄金百斤，惠爵关内侯。

两军之出塞，塞阅官及私马凡十四万匹，而后入塞者不满三万匹。乃置大司马位，大将军、票骑将军皆为大司马。定令，令票骑将军秩禄与大将军等。自是后，青日衰而去病日益贵。青故人门下多去事去病，辄得官爵，唯独任安不肯去。

　　去病为人少言不泄，有气敢往。上尝欲教之吴孙兵法，对曰："顾方略何如耳，不至学古兵法。"上为治第，令视之，对曰："匈奴不灭，无以家为也。"由此上益重爱之。然少而侍中，贵不省士。其从军，上为遣太官赍数十乘，既还，重车余弃粱肉，而士有饥者。其在塞外，卒乏粮，或不能自振，而去病尚穿域蹋鞠也。事多此类。青仁，喜士退让，以和柔自媚于上，然于天下未有称也。

　　去病自四年军后三岁，元狩六年薨。上悼之，发属国玄甲，军陈自长安至茂陵，为冢象祁连山。谥之并武与广地曰景桓侯。子嬗嗣。嬗字子侯，上爱之，幸其壮而将之。为奉车都尉，从封泰山而薨。无子，国除。

　　自去病死后，青长子宜春侯伉坐法失侯。后五岁，伉弟二人，阴安侯不疑、发干侯登，皆坐酎金失侯。后二岁，冠军侯国绝。后四年，元封五年，青薨，谥曰烈侯。子伉嗣，六年坐法免。

　　自青围单于后十四岁而卒，竟不复击匈奴者，以汉马少，又方南诛两越，东伐朝鲜，击羌、西南夷，以故久不伐胡。

　　初，青既尊贵，而平阳侯曹寿有恶疾就国，长公主问：

"列侯谁贤者？"左右皆言大将军。主笑曰："此出吾家，常骑从我，奈何？"左右曰："于今尊贵无比。"于是长公主风白皇后，皇后言之，上乃诏青尚平阳主，与主合葬，起冢象庐山云。

最大将军青凡七出击匈奴，斩捕首虏五余万级。一与单于战，收河南地，置朔方郡。再益封，凡万六千三百户；封三子为侯，侯千三百户，并之二万二百户。其裨将及校尉侯者九人，为特将者十五人，李广、张骞、公孙贺、李蔡、曹襄、韩说、苏建皆自有传。

李息，郁郅人也，事景帝。至武帝立八岁，为材官将军，军马邑；后六岁，为将军，出代；后三岁，为将军，从大将军出朔方：皆无功。凡三为将军，其后常为大行。

公孙敖，义渠人，以郎事景帝。至武帝立十二岁，为骑将军，出代，亡卒七千人，当斩，赎为庶人。后五岁，以校尉从大将军，封合骑侯。后一岁，以中将军从大将军再出定襄，无功。后二岁，以将军出北地，后票骑，失期当斩，赎为庶人。后二岁，以校尉从大将军，无功。后十四岁，以因杆将军筑受降城。七岁，复以因杆将军再出击匈奴，至余吾，亡士多，下吏，当斩，诈死，亡居民间五六岁。后觉，复系。坐妻为巫蛊，族。凡四为将军。

李沮，云中人，事景帝。武帝立十七岁，以左内史为强弩将军。后一岁，复为强弩将军。

张次公，河东人，以校尉从大将军，封岸头侯。其后太后崩，为将军，军北军。后一岁，复从大将军。凡再为将军，后坐法失侯。

赵信，以匈奴相国降，为侯。武帝立十八年，为前将军，与匈奴战，败，降匈奴。

赵食其，祋祤人。武帝立十八年，以主爵都尉从大将军，斩首六百六十级。元狩三年，赐爵关内侯，黄金百斤。明年，为右将军，从大将军出定襄，迷失道，当斩，赎为庶人。

郭昌，云中人，以校尉从大将军。元封四年，以太中大夫为拔胡将军，屯朔方。还击昆明，无功，夺印。

荀彘，太原广武人，以御见，侍中，用校尉数从大将军。元封三年，为左将军击朝鲜，无功，坐捕楼船将军诛。

最票骑将军去病凡六出击匈奴，其四出以将军，斩首虏十一万余级。浑邪王以众降数万，开河西酒泉之地，西方益少胡寇。四益封，凡万七千七百户。其校尉吏有功侯者六人，为将军者二人。

路博德，西河平州人，以右北平太守从票骑将军，封邳离侯。票骑死后，博德以卫尉为伏波将军，伐破南越，益封。其后坐法失侯。为强弩都尉，屯居延，卒。

赵破奴，太原人。尝亡入匈奴，已而归汉，为票骑将军司马。出北地，封从票侯，坐酎金失侯。后一岁，为匈河将军，攻胡至匈河水，无功。后一岁，击虏楼兰王，后为浞野侯。后六岁，以浚稽将军将二万骑击匈奴左王。左王与战，兵八万骑围破奴，破奴为虏所得，遂没其军。居匈奴中十岁，复与其太子安国亡入汉。后坐巫蛊，族。

自卫氏兴，大将军青首封，其后支属五人为侯。凡二十四岁而五侯皆夺国。征和中，戾太子败，卫氏遂灭。而霍去病弟光贵盛，自有传。

赞曰：苏建尝说责"大将军至尊重，而天下之贤士大夫无称焉，愿将军观古名将所招选者，勉之哉！"青谢曰："自魏其、武安之厚宾客，天子常切齿。彼亲待士大夫，招贤黜不肖者，人主之柄也。人臣奉法遵职而已，何与招士！"票骑亦方此意，为将如此。

（选自《汉书》卷五十五《卫青霍去病传》）